市场调查与预测

唐 文 ■ 主 编
马 俊 刘 舒 吴 颖 ■ 副主编

清华大学出版社
北 京

内 容 简 介

本书以市场调查工作为主线,针对高等职业院校培养高素质技能型人才的目标,融"教、学、做、评"为一体,以"任务驱动、项目导向"为指导思想进行编写,构建了相对完整的市场调查与预测理论及实践体系。本书精心设计了九个项目,包括市场调查认知、市场调查机构、市场调查策划与实施、市场调查抽样设计、市场调查问卷设计、运用市场调查方法、整理分析市场调查资料、撰写市场调查报告、运用市场预测法。每个项目按实际操作步骤和内容设置了若干任务和相关实训。

本书可作为高等职业院校、成人高校市场营销专业和其他经济类、管理类专业的教材,也可作为教师的教学指导书和企业产品营销与推广人员的自学引导书。

本书封面贴有清华大学出版社防伪标签,无标签者不得销售。
版权所有,侵权必究。举报: 010-62782989, beiqinquan@tup.tsinghua.edu.cn。

图书在版编目(CIP)数据

市场调查与预测/唐文主编. —北京:清华大学出版社,2024.1
ISBN 978-7-302-65022-5

Ⅰ. ①市… Ⅱ. ①唐… Ⅲ. ①市场调查-高等学校-教材 ②市场预测-高等学校-教材
Ⅳ. ①F713.5

中国国家版本馆 CIP 数据核字(2023)第 251516 号

责任编辑:强　溦
封面设计:曹　来
责任校对:袁　芳
责任印制:丛怀宇

出版发行:清华大学出版社
网　　址: https://www.tup.com.cn, https://www.wqxuetang.com
地　　址:北京清华大学学研大厦 A 座　　邮　编: 100084
社 总 机: 010-83470000　　邮　购: 010-62786544
投稿与读者服务: 010-62776969, c-service@tup.tsinghua.edu.cn
质量反馈: 010-62772015, zhiliang@tup.tsinghua.edu.cn
课件下载: https://www.tup.com.cn, 010-83470410

印 装 者:河北鹏润印刷有限公司
经　　销:全国新华书店
开　　本: 185mm×260mm　　印　张: 15.25　　字　数: 351 千字
版　　次: 2024 年 1 月第 1 版　　印　次: 2024 年 1 月第 1 次印刷
定　　价: 49.00 元

产品编号: 103844-01

前言

随着我国市场经济的不断发展和市场竞争的日趋加剧,市场调查已成为获取准确市场信息,提高企业经营决策能力和管理水平,合理整合企业内外资源,提升企业整体竞争力的重要手段。市场调查能力的培养也已成为以满足社会经济发展对高素质技术技能型人才需要为目标的高职财经商贸类专业教育教学的基础性任务。

市场调查与预测是高等职业院校市场营销专业的专业核心能力与认证的必修课程之一,主要培养市场调查与预测相应岗位应具备的职业能力、基本知识和职业素质,使学生在了解市场调查与市场预测的特点、规律,掌握市场调查与市场预测的基础知识、基本理论和基本技术方法的基础上,能运用所学的知识进行科学合理的市场分析和评价,从而为科学管理决策提供依据。通过该课程的学习,应使学生为实际工作奠定理论基础、掌握基本技能,并具有市场调查与预测的职业操守、法制观念和职业道德。

党的二十大报告指出,要加快实施创新驱动发展战略。加强企业主导的产学研深度融合,强化目标导向,提高科技成果转化和产业化水平。本书以市场调查工作过程为主线,以"强化学生素质、强化职业技能、强化创新创业能力"为导向,确定了课程教学的"三大目标",并以市场调研的完整工作过程为依托,以"项目驱动、任务驱动"的模式组织教学内容,实现了立体化、全方位培养职业人才的目标。本书通过"完整工作过程"的层级式学习与训练,帮助学生从了解、熟悉,到共同参与,再到自行操作,从一步步地边学边做,到完全独立地、集中系统地完成实际市场调研项目,层层推进,最终完全掌握市场调研相关知识和技能。

本书具有以下主要特点。

1. 以实际工作过程为主线组织教学内容

本书以市场调查与预测的实际工作过程为依据,坚持知识的掌握服务于能力的构建,以项目为载体,以工作任务为中心来整合相应的知识和技能。完整工作过程的教学情境贯穿全书,保证了教学内容学习的逻辑性、整体性和系统性。

2. 将知识学习、职业能力提升和课程思政融为一体

本书融"教、学、做、评"为一体,要求学生以团队的形式合作完成调查任务。同时,在每个项目中设计了"思政小课堂"模块,在提升技能的同时,注重培育职业素养,将学习过程、工作过程与学生的能力和个性发展过程有机联系起来,实现了"三大目标"的融合。

3. 项目情境与工作岗位的接轨

本书中的每个项目设有"案例导入"模块,可以引出任务,有效激发学生的求知欲望;

设有适当的"小案例""课堂讨论案例""拓展阅读"模块,可引发学生思考,让学生初步了解市场调查各项任务的执行情况;每个项目后设有"思考练习"和"实践训练",以加强实践教学,强化职业技能培养;每个项目的最后由学生填写"学习成果检测报告",教师点评并打分。

4. 配套立体化教学资源

为了更好地满足信息化教学的需要,本书为核心知识点配套制作了微课视频,学生可以直接扫描二维码进行在线学习。此外,本书有效地将教学设计、教学组织、教学手段和教学方法呈现于配套教学资源中,使本书不仅仅是一本简单的教材,更是一本教学指导书和自学引导书。

本书大纲的设计,全书正文内容的撰写、定稿由安徽水利水电职业技术学院唐文、马俊、刘舒、吴颖共同完成,具体分工如下:唐文编写项目三、项目四、项目六、项目九;马俊编写项目一、项目二;刘舒编写项目五、项目八;吴颖编写项目七;唐文、吴颖负责完成视频资源的建设。

本书在撰写过程中参考了许多专家、学者的研究成果,也得到了清华大学出版社的大力支持与热情帮助。在此,谨向各位致以最诚挚的谢意。

由于编者水平有限,书中难免存在不足和疏漏之处,恳请各位同行和读者批评、指正。

编　者

2023 年 7 月

目录

项目一　市场调查认知　1
- 任务一　认识市场调查 …………………………… 2
- 任务二　市场调查的类型 ………………………… 6
- 任务三　市场调查的内容 ………………………… 10
- 任务四　市场调查的原则及步骤 ………………… 21
- 项目小结 …………………………………………… 25
- 思考练习 …………………………………………… 25
- 学习评价 …………………………………………… 28

项目二　市场调查机构　29
- 任务一　市场调查机构的类型 …………………… 30
- 任务二　市场调查机构的职能 …………………… 35
- 任务三　市场调查机构的选择 …………………… 38
- 项目小结 …………………………………………… 44
- 思考练习 …………………………………………… 44
- 学习评价 …………………………………………… 47

项目三　市场调查策划与实施　48
- 任务一　市场调查课题的确定 …………………… 49
- 任务二　市场调查方案编写 ……………………… 52
- 任务三　市场调查的实施 ………………………… 62
- 项目小结 …………………………………………… 69
- 思考练习 …………………………………………… 69
- 学习评价 …………………………………………… 72

项目四　市场调查抽样设计　73
- 任务一　认识抽样调查 …………………………… 74
- 任务二　随机抽样 ………………………………… 78
- 任务三　非随机抽样 ……………………………… 87
- 项目小结 …………………………………………… 90
- 思考练习 …………………………………………… 91
- 学习评价 …………………………………………… 94

项目五　市场调查问卷设计　95
- 任务一　调查问卷的含义与基本结构 …………… 97
- 任务二　调查问卷设计原则和程序 ……………… 102

　　　　任务三　避免问卷设计中常见的错误……………………………………………… 115
　　　　任务四　问卷设计中的常用量表……………………………………………………… 122
　　　　项目小结…………………………………………………………………………………… 126
　　　　思考练习…………………………………………………………………………………… 126
　　　　学习评价…………………………………………………………………………………… 131

132　项目六　运用市场调查方法
　　　　任务一　运用文案调查法……………………………………………………………… 133
　　　　任务二　运用访问调查法……………………………………………………………… 139
　　　　任务三　运用观察调查法与实验调查法…………………………………………… 154
　　　　项目小结…………………………………………………………………………………… 161
　　　　思考练习…………………………………………………………………………………… 162
　　　　学习评价…………………………………………………………………………………… 166

167　项目七　整理分析市场调查资料
　　　　任务一　市场调查资料的整理………………………………………………………… 168
　　　　任务二　市场调查资料的验收与编辑………………………………………………… 170
　　　　任务三　市场调查资料的分组与编码………………………………………………… 174
　　　　任务四　市场调查资料的统计与分析………………………………………………… 178
　　　　项目小结…………………………………………………………………………………… 187
　　　　思考练习…………………………………………………………………………………… 187
　　　　学习评价…………………………………………………………………………………… 190

191　项目八　撰写市场调查报告
　　　　任务一　认识市场调查报告…………………………………………………………… 193
　　　　任务二　市场调查报告的一般格式与要求………………………………………… 196
　　　　任务三　市场调查报告的写作技巧…………………………………………………… 202
　　　　任务四　市场调查口头报告…………………………………………………………… 210
　　　　项目小结…………………………………………………………………………………… 212
　　　　思考练习…………………………………………………………………………………… 212
　　　　学习评价…………………………………………………………………………………… 216

217　项目九　运用市场预测法
　　　　任务一　运用定性预测法……………………………………………………………… 218
　　　　任务二　运用定量预测法……………………………………………………………… 223
　　　　项目小结…………………………………………………………………………………… 232
　　　　思考练习…………………………………………………………………………………… 233
　　　　学习评价…………………………………………………………………………………… 237

238　参考文献

市场调查认知

项目一
Xiangmu 1

课程思政

- 理解市场调查中蕴含的思政元素。
- 理解企业经营过程中应该具有的社会责任。

知识目标

- 掌握市场调查的含义。
- 理解市场调查的必要性。
- 了解市场调查的特征。
- 掌握市场调查的内容。
- 了解市场调查的原则与步骤。

技能目标

- 能够根据实际说明市场调查的作用。
- 能够区分市场调查的类型及应用条件。
- 能够为不同企业提供市场调查原则性意见。
- 能够确定比较具体的调查内容。

案例导入

党的二十大报告指出,促进党员干部特别是领导干部带头深入调查研究,扑下身子干实事、谋实招、求实效。2023年3月,中共中央办公厅印发了《关于在全党大兴调查研究的工作方案》,对调查研究提出了正向的倡导,要求在全党大兴调查研究。

安徽省国资委紧扣党的二十大决策部署,从国资国企改革发展、加强国企党的建设两个层面确定调研课题,着力推动解决以管资本为主加强国有资产监管、培育建设世界一流企业、党的建设与生产经营融合发展等一批重点问题。调研按照6个步骤、14个环节展开,原则上直奔车间班组、基层单位。对调研中反映和发现的问题,实施清单化闭环式管理,对需要持续解决的面上问题、共性问题,从制度层面发力,推动一

批调研成果转化为政策措施。

通过调查研究,安徽省国资委积极解决了12个"点题式"调研重点问题,制定安徽省《关于推进国有企业打造原创技术策源地的实施意见》等制度文件7项。2023年1月至4月,省属企业营业总收入同比增长18.7%,完成新兴产业投资同比增长15.9%,研发经费投入同比增长37.8%,安徽省属企业总体运行持续向好。

(资料来源:安徽日报.安徽:提升调研质效 促进改革发展[EB/OL].(2023-8-30)[2023-6-12]. http://ztjy.people.cn/n1/2023/0612/c457340-40011418.html.)

问题:市场调查有那么重要吗?应该如何进行市场调查呢?

市场调查是谋事之基、成事之道,市场调查是改进工作、促进发展、服务人民的基本工作。"没有调查,就没有发言",市场调查是经营决策的前提,只有充分认识市场,了解市场需求,对市场做出科学的分析判断,决策才具有针对性。经过市场调查做出的决策有助于拓展市场,使企业兴旺发达。要树立实事求是的调查态度,养成认真细致的工作作风。

任务一 认识市场调查

一、市场调查的含义

市场调查的含义和意义

企业要想在市场竞争中获得优势,掌握市场的主动权,就要随时做好开展市场调查的准备,及时了解和掌握市场信息。那么什么是市场调查呢?从字面上理解,市场调查以市场为调查对象,且市场是企业开展市场营销活动的前提和场所。从空间概念来看,市场是买卖双方进行商品或服务交易的场所。从现代市场营销学理论来看,市场是满足商品交换关系和供求关系的总和,由消费者、购买力与购买欲望三个要素构成,三个要素共同决定市场的规模和容量。在《现代汉语词典》中,调查是指为了了解情况进行考察(多指到现场)。

市场调查是指运用科学的方法,系统、准确、及时地收集、记录、整理相关市场信息,分析市场情况,了解市场的现状及发展趋势,为营销决策(营销决策指对市场经营和销售活动的目标、方针、策略等重大问题进行选择和决断的过程)提供客观的、正确的资料的调查研究活动。简单来讲,市场调查就是指为了解和分析市场情况而做的考察。

需要指出的是,市场调查一般可分为狭义的市场调查和广义的市场调查。狭义的市场调查是以消费者为对象做的调查,包括对消费者购买产品的数量、购买动机、购买力的大小等方面的调查;广义的市场调查是指从识别市场到制定营销决策的全过程,即对一切有关市场营销活动做的调查。广义的市场调查除了对消费者进行调查外,还包括对产品的性能、质量、定价、包装、销售环境、销售渠道、广告宣传、促销活动等方面的调查。本书所介绍的市场调查是广义的市场调查。

只有深入开展市场调查、充分掌握市场信息,才能预测市场发展变化的客观规律,为企业经营决策提供科学依据。市场调查是企业经营活动的基础。

二、市场调查的作用

（一）为企业产品决策提供依据

产品是企业生产经营的核心，企业必须正确地进行产品决策。

首先，从开发新产品看，企业任何一种新产品的设计、试制、定型都希望能够满足消费者的需要，从而占领市场。但是消费者对商品的需求是十分具体的，包括产品结构、造型、花色、价格等多方面的因素，这些需求因素的信息不可能完全由消费者主动、直接地向企业提供。这就需要企业走向市场，深入细致地了解消费者需求心理，运用市场调查的方法获得市场需求信息，从而使开发的产品能够满足消费者需求。

其次，任何产品都有一定的生命周期，其生命周期的长短取决于市场的需求及其变化。企业在掌握产品生命周期的前提下，可根据产品所处的不同生命周期阶段来决定产品的生产规模、投放市场的批量，这是产品决策的重要内容。在成长期，产品销售数量的迅速增加，此时企业的产品决策就是要提高产品产量和劳动生产率，保证市场需求。在成熟期，产品销售数量达到最高峰，但增长速度减慢，此时企业的产品决策是使生产保持满足市场需求的水平，慎重对待生产规模的扩大。在衰退期，产品销售数量下降，此时企业应及时缩减生产规模，避免盲目投资，同时推出新产品。

最后，产品决策遵循市场需求变化规律，但企业产品不是只能消极地适应消费，恰恰相反，企业完全可以通过市场调查逐步加深对市场需求变化规律的认识，掌握消费心理，进而运用规律进一步引导消费，引导市场，不断推出新产品，使之被消费者接受，牢牢掌握市场和生产经营的主动权。

 小案例

市场调查促进吉利公司产品的营销

男性长胡子，因而要刮胡子；女性不长胡子，自然也就不必刮胡子。然而，美国的吉利公司却把刮胡刀推销给女性。虽然"把刮胡刀推销给女性"看似荒谬，但是这一决策是建立在可靠的市场调查基础之上的。吉利公司用一年的时间进行了周密的市场调查，发现在美国30岁以上的女性中，有65%的人为保持美好形象，要定期刮除腿毛和腋毛。这些女性除使用电动刮胡刀和脱毛剂外，主要靠购买各种男用刮胡刀来满足此项需求，她们一年在这方面的花费高达7 500万美元。相比之下，美国30岁以上的女性一年花在眉笔和眼影上的费用仅有6 300万美元，染发剂的花费为5 500万美元。毫无疑问，这是一个极有潜力的市场。根据调查结果，吉利公司精心设计了新产品。新产品的刀头部分和男用刮胡刀并无明显差异，采用一次性的双层刀片，但是刀架选用了色彩鲜艳的塑料材质，并将握柄改为弧形，更便于女性使用，握柄上还印压了雏菊图案。这样一来，新产品立即具备了女性特点。

为了使雏菊刮毛刀迅速占领市场,吉利公司还拟订了几种不同的定位观念,并向消费者征求意见。这些定位观念包括:突出刮毛刀的"双刀刮毛"特点;突出其创造性的"完全满足女性需求"的特点;强调价格"不到 50 美分";表示产品使用安全的"不伤肌肤"等。最后,公司根据多数女性消费者的意见,选择了"不伤肌肤"作为推销时突出的重点,刊登广告进行宣传。结果,雏菊刮毛刀一炮打响,迅速畅销全球。

(资料来源:中华合作时报网. 把剃须刀卖给淑女[EB/OL]. [2019-01-29]. http://www.zh-hz.com/HTML/2019/01/29/404126.html.)

分析:上诉案例说明,市场调查是经营决策的前提,只有充分认识市场,了解市场需求,对市场做出科学的分析判断,决策才具有针对性,企业才可以更好地拓展市场。

(二)提高企业市场营销活动的效率

企业通过市场调查可了解企业产品的市场容量和潜在需求,了解企业进入该市场可能获得的市场地位和利润状况,为企业产品确定目标市场提供重要的依据。选定目标市场后,企业根据目标市场的特点,改进完善企业产品,使之投放市场后能适销对路。市场调查也可以为企业产品确定有竞争力的市场价格,制定有效的价格策略,扩大市场占有率,提高市场营销活动的效率。

拓展阅读

市场调查在营销决策中的地位

市场调查在营销系统中扮演着两种重要角色。首先,它是市场情报反馈过程的一部分,向决策者提供关于当前营销组合有效性的信息和进行必要变革的线索。其次,它是探索新的市场机会的基本工具。市场调查有助于营销经理识别最有利可图的市场机会。

(三)为企业制定营销策略提供依据

企业制定营销策略首先要了解内部和外部环境信息,而要掌握外部环境信息,就要进行市场调查,了解和考虑多方面的情况和问题。例如,哪些市场仍存在未满足的需求,哪些市场已经饱和;消费者喜欢什么样的产品;产品在某个市场上的销售预计可达到什么样的数量;怎样才能扩大产品的销路,增加销售数量;如何确定产品的价格;应该使用什么方法促进产品销售。这些问题只有通过市场调查才能得到具体答案。企业通过市场调查,可以对市场的变化趋势进行预测,判断未来的市场状况,进而识别和确定市场机会,选择目标市场,制定营销策略,并对营销策略的执行情况进行监控和信息反馈。

(四)为企业制定竞争策略提供依据

企业通过市场调查,可以了解市场营销环境的变化,及时调整自己的产品、价格、渠道、促销和服务策略;同时可以收集竞争对手的信息,了解竞争对手的优劣势,然后扬长避短,与竞争对手开展差异化竞争,从而提升企业的竞争能力。

市场调查是企业一项重要的管理基础工作。企业长期地、坚持不懈地、有计划地、有组织地开展市场调查,是做好市场预测、加强企业基础管理的重要内容。企业及时收集、整理、存储、更新和运用市场信息,做好市场预警、预报工作,可以不断增强企业对外部环境的适应能力,提高企业对突发事件的应变能力,保障企业可持续发展。

三、市场调查的特征

（一）调查目标的明确性

市场调查是一项由企业或市场调查机构根据特定的目的,有计划、有步骤、有组织地了解市场、认识市场、获取市场信息的工作。明确的调查目标是市场调查活动的前提。没有明确的调查范围和目标的市场调查活动是盲目的商业行为,会给企业造成不必要的经济损失和人力、物力消耗,对企业的经营决策没有意义,不能算是真正的"市场调查"。也有一些市场调查开始时目标较为笼统和分散,如新产品的推广、新市场的开拓等。这要求企业实施一手资料调查前收集一些二手资料,对调查内容进行界定和分析,使调查目标能逐渐明确和集中。

市场调查的特征

（二）调查方法的科学性

为了解决问题,调查者可以采取多种不同的收集市场信息的方法。市场调查的方法有文案调查法、访问调查法、观察调查法、实验调查法等。市场调查强调方法适应目标,而不是目标适应方法。只有采用科学的方法,才能确保调查的真实性,才能保证调查结果的可靠性。当然,任何一种调查方法都有其局限性和适用范围。企业可以同时采用几种方法进行调查或对数据信息进行验证,使调查结果更有说服力,提高市场调查的价值。另外,在对市场数据资料进行整理分析时,还需要运用数学、概率论、统计学等学科的知识,这些知识都具有很强的科学性。

（三）调查内容的广泛性

市场调查除了调查和市场相关的问题外,还广泛存在于各种调查中。例如,宏观经济的消费者物价指数（CPI）调查,世界或地区人口数量、年龄、性别、经济收入等调查,在校大学生创业意向、就业倾向、学习生活状况等调查,交通拥堵状况调查,乡村振兴成果调查,企业员工激励状况、满意度调查等。可见,市场调查的原理可以在很多非市场的领域得到广泛应用。

（四）调查结果的不确定性

由于市场受到多种因素的影响,而市场调查有可能只调查了其中的某些问题,因此通过市场调查可能只能掌握部分信息。在以消费者作为调查对象时,由于其心理状态会受到个人消费习惯、价值观念、情绪、商品本身的多样性等影响,市场调查结果分析难度增加。同时,调查工作本身可能存在调查问卷设计不合理、调查样本选择不合理或样本太少、调查者缺乏训练等问题,这些都会影响调查结果的准确性。

任务二 市场调查的类型

市场调查的类型

将市场调查划分为不同的类型，有利于对市场调查形成全面、系统的理解，也有利于在市场调查实践中明确调查目的和确定调查内容。

一、按购买目的分类

根据购买商品的不同，市场调查可分为消费者市场调查和产业市场调查。

（一）消费者市场调查

消费者市场的购买目的是满足个人或家庭的生活需要。消费者市场是最终产品的消费市场，是社会再生产消费环节的实现。消费者市场调查的目的主要是了解消费者需求的规模、结构及变化。消费者需求规模和结构的变化受到多方面因素的影响，如人口、经济、社会文化、购买心理和购买行为等。对消费者市场进行调查，除直接了解需求数量及其结构外，还必须对诸多的影响因素进行调查。

（二）产业市场调查

产业市场也称生产资料市场，其购买目的是生产出新的产品或进行商品转卖。产业市场是初级产品和中间的消费市场，涉及生产领域和流通领域。产业市场调查主要是对产业市场商品供应量、产品的经济寿命周期、商品流通渠道等方面的内容进行调查。

二、按调查范围分类

根据调查范围的不同，市场调查可分为需求调查和供给调查。

（一）需求调查

需求调查是对市场中的消费需求的调查，包括对现实的消费需求、潜在的消费需求、购买行为，以及消费水平变化的调查。

（二）供给调查

供给调查是对某一时期内在某市场中投放商品供给量的调查，包括对进货途径、数量和货源结构的调查。

三、按商品流通环节分类

根据商品流通环节的不同，市场可分为批发市场调查和零售市场调查。

（一）批发市场调查

商品批发是为了生产加工或进一步转卖而出售商品的交易行为。批发市场调查主要是对批发商品交易的参加者、批发商品流转环节的不同层次、批发商品的购销形式、批发市场的数量和规模等方面进行的调查。批发市场调查着重掌握我国批发市场的商品交易状况，分析批发市场的流通数量、流通渠道与社会生产的关系和零售市场的关系。

（二）零售市场调查

商品零售是为了满足个人或集团消费的商品交易。零售市场调查主要是调查不同经济形势下零售企业的数量，研究其发展变化的规律；调查消费者在零售市场上的购买心理和购买行为；调查零售商品的数量和结构等。

四、按产品层次分类

根据产品层次的不同，市场调查可分为针对不同产品类型市场的调查。如按商品大类可分为食品类、服饰类、日用品类、医药类、燃料类等市场调查。各种商品大类的市场调查还可以进一步划分为不同的小类或具体商品的市场调查。如食品类市场调查又可划分为粮食类、副食类、调味品类等小类商品的市场调查。按商品小类进行市场调查，所取得的资料对于研究不同商品的供求平衡，组织商品生产与营销，提高企业的经济效益是十分重要的，对于宏观市场的研究也有重要作用。

五、按空间层次分类

根据空间层次的不同，市场调查可分为国内市场调查与国际市场调查。

（一）国内市场调查

国内市场调查是指以国内市场为对象进行的调查，可以分为全国性市场调查和地区性市场调查，还可以划分为城市市场调查和农村市场调查。

（二）国际市场调查

国际市场调查是以全球市场为对象进行的调查。我国国内市场是国际市场的重要组成部分，国际市场也影响着我国国内市场。按不同空间组织的市场调查资料，对于研究不同空间市场的特点，合理地组织各地区商品生产与营销，进行地区间商品流通，具有十分重要的价值。

六、按时间层次分类

根据时间层次的不同，市场调查可分为定期市场调查和不定期市场调查。

（一）定期市场调查

定期市场调查是对市场现象每隔一段时间就进行一次调查，其目的在于获得关于事物全部发展变化过程及其结果的信息资料。

（二）不定期市场调查

不定期市场调查是为了解决某种市场问题而专门组织的一次性调查，其目的在于收集事物在某一特定时点上的水平、状态等资料。例如，物价调查就是根据物价管理部门的需要不定期进行的。

七、按组织方式分类

市场调查的组织方式是指处理调查对象总体的方法，而不是具体的收集市场资料的方法。根据组织方式的不同，市场调查可分为全面市场调查和非全面市场调查。

（一）全面市场调查

全面市场调查又称普查，是对市场调查对象总体的全部单位进行的调查，目的是了解市场中一些至关重要的、有基本功能的情况，对市场状况做出全面、准确的描述，从而为制定有关政策、规划提供可靠的依据。

（二）非全面市场调查

非全面市场调查是对总体中的部分单位进行的调查，又分为市场典型调查、市场重点调查和市场抽样调查。市场典型调查是从总体中选择具有代表性的部分单位作为典型进行的调查，其目的是通过典型单位认识同类市场现象总体的规律及本质。市场重点调查是从调查对象总体中选择少数重点单位进行调查，其目的是通过这些重点单位反映市场的基本情况。市场抽样调查是根据概率原则抽出适当的样本进行调查，其结果可以控制，在市场调查中应用较广。

八、按调查内容分类

根据调查内容的不同，市场调查可分为定性市场调查与定量市场调查。

（一）定性市场调查

定性市场调查是根据性质和内容对市场进行调查，如对市场环境、政治经济环境、消费者反应等进行定性分析，为企业的营销决策提供可靠依据。

（二）定量市场调查

定量市场调查主要是指收集和了解有关市场变化的各种数据，进行量化或模型分析，预测潜在的需求量和商品销售的变化趋势。

九、按调查方法分类

根据市场调查方法的不同,市场调查可分为文案调查和实地调查。

(一)文案调查

文案调查是指通过收集各种历史和现实的动态统计资料,从中摘取与市场调查课题有关的信息。文案调查具有简单、快速、节省调查经费等特点,适用于对历史情况和现状的了解,它既可作为一种独立方法来运用,也可作为实地调查的补充。

(二)实地调查

实地调查是指调查者亲自收集一手市场资料的方法,包括观察法、实验法和访问法。在借助科学研究方法的基础上,实地调查能够得到比较真实的资料和信息。

十、按调查设计分类

根据市场调查设计的不同,市场调查可分为探索性调查、描述性调查、因果性调查和预测性调查。

(一)探索性调查

探索性调查是指市场情况不十分明了,为了制定正式的市场调查方案而进行的小规模试探性调查,是一种预备性研究。探索性调查常常用于调查初期,此时对市场缺乏足够的了解,没有形成具体的假设,难以找到调查切入点。例如,某人拟投资开设一家大型超市,首先可以进行探索性调查。他可以初步调查超市附近的顾客流量、交通状况、竞争对手、投资收益等,初步论证其可行性,如果可行,再做深入的调查。

探索性调查是一种非正式调查,一般不需要制定详细的调查方案,只求尽量节省时间迅速达到目的,但要求调查者有较强的洞察力、想象力和创造力。探索性调查可以帮助调查者明确地表达问题、澄清概念并做出假设,使调查者对问题更加熟悉,包括明确问题、寻找机会、缩小范围等。例如,某企业最近一段时间产品销售量持续下滑,企业可以通过探索性调查找到销售量下滑的主要原因,在此基础上对相关问题进行详细的市场调查,提出有针对性的解决方案。

(二)描述性调查

描述性调查是一种正式调查,是按照确定的调查计划深入实际调查研究,对市场现象的客观情况进行描述的调查。例如,对顾客满意度、产品销售渠道、竞争状况、消费者行为特征、市场占有率、市场潜力等的调查,都属于描述性调查。

大多数的市场调查都属于描述性调查。描述性调查需要事先制定调查方案,注重对

客观情况的如实记录,一般要进行实地调查,收集一手资料。例如,对消费者需求的描述性调查,需要收集有关消费者收入、支出、商品需求量、需求倾向等方面的基本信息。相比探索性调查,描述性调查的目的更加明确,研究的问题更加具体。文案调查法、访问调查法、观察调查法等都属于描述性调查。

(三)因果性调查

因果性调查是指为了确定市场变量之间的因果关系而进行的正式调查。因果性调查首先对事物变化的原因或事物间的因果联系提出尝试性说明,从某一假设出发,通过调查取得经验性数据,系统地对假设进行检验。例如,员工收入增加与消费品需求量之间的关系怎样变化;产品价格与销量关系如何;广告费用与消费者态度改变之间的关系。在市场调查的方法中,实验调查法是因果关系调查的重要工具。

(四)预测性调查

预测性调查是指为了预测市场供求变化趋势或企业生产经营前景而进行的具有推断性的调查。例如,市场上消费者对某种产品的需求量或市场占有率变化趋势的调查。这类调查的结果是对事物未来发展变化的预测。

预测性调查可以充分利用描述性调查和因果性调查所获得的数据,利用有关市场未来发展趋势的信息,建立调查模型,对市场潜在需求进行估算、预测和推断。因此,预测性调查实质上是市场调查结果在预测中的应用。

任务三 市场调查的内容

企业市场调查的内容十分广泛。从广义上说,凡是直接或间接影响企业市场经营活动的资料都应该收集、整理,凡是有关企业经营活动的信息都有调查的必要。但是,由于每次市场调查的目的不同,调查时间有限,其内容也不完全一样,且一次调查活动无法包括全部内容,必须通过多次市场调研资料的积累才能全面地认识市场。在进行具体调查项目时,应根据调查项目的目标有针对性地确定具体的调查内容。市场调查的内容分为宏观市场环境调查和微观市场环境调查两大部分。

一、宏观市场环境调查

宏观市场环境调查

宏观市场环境调查的内容包括政治环境、法律环境、经济环境、社会文化环境、科技环境、地理和气候环境等。

(一)政治环境调查

政治环境是指企业经营活动的外部政治形势。一个国家的政局稳定与否,会给企业经营带来重大的影响。如果政局稳定,人民安居乐业,就会给企业营造良好的经营环境。政治环境调查主要可以从以下几个方面进行。

1. 国家制度和政策

主要了解其政治制度、对外政策、包括对不同国家和地区的政策等。有些国家政权不够稳定,只有了解并掌握这些国家的政权更迭和政治趋势,才能尽可能避免经济上的风险和损失。

2. 国家或地区之间的政治关系

随着国际政治关系的变化,国家的对外贸易关系也会发生变化,如设立或取消关税壁垒,采取或撤销一些惩罚性措施、增加或减少一些优惠性待遇等。

3. 政治和社会动乱

由于罢工、暴乱、战争等引起的社会动乱,会影响国际商品流通和交货期,给对外贸易带来一定的风险,也会产生某种机遇。关于政治和社会动乱的调查有助于企业随机应变,把握市场机会。

(二)法律环境调查

法律环境是国家或地方政府所颁布的各项法规、法令和条例等,它是企业要遵循的准则,企业只有依法进行各种经营活动,才能受到国家法律的有效保护。对法律环境的研究,除了要研究各项与国际、国内企业经营活动有关的法律法规,研究有关竞争的法律及环境保护、资源管理方面的条例、规定之外,还要了解参与法律的制定与执行的政府部门的职能与任务。

我国正在加速向法治化方向迈进,先后制定了经济合同法、商标法、专利法、广告法、环境保护法等多种经济法规和条例,这些都对企业经营活动产生了重要的影响。同时,我国与世界各国的交往越来越密切,由于许多国家都制定有各种适合本国经济的对外贸易法律,其中规定了对出口国家所施加的进口限制、税收管制及有关外汇的管理制度等,企业进入国际市场时必须提前了解。

(三)经济环境调查

经济环境是指企业经营过程中所面临的社会整体经济状况,包括经济发展水平、消费者的收入水平、消费者的支出模式和消费结构、消费者储蓄和信贷、行业发展状况、城市化程度等多种因素。企业市场规模的大小,不仅取决于人口数量,而且取决于有效的购买力。购买力的大小受到经济环境中各种因素的综合影响。经济环境是制约企业生存和发展的重要因素。掌握了经济环境信息,就可以使企业在决策中扬长避短,发挥优势。

(四)社会文化环境调查

社会文化环境在很大程度上决定着人们的价值观念和购买行为,影响着消费者购买产品的动机、种类、时间、方式及地点。企业的经营活动必须适应所涉及国家(或地区)的文化和传统习惯,才能为当地消费者所接受。例如,有些地区消费者喜欢标有"进口"或"合资"字样的商品,而另一些地区消费者却可能相反,这种情况可能与该地区的保守意识和开放意识有关，需要通过市场调查去掌握。

（五）科技环境调查

科技环境调查包括及时了解新技术、新材料、新产品、新能源的状况，国内外科技的发展水平和发展趋势，本企业所涉及的技术领域的发展情况、专业渗透范围、产品技术质量检验指标和技术标准等。

（六）地理和气候环境调查

一个国家和地区的地理和气候条件也是影响市场环境的重要因素，与企业营销活动密切相关。地理和气候环境主要包括自然资源、地理位置、气候条件、交通条件等，这些因素从多方面对企业的营销活动产生影响。企业必须熟悉不同地区地理和气候环境的差异，才能做好市场营销。例如，我国的藤制家具在南方十分畅销，但在北方则销路不畅，受到冷落，其主要原因是北方气候干燥，这种家具到北方后往往发生断裂，影响了产品的声誉和销路。

二、微观市场环境调查

微观市场环境是指对企业的产品或服务及其目标市场构成影响的各种因素。微观市场环境调查包括市场需求调查、市场供给调查和市场营销活动调查三大部分。其中从企业角度看，市场需求调查包括社会购买力调查、人口状况调查、消费者购买动机和购买行为调查、竞争对手调查。市场供给调查主要包括商品供给来源调查、商品供应能力调查和商品供应范围调查。市场营销活动调查围绕营销组合活动展开，主要包括产品调查、价格调查、销售渠道调查、促销调查。

市场需求调查

（一）市场需求调查

需求通常是指人们对外界事物的欲望和要求。人们的需求是多方面、多层次的，即既有维持生存的生理需求，如衣、食、住、行等；又有精神文化生活的需求，如读书看报、文娱活动、旅游等；还有社会活动的需求，如参加政治、社会集团及各种社交活动等。可具体分为物质需求（包括生产资料和生活资料）、精神文化需求和社会活动需求；商品需求和劳务需求；欲望需求及有支付能力的需求等。

在市场经济条件下，市场需求是指以货币为媒介，表现为有支付能力的需求，即通常所称的购买力。购买力是决定市场容量的主要因素，是市场需求调查的核心。此外，由于市场是由消费者所构成的，只有对消费者人口状况进行研究，对消费者各种不同的购买动机和购买行为进行把握，才能更好地为消费者服务，开拓新的市场领域。同时，市场需求也受到竞争的影响，只有正确地分析竞争对手，才能掌握消费者需求。

1. 社会购买力调查

1）社会购买力的含义与构成

社会购买力是指在一定时期内，全社会在市场上用于购买商品和服务的货币支付能力。社会购买力包括居民购买力、社会集团购买力和生产资料购买力三个部分。其中，居民购买力尤其是居民消费品购买力是社会购买力最重要的内容，是市场需求调查的重点。

居民消费品购买力是城乡居民在市场上用于购买生活消费品的货币支付能力。对居民消费品购买力总量的调查，主要通过收集、整理和分析购买力的各种指标来实现，这些指标包括本期形成的居民消费品购买力、居民结余购买力、本期已实现的居民消费品购买力和本期未实现的居民消费品购买力等。对各种指标的计算方法是市场统计的研究内容，我们在此不多介绍。

2) 社会购买力的影响因素

(1) 居民货币收入。居民的购买力取决于其货币收入，居民货币收入的多少是决定居民购买力大小的最主要的因素。由于居民的劳动单位和劳动性质不同，其收入来源（如工资收入、出售产品收入和劳务收入等）和影响因素（包括政策因素、价格因素等）也不同，应对此进行调查。从市场营销角度出发，通常考虑居民货币收入中居民个人收入、可支配收入和可随意支配收入三个项目。

(2) 居民非商品性支出。居民的货币收入并非全部用于购买商品，有一部分是用于文化、娱乐、生活服务开支，以及交纳税金、票证费、党团工会组织费等非购买商品的货币支出。居民非商品性支出在货币收入中所占比例大小，会影响居民消费品购买力的大小。这部分货币支出的数量，一方面取决于居民的货币收入水平，即居民的富裕程度；另一方面取决于各种文化、服务事业的发展情况和收费标准。

(3) 结余购买力。居民的结余购买力表现为银行储蓄、现金存款和各种有价证券，三者处在经常变动之中。结余购买力有期初结余和期末结余两种，期初结余购买力大小会对本期市场产生影响，而期末结余购买力大小则决定了对下期市场的冲击力。

(4) 流动购买力。就某一地区来说，当地居民购买力的大小，还要受流动人口引起的货币流入和流出的影响。货币流入大于流出，当地的购买力就会增加；反之，货币流出大于流入，当地购买力就会减少。造成货币流入和流出变动的主要原因是流动人口的变化，比邻地区商品供应状况，以及商业网点设置与经营范围的调整等。

通过对购买力总量及其影响因素的调查，可使企业对所在地区的市场容量情况有一个整体的了解，为企业安排业务计划、确定生产和销售规模提供重要依据。

3) 购买力投向含义及调查内容

购买力投向是指在购买力总额既定的前提下，购买力的持有者将其购买力用于何处，购买力在不同商品类别、不同时间和不同地区都有一定的投放比例，对购买力投向及其变动的调查，可为企业加强市场预测、合理组织商品营销活动和制定商品价格提供参考依据。

购买力投向调查主要是收集社会商品零售额资料，并对其做结构分析。它是从卖方角度观察购买力投向变动，其方法是将所收集到的社会商品零售额资料按商品主要用途进行分类，计算各类商品零售额占总零售额的比重，并按时间顺序排列，以观察其特点和变化趋势。购买力投向直接反映了一定时期全国或某地区的销售构成，在商品供应正常的情况下，它基本上反映了商品的需求构成；当某类商品供应不足，需求受到抑制时，它只能在一定程度上反映商品的需求构成。

2. 人口状况调查

人口状况调查

某一国家(或地区)购买力总量及人均购买力水平的高低决定了该国(或地区)市场需求的大小。对消费品企业来说,在购买力总量一定的情况下,人均购买力的大小直接受消费者人口总数的影响。为研究人口状况对市场需求的影响,便于进行市场细分化,应对人口状况进行调查。

1) 总人口

对于一些生活必需品来讲,总人口的数量与这类商品需求量成正比。根据一个国家(或地区)的总人口与购买力,可以大致了解该国(或地区)市场规模大小。在对总人口进行研究时,应该注意流动人口的变化情况,人口流动会引起购买力的流动,从而引起市场需求的变化,这对处在政治、经济、文化中心或地处交通枢纽的城市来说尤为明显。此外,总人口的增长速度及其变化趋势也将对市场需求构成产生影响。

2) 人口地理分布

人口地理分布与市场需求有密切关系,如沿海地区和内地、城市与农村,在消费、需求构成、购买习惯和行为等方面都有着许多差异。

3) 家庭总数和家庭平均人口数

家庭是社会的细胞,许多商品都是以家庭为基本单位来进行消费的,如住房、家具等。因此,家庭总数和家庭平均人口数对家庭用品的需求有很大的影响。近年来,随着人们生活条件的改善,我国家庭由过去几代同堂的大家庭逐渐演变为三口之家的小家庭。

4) 民族构成

各民族由于其发展历史和文化背景不同,形成了各自比较鲜明的民族习惯,这种民族习惯往往会造成消费习惯的差异。我国是一个多民族国家,各族人民对饮食、服装等商品的需求是不同的。因此,在对消费者进行调查时,应注意这种因民族不同而产生的消费习惯的差异。

5) 年龄构成

不同年龄的消费者对商品和服务的数量和种类有着不同的需求。如年轻人对服装、体育用品、音像制品、文具等用品需求较多,老年人则对滋补品、保健用品需求较多。当然,这也不能一概而论,在不同的地区、不同的时期会有不同的特点,需要通过市场调查去了解和把握。

6) 性别差异

不同性别的消费者,不但对消费品的需要有很大差别,其购买习惯和行为也有很大差别。通常女性对化妆品及服装的要求较多,喜欢逛商场,购物次数多但每次购物量不大,购物受外界影响较大,常需经过反复挑选后方能下决心购买,而男性对汽车、摩托车、电子产品等商品比较青睐,他们一般购物次数少,但每次购物量较大,购物时自主性强,比较果断和迅速。这些都是通过市场调查获得的一般性的性别消费特征。

7) 职业构成

职业对消费品需求的影响也是比较明显的,如工人一般用于物质方面的支出较多,而教师用于购买书刊及精神文化方面的支出较多。

8）教育程度

教育程度不同会产生不同的消费需要和习性。一般来说,教育程度较高的消费者商品知识比较丰富,喜爱购买某些特殊商品和文化层次较高的商品,购买商品时也比较理性。

3. 消费者购买动机和行为调查

1）消费者购买动机调查

购买动机是指为了满足一定的需要,而引起人们购买行为的意愿和意念。消费者购买动机调查是对影响消费者购买欲望的有关因素的调查。购买动机决定购买行为,与商品的销售关系极大。消费者购买动机调查的目的是了解消费者购买动机产生的各种原因,以便企业采取相应的营销措施。

消费者购买动机和行为调查

2）消费者购买行为调查

消费者购买行为是指消费者为满足个人或家庭生活需要而购买所需商品的活动以及与之有关的决策过程,主要包括六个方面的内容,可以概括为"5W1H"。

（1）购买什么（what）,主要是指消费者要购买什么商品,如某种便利品、选择品或特殊品,有形产品或无形产品,以及商品的品牌、包装等。

（2）为何购买（why）,即消费者的购买目的是什么。

（3）由谁购买（who）,消费者的购买活动通常是由购买的倡议者、决定者、执行者和商品使用者综合作用决定的。有关调查结果显示,对日用品、服装、食品等商品,大多由女方做出购买决定,也主要由女方实际购买;对耐用消费品,男方做出决定的较多,当然在许多情况下也要与女方共同商定,最后由男方独自或与女方一同去购买;对儿童用品,常由孩子提出购买要求,由父母决定,并与孩子一同前往商店购买。此外,通过调查还发现,男方独自购买,女方独自购买或男女双方一同购买对最后实际成交有一定影响。

（4）何时购买（when）。消费者购买商品的时间受消费地区、季节、商品性质、节假日和消费者忙闲的影响。消费者在购物时间上存在着一定的习惯和规律。某些商品销售随着自然气候和商业气候的不同,具有明显的季节性。如在春节、劳动节、中秋节、国庆节等节日期间,消费者购买商品的数量要比平时增加很多。对于商业企业来说,掌握一定时间内的客流规律,有助于适时适量地供应商品,合理分配劳动力,提高商业人员的劳动效率,把握住商品销售的黄金时间。

拓展阅读

某商场客流调查情况

某商场在对一周内的客流进行实测调查后发现,一周中客流量最多的是周日,最少的是周一;而在一天内,客流最高峰为职工上下班时间,即上午11时和下午5时;其他时间客流量也均有一定的分布规律。据此,商场对人员和货物都做出了合理安排,做到忙时多上岗、闲时少上岗,让售货员能在营业高峰到来时以最充沛的精力和饱满的精神面貌迎接顾客,从而取得了较好的经济效益和社会效益。

(5) 何地购买(where),即消费者具体的采购地点。这种调查一般分为两种:一种是调查消费者决定在什么地方购买;另一种是调查消费者实际在什么地方购买。消费者在购买许多商品前已在家中做出决定,如购买商品房、购买电器等,这类商品信息可通过手机、电视、广播、报纸杂志等媒介上的广告获得。而对一般日用品、食品和服装等,具体购买哪种商品,通常是在购买现场,受商品陈列、包装和导购人员介绍临时决定的,具有一定的随意性。

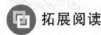 拓展阅读

购物场所调查情况

有人在为某商场所做的市场营销环境调查中了解到:有59%的居民选择距家最近的商店,有10%的居民选择距工作地点最近的商店,有7%的居民选择上下班沿途经过的商店;有18%的居民选择有名气的大型、综合、专营商店;有6%的居民则对购物场所不加选择,即随意购物。

(6) 如何购买(how),即消费者采取什么方式购买,包括消费者的购买类型、付款方式。

4. 竞争对手调查

竞争对手不仅仅是企业的"敌人",更是企业学习的对象。竞争对手不仅能给企业带来压力,也能给企业带来动力。在市场竞争中,企业只有在了解竞争对手的优势与劣势后,才能有针对性地制定正确的市场竞争战略,以避其锋芒、攻其弱点、出其不意,利用竞争对手的劣势来争取市场竞争的优势,更好地满足市场需求、服务于消费者,使企业立于不败之地。

竞争对手状况调查主要包括以下内容。

(1) 有没有直接或间接的竞争对手,如果有,是哪些?
(2) 竞争对手的所在地和活动范围。
(3) 竞争对手的生产经营规模和资金状况。
(4) 竞争对手生产经营商品的品种、质量、价格、服务方式及在消费者中的声誉和形象。
(5) 竞争对手技术水平和新产品开发经营情况。
(6) 竞争对手的销售渠道。
(7) 竞争对手的宣传手段和广告策略。
(8) 现有竞争程度(市场、占有率、市场覆盖面等)、范围和方式。
(9) 潜在竞争对手的状况。

通过调查,可将本企业的现有条件与竞争对手进行对比,为制定有效的竞争策略提供依据。

(二)市场供给调查

市场供给是指全社会在一定时期内对市场提供的可交换商品和服务

市场供给调查

的总量。它与购买力相对应,由居民供应量、社会集团供应量和生产资料供应量三部分组成。市场供给是市场需求得以实现的物质保证。

对市场供给的调查,可从商品供给来源调查、商品供应能力调查和商品供应范围调查三方面进行。

1. 商品供给来源调查

市场商品供应量的形成有不同的来源。从全部供应量的宏观角度看,除由国内工农业生产部门提供的商品、进口商品、国家储备拨付和挖掘社会潜在物资外,还有期初结余的供应量。可先对不同的来源进行调查,了解本期市场全部商品供应量变化的特点和趋势,再进一步了解影响商品供应来源的因素。

影响商品供应来源的因素可归纳为以下几个方面。

(1) 生产量。商品货源的数量首先依赖于生产量,而生产量的高低又决定于现有生产水平和增长速度。

(2) 结余储存。结余储存应包括商业部门和生产者两方面的储存,还应包括国家储备。

(3) 进出口差额及地区间的货物流动。

(4) 价格水平。商品价格合理与否,对商品货源有较大影响。此外,可替代性商品价格水平的变化,也影响着相关商品供应量的大小。

(5) 商品销售预期。商品销售预期的主要形态是涨价预期、扩张预期、降价预期和紧缩预期。例如,涨价预期会导致企业不顾具体商品的市场行情而盲目经营,继续扩大经营本来已供过于求的商品,涨价预期形成后,商品持有者往往掌握着商品(常是紧缩商品)而不投入市场,以待涨价,从而造成某种商品的市场短缺和库存积压现象同时出现,破坏了商品上市的均衡性。

2. 商品供应能力调查

商品供应能力调查是对工商企业的商品生产能力和商品流转能力进行的调查,主要包括以下内容。

(1) 企业现有商品生产或商品流转的规模、速度、结构状况如何？能否满足消费要求？

(2) 企业现有的经营设施、设备条件如何？其技术水平和设备现代化程度在同行业中处于什么地位？是否适应商品生产和流转的发展？

(3) 企业是否需要进行投资扩建或者更新改建？

(4) 企业资金状况如何？自有资金、借贷资金和股份资金的总量、构成及分配使用状况如何？企业经营的安全性、稳定性如何？

(5) 企业的现实盈利状况如何？综合效益怎么样？

(6) 企业现有职工的数量、构成、文化素质、业务水平如何？是否适应生产、经营业务的发展需要等。

3. 商品供应范围调查

商品供应范围的变化会直接影响商品销售量的变化。商品供应范围扩大意味着可能购买本企业商品的用户数量的增加,通常会带来销售总量的增加;反之,则会使销售总量减少。商品供应范围调查主要包括以下内容。

1) 销售市场的区域有何变化

在调查中要了解有哪些地区、哪些类型的消费者购买本企业的商品，了解他们在今后一段时期的购买是否会发生变化。同时，还要了解哪些地区、哪些类型的消费者目前尚未购买但可能购买本企业的商品，通过宣传能否使他们对本企业的商品发生兴趣，当地社会集团购买情况等。通过市场调查，如果发现本企业商品销售区域有其他企业同类商品进入，并且明显比本企业的商品受欢迎，那么本企业商品在该区域的销售将面临挑战；反之，则预示本企业将有一个较好的销售前景。

2) 所占份额有何变化

由于某些商品供应能力有限，或因消费者选择商品的标准不同，会出现同一市场上多种同类商品都有销路的状况，各企业的商品都占有一定的市场比例，即通常所讲的市场份额。市场份额不是固定不变的，它会受消费者的喜好、商品的改进等各种因素的影响而发生变化。因此，要随时了解本企业商品与其他企业商品相比存在的优势和劣势，同类商品在市场上受消费者欢迎的程度，消费者对各种同类商品的印象、评价和购买习惯等。通过调查，使企业对市场份额变化的状况、趋势及原因有较深入和全面的了解，有利于企业在市场竞争的过程中获得更多的份额。

（三）市场营销活动调查

市场营销活动调查围绕营销组合活动展开，主要包括产品调查、价格调查、销售渠道调查、促销调查。

产品调查

1. 产品调查

市场营销中的商品是一个整体的概念，不仅包括商品实体，还包括包装、品牌、装潢、商标、价格以及和商品相关的服务等。

1) 产品实体调查

产品实体调查涉及产品的性能、质量、规格、式样、颜色、口味等方面的调查。通常，产品的性能、质量是消费者最为关注的内容，直接影响产品的实用性、安全性和维修方便性等。而消费者对产品的规格、式样、颜色、口味等方面的需求是多种多样的，不同的消费者有不同的爱好和需求。企业通过产品实体调查，能够生产出受消费者欢迎，满足其不同需求的产品。

2) 产品包装调查

包装是产品的重要属性之一。产品的包装除了具有保护产品、携带便利等功能外，还具有提升产品形象和发布广告信息等营销辅助作用。通过产品的包装，企业可以向消费者传递品牌信息，引起消费者的注意，激发消费者的购买欲望。企业开展产品包装调查主要是为了了解产品包装对消费者的吸引程度，了解什么样的产品包装能受到消费者的喜爱，现有的产品包装功能是否完善等。例如，某企业在对乳品包装的调查中了解到，多数消费者倾向于选择纸盒和塑料瓶的包装形式；纯牛奶用白色的包装，配合少量的图案，可使产品看起来卫生、安全，消费者的接受度更高；酸奶用各种色彩的包装，配合丰富的图案，可使产品包装体现出酸奶的口感、口味，消费者的接受度更高。

3) 产品生命周期调查

任何产品从开始试制、投入市场、被市场接受到被市场淘汰,都有一个诞生、成长、成熟和衰亡的过程,这一过程称为产品生命周期,它包括导入期、成长期、成熟期和衰退期四个阶段。企业应通过对销售量、市场需求的调查,判断和掌握自己所生产和经营的产品处在产品生命周期的哪个阶段,以做出相应的对策。

(1) 销售增长率调查。销售增长率是判断产品处于生命周期哪个阶段的重要依据。在产品生命周期的各个阶段,销售增长率是不同的。根据经验,销售增长率在导入期是不稳定的,成长期则在 10% 以上,成熟期大致稳定在 0.1%～10%,衰退期则为负数。当然,地区不同、行业不同,其经验数值也存在差异。

(2) 产品普及率调查。耐用消费品的普及率资料可通过居民家计调查获得,通常用每百户居民所拥有的耐用消费品数量来表现。当调查结果显示企业某种产品接近衰退期、普及率降低时,就应尽早采取相应措施,停止生产和经营该种产品,开发其他新产品;或者通过对产品进行一些改装或改变促销策略等,以使产品的寿命周期得以延长。

2. 价格调查

从宏观角度看,价格调查主要是对市场商品的价格水平、市场零售物价指数和居民消费价格指数等方面进行调查。其中,居民消费价格指数与居民购买力成反比,当居民货币收入一定时,价格指数上升,购买力则下降。

价格、销售渠道和促销调查

从微观角度看,价格调查可包括以下内容。

(1) 国家在商品价格上有何具体规定?

(2) 企业商品的定价是否合理?如何定价才能使企业盈利增加?

(3) 消费者对什么价格容易接受?消费者的价格心理状态如何?

(4) 商品需求和供给的价格弹性有多大?影响因素是什么?

3. 销售渠道调查

企业应善于利用原有的销售渠道,并不断开拓新的渠道。对企业来说,目前可供选择的销售渠道有很多,虽然有些工业产品可以采取直销的方式,但多数商品要由一个或更多的中间商转手销售,如批发商、零售商等,一些销往国际市场的商品还要选择进口商。为了选好销售渠道,有必要了解以下情况。

(1) 企业现有销售渠道的主要类型?

(2) 企业现有的销售渠道能否满足消费者的需要?

(3) 企业是否有通畅的销售渠道?如果不通畅,具体原因是什么?

(4) 销售渠道中各个环节的产品库存是否合理?能否满足随时供应市场的需要?有无积压和脱销现象?

(5) 市场竞争对手的销售渠道主要有哪些类型?效果如何?

(6) 市场上经营本产品的主要中间商对经销本产品有何要求?

上述有关销售渠道的调查有助于企业评价和选择中间商,从而开辟合理的、效益最佳的销售渠道。

4. 促销调查

促销即促进产品销售,是指企业通过人员和非人员的方式,沟通企业与消费者之间的

信息,引发、刺激消费者的消费欲望和兴趣,促使其产生购买行为的活动。促销工作的核心是沟通信息。促销的目的是引发、刺激消费者产生购买行为。促销调查主要有广告调查、人员推销调查、营业推广调查和公共关系调查四种。

1) 广告调查

广告必须针对最需要解决的促销问题,必须针对最需要重视的目标市场,必须针对目标消费者最感兴趣的方面,才能使广告投入获得最佳经济效益。同时,广告还应帮助企业最大限度地了解市场信息,了解企业营销活动的效果。这些不能靠主观臆想或经验推断来实现,必须依靠科学的广告调查。

广告调查的核心是广告诉求调查。广告诉求调查也就是消费者动机调查,包括消费者收入情况、知识水平、广告意识、生活方式、兴趣爱好以及对特定产品的接受程度等。只有了解消费者的喜好,才能制作出打动人心的好广告。

广告媒体是运载广告信息、达到广告目标的一种物质技术手段,是传播广告信息的载体。常见的广告媒体有报纸、杂志、广播、电视以及新媒体。常见的一些新媒体如下。

(1) 社交类手机应用:QQ、微信、微博等。

(2) 新闻资讯类应用:今日头条、网易新闻、腾讯新闻等。

(3) 视频娱乐类应用:优酷视频、腾讯视频、爱奇艺等。

广告约有 2/3 的费用要花在媒体上。因此,如何以最低的广告费用求得最大的媒体影响力,是企业和广告制作者密切关注的问题。这就需要通过调查了解情况,对各种媒体的长处和短处进行比较,包括各种媒体的经济性、接受度、可信度,以及各种媒体组合的广告效果变化等。

2) 人员推销调查

人员推销是指企业推销人员直接与潜在消费者进行接触、沟通、洽谈,采用帮助或说服等手段,促使消费者采取购买行为的活动过程,如商场售货员向消费者推销衣服。人员推销调查主要有上门推销调查、柜台推销调查、会议推销调查三种。

3) 营业推广调查

营业推广是指企业通过直接展示或利用产品、价格、服务、购物方式、环境的优点、优惠或差别性,以及通过推销和经销奖励来促进销售的一系列方式方法的总和。营业推广能迅速刺激需求,鼓励购买。企业营业推广的对象主要有消费者或用户、中间商和推销人员三类。

营业推广调查的形式包括对赠送产品、有奖销售、优惠券、俱乐部制和"金卡"、附赠产品、推销奖金、竞赛、演示促销、交易折扣、津贴、红利提成、展销会订货会等进行调查。

4) 公共关系调查

公共关系是指企业在从事市场营销活动中正确处理企业与社会的关系,以便树立良好的企业形象,从而促进产品销售的一种活动。公共关系促销是企业的一种"软推销术",它在树立企业形象和产品形象时,能促进产品的销售,满足消费者高层次的精神需求,不断赢得消费者的信赖。公共关系调查应重点调查公共关系的作用以及哪种公共关系形式对企业产品销售所起的作用最大。

课堂讨论案例

某小白如何进入年轻人的市场

某小白是一款自然发酵并蒸馏的高粱酒佳酿。2012年3月,某小白品牌首次亮相业界,聚焦年轻化市场,并推出第一款清淡型高粱酒品"我是某小白"。

某小白选择进入年轻化市场是摸索着前行的,某小白一直在揣摩"80后""90后"的文化,思考传统的白酒品牌如何迎合新一代的消费者。某小白在营销上总结了消费升级的"三从"原则:产品从优、品牌从小、价格从众。某小白愿意在消费者洞察方面花40%的时间,在做产品上花30%的时间,在品牌上花20%的时间,对产品、消费者投入的时间成本越多,销售就越轻松。

某小白在做市场调查的时候专门寻找了专业的第三方调研公司,一是因为调研公司的专业性保证了数据的准确,二是因为某小白的董事长认为现在的用户对消费场景的理解和用户的洞察更多是偏感性的,他敏锐地察觉到这可能跟某小白的品牌有密切的联系,因此对用户的洞察就变得异常重要。基于用户的调查,其可以推导出用户想要一种什么样的产品。

通过专业的市场调查,某小白明确了自身的目标消费群体定位是年轻群体,并且某小白并不仅仅把自家品牌定位为白酒,而是将其称为"情绪饮料",并且提出了年轻人"不回避、不惧怕"、释放自己情绪的宣言,准确地迎合了年轻消费群体的心理,成功占领年轻人的市场。

问题:根据本章所讲相关理论,分析某小白为什么能够成功进入年轻人的市场?

任务四 市场调查的原则及步骤

一、市场调查的原则

市场调查的原则

(一)时效性原则

市场调查要在一定时间范围内进行,它所反映的是某一特定时期的信息和情况,在一定时期内具备有效性。但在这一段时间后又会出现新情况、新问题,这会使以前的调查结果滞后于市场的发展。市场调查必须做到及时收集、整理和分析资料,及时反映市场情况。如果调查延误,不仅会增加费用支出,还会使企业延误市场时机。在"互联网+"时代,时效性原则越来越重要,这要求市场调查中收集、发送、接收、处理、分析和利用信息的时间尽可能短,效率尽可能高,这样才能最大限度地发挥市场调查的价值。

(二)准确性原则

市场调查工作要把收集到的资料、情报和信息进行筛选、整理,在经过调查人员的分

析后得出调查结论,供企业决策之用。因此,市场调查必须体现准确性原则,必须实事求是,尊重客观实际,切忌以主观臆测来代替科学的分析。同样,片面、以偏概全也是不可取的。要使企业的经营活动在正确的轨道上运行,就必须有准确的信息作为依据,以此来瞄准市场,看清问题,抓住时机。

（三）系统性原则

市场调查的系统性原则表现为应全面收集有关企业生产和经营方面的信息资料。企业的生产和经营活动受内部、外部多方面因素的制约和影响,这些因素既可以起积极作用,也可以阻碍企业的正常发展。由于很多因素的变动是互为因果的,如果只是单纯地了解某一事物,而不去考察这一事物如何对企业产生影响,就不能把握这一事物的本质,也就难以对影响经营的关键因素做出正确的结论。从这个意义上说,市场调查既要了解企业自身的生产和经营实际,又要了解竞争对手的有关情况；既要认识企业的内部机构设置、人员配备、管理素质和方式等对经营的影响,也要调查宏观市场环境对企业和消费者的影响。

（四）经济性原则

市场调查是一件费时、费力、费财的活动。它不仅需要调查人员的体力和脑力的支出,还需要利用一定的物质手段,以确保调查工作顺利进行。在调查内容不变的情况下,采用的调查方式不同,费用支出也会有所差别；同样,在费用支出相同的情况下,不同的调查方式也会产生不同的效果。各企业的财力情况不同,需要根据自己的经济实力去确定调查费用预算,并制定相应的调查方案。对中小企业来说,其财力无法支持规模较大的市场调查,就可以更多地采用参观访问、直接听取顾客意见、大量阅读各种宣传媒体上的有关信息、收集竞争者的产品等方式进行市场调查,只要工作做得认真细致且有连续性,同样会收到很好的调查效果。市场调查要考虑经济效益,力争以较少的投入取得较好的效果。

（五）科学性原则

市场调查的科学性原则是指要科学安排市场调查的整个过程,要以科学的知识理论为基础,应用科学的方法收集资料。市场调查是企业为达到营销目的而进行的活动。为减少调查的盲目性和人、财、物的浪费,要科学规划所需要收集的资料和信息及调查步骤,如采用何种调查方式、问卷如何拟订、调查对象该有哪些,等等。要科学设计调查内容,将调查内容以最简洁、明了、易答的方式呈现给调查对象。市场调查中无论是收集信息资料的过程,还是整理分析信息资料的过程,都要采用科学的方法。

拓展阅读

市场调查的科学性非常强,它的理论基础是概率论。通过对具有代表性的样本进行调查进而推算总体,这是市场调查工作的本质。所以在选择样本时必须严格按照随机原则,设计科学的抽样方案,抽选出具有代表性的样本,这样才能得出正确的结论,进而做出正确的决策。

（六）保密性原则

保密性体现在两个方面,一方面为客户保密,另一方面为被调查者保密。不少企业的市场调查是委托专门的调查公司进行的,调查公司必须对调查获得的信息数据保密,不能将信息透露给第三方。泄露信息既会损害客户的利益,也会影响调查公司的声誉。在市场调查中,不少被调查者不愿意回答或填写较为敏感的信息,一个重要原因就是担心个人信息被泄露。泄露被调查者的个人信息,一方面可能给他们的生活带来困扰,另一方面会导致进行市场调查的企业失去信任基础。

 小案例

泄密的代价

某学院商务专业学生小鹏接受市场调查公司聘请做了一次消费者调查。在正式调查之前,他与公司签了一份保密协议。但在调查结束后不久,为了帮助朋友,他把这次消费者调查中得到的一些重要信息透露给了他的朋友,事后被市场调查公司证实泄密。由于违约,按协议他给予市场调查公司相应的赔偿。

二、市场调查的步骤

市场调查的类型多,涉及面广,为了提高市场调查工作的效率,需要按照科学的流程进行,以取得良好的效果。虽然市场调查的范围、对象不同,具体操作流程不完全相同,但作为一种科学的方法,仍需要遵循一定的程序。一项正式的市场调查可以分为五个阶段:确定调查问题、制定调查方案、实施调查方案、整理分析资料、得出调查结论。

市场调查的步骤

（一）确定调查问题

确定调查问题是整个市场调查工作的起点和前提,主要指提出企业经营过程中要解决的问题。只有对市场调查的问题有明确的界定,才能明确市场调查需要获取哪些信息,从而确定大致的调查范围,保证市场调查工作有效开展,提高市场调查的效率。

需要注意的是,企业提出的调查问题,一要切实可行,即能在企业现有的资源条件下,通过具体的调查方法获得调查结果;二要能在短期内完成调查,如果调查的时间过长,调查的结果可能失去意义。

（二）制定调查方案

市场调查的第二个阶段是制定收集资料的方案。调查方案是开展调查研究的纲领及依据。例如,一项全国性的市场调查往往要组织数百人参加,为了在调查过程中统一认

识、统一内容、统一方法、统一步调，圆满完成调查任务，就必须事先制定一个科学、严密、可行的工作方案，以便让所有参加调查工作的人员都依此执行。在制定调查方案时，应确定调查内容、调查方法、调查问卷形式、抽样方法、人员安排、经费安排等。

（三）实施调查方案

实施调查方案阶段的主要工作是全面、广泛地收集与调查活动有关的信息数据资料。在这个阶段，调查者要进行问卷设计、数据资料采集等工作。

1. 问卷设计

问卷是收集一手资料最普遍的方法。问卷一般是由向被调查者提问或征求其回答的一组问题组成，是市场调查的关键。问卷设计质量对调查结果有非常大的影响。

2. 数据资料采集

调查问卷设计、印制完成后，就进入实地调查阶段。这一阶段首先要完成调查者的挑选与培训，然后由调查者按照要求开展文案调查或实地调查，取得必要的调查数据资料。

1）调查者的挑选与培训

不同的调查项目对调查者的性格、观念、知识结构等要求有较大的不同。选择调查者时要考虑调查的性质、收集数据的具体方法。同时，对调查者的培训是调查工作必不可少的环节。

2）一手资料调查

一手资料是市场数据采集的重点，一般运用问卷进行收集。收集问卷的常见方法有访问调查法、观察调查法、实验调查法、网络调查法。一手资料可信度高、实用性强，但在收集时费时费力。

3）二手资料调查

利用现有的数据采集二手数据的方法快捷、成本低、消耗人力少，但可靠性不足。二手资料调查主要运用文案调查法。文案调查法是调查中短期获得初步信息的一种重要调查方法。

（四）整理分析资料

在整理分析资料阶段，调查者要对分散、零星的市场调查资料进行整理分析，如审核收集到的资料，剔除不实、错误的信息，将资料分类归档，并将有关数据制成统计图表等。该阶段要求调查人员具有较高的专业技能水平，能够使用科学的方法对所收集到的资料进行分析归纳，去伪存真，从众多表象中找到问题的本质。

（五）得出调查结论

得出调查结论是市场调查的最后一个阶段，即调查者根据整理分析后的调查结果，撰写市场调查报告，提出最终的措施和意见。市场调查报告是市场调查结果的最终体现，是企业确定营销决策的重要依据。市场调查报告应能够较准确地说明问题，坚持用事实说话，切忌主观臆断。市场调查报告的一般要求为结构严谨、条理清晰，语言精练通俗、有说服力，还要有明确的结论和建议，让读者了解调查过程的全貌。

思政小课堂

企业在开展营销活动时必须遵守我国的各项法律、法规。随着经济全球化和我国经济的快速增长,我国很多企业正在"走出去",在国际上的影响力日益增大。企业面向国际市场时,必须了解并遵循出口国(地区)政府颁布的有关经营、贸易、投资等方面的法律、法规,如进口限制、税收管制及外汇管理等制度,树立正面的企业形象。

项目小结

市场调查是获得市场信息资料、认识市场变化规律的重要途径。市场调查是运用科学的方法,有计划、有组织地收集、记录、整理市场信息资料,以了解市场状况和发展趋势,为企业经营决策提供客观、可靠资料的过程。

市场调查的内容分为宏观市场环境调查和微观市场环境调查两大部分。宏观市场环境调查包括政治环境调查、法律环境调查、经济环境调查、社会文化环境调查、科技环境调查、地理和气候环境调查等内容。微观市场环境调查基本包括市场需求调查、市场供给调查和市场营销活动调查三大部分。其中市场需求调查从企业角度,包括社会购买力调查、人口状况调查、消费者购买动机和购买行为调查、竞争对手调查。市场供给调查主要包括商品供给来源调查、商品供应能力调查和商品供应范围调查。市场营销活动调查围绕营销组合活动展开,主要包括产品调查、价格调查、销售渠道调查、促销调查。

市场调查要遵循时效性原则、准确性原则、系统性原则、经济性原则、科学性原则、保密性原则。

市场调查的基本步骤为确定调查问题、制定调查方案、实施调查方案、整理分析资料、得出调查结论。

思考练习

一、选择题

1. 市场调查首先要解决的问题是(　　)。
   A. 确定调查方法　　　　　　　　B. 选定调查对象
   C. 明确调查目的　　　　　　　　D. 解决调查费用
2. (　　)不是市场调查应遵循的原则。
   A. 保密性　　　B. 经济性　　　C. 时效性　　　D. 合理性
3. 一些企业的广告支出预算是根据销售额的某一固定比例确定的,两者具有何种关系,要通过(　　)调查来解答。
   A. 探测性　　　B. 描述性　　　C. 因果关系　　　D. 预测性
4. (　　)不是市场调查的内容。
   A. 产品销售　　　B. 市场竞争　　　C. 消费者需求　　　D. 社会保险

二、判断题

1. 对中小企业来说,其财力无法支持规模较大的市场调查,就可以更多地采用参观访问、直接听取顾客意见、大量阅读各种宣传媒体上的有关信息、收集竞争者的产品等方式进行市场调查,只要工作做得认真细致且有连续性,同样会收到很好的调查效果。（　）

2. 在描述性研究中可找出相关变量,能够描述调查对象的特征,说明"怎样"或"如何"的问题,但并不说明原因。（　）

3. 市场调查既要了解企业自身的生产和经营实际,又要了解竞争对手的有关情况;既要认识企业的内部机构设置、人员配备、管理素质和方式等对经营的影响,也要调查宏观市场环境对企业和消费者的影响程度。（　）

4. 在现实生活中,许多消费者认为年龄、收入、受教育程度等属于个人隐私,不愿意真实回答,所以在调查时可以把这些问题省略,以免影响消费者的情绪。（　）

5. 依据假设进行调查,是探索性调查经常采用的方法,它可以使调查者抓住重点,提高效率,并带着结论去调查。（　）

三、简答题

1. 市场调查有哪些特征?
2. 市场调查的作用体现在哪些方面?
3. 市场调查应遵循哪些原则?
4. 市场调查的基本步骤包括哪些内容?
5. 宏观市场环境调查包括哪些内容?
6. 微观市场环境调查包括哪些内容?

四、材料分析题

小王是一家小食品企业的业务员。4月,小王被公司派到某县城做市场前期调研。这个市场对该公司来说是块"难啃的骨头",曾经换了几任业务员也没能把绿色方便面产品推入市场。小王认为不能有效开发市场的关键因素是对市场的不了解,市场调查的深度和力度不够。初到该县城,小王没有急于满大街寻找客户,他制订了为期七天的"三步走"市场调查计划。

第一步,不急于求成,调查从市场之外开始。

调查思路:先收集该县城的政治、经济、文化信息,特别是有区域特征的相关资料,通过这些资料,分析该市的市场总体情况、看点及着眼点。

第二步,顺藤摸瓜,让"大鱼"浮出水面。

调查思路:从该县城城区及农村的各零售终端向上逐层进行调查。通过"倒推法"了解完整的渠道状况,明确竞争对手,并找出渠道中实力较强的大经销商。然后根据自己的需要,从中筛选合作对象。

第三步,调查收网,拿着订单捉"大鱼"。

调查思路:回到首要的目标市场——城区,仍然从城区零售终端调查入手,进行产品接受度调查、需求种类调查、价格设定调查、促销方式调查等,从中争取意向性订单,再拿着订单争取大经销商的合作。就这样,小王通过七天的市场调查,在一个"难啃"的市场上成功实现了从 0 到 80 万元的突破。

问题:

(1) 分析小王在本次市场调查中成功的原因。

(2) 小王的成功对你有哪些启发?

五、实践训练

1. 活动内容

针对企业具体的市场调查项目进行调查目标、步骤与调查类型分析,调查项目可以由小组自行设定。

(1) 学生以小组为单位进行实训,小组可以由一个宿舍的成员组成。

(2) 小组成员调查校园周边的小商店或餐饮、饮品店等。

(3) 以小组为单位进行成果汇报。

2. 活动组织

学生分组,可以从不同角度去思考、确定调查目标、步骤与调查类型。结合材料,各组展示分析结果,教师点评。

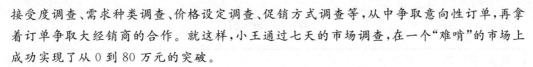

学 习 评 价

题目					
班级		姓名		学号	

学习成果检测报告
总结本项目每个任务模块的主要内容,使用思维导图的形式将其进行展现。

考核评价(按10分制)	
教师评语:	态度分数
	工作量分数

考 评 规 则
(1) 任务完成及时;
(2) 条例清晰;
(3) 逻辑性强;
(4) 内容完整;
(5) 无故意抄袭。

市场调查机构

项目二
Xiangmu 2

课程思政
- 培养在市场调查过程中应具备的职业道德和社会责任感。
- 形成良好的团队协作能力。
- 提高学习优秀企业家精神的意识。

知识目标
- 掌握市场调查机构的类型。
- 理解市场调查机构的职能。
- 熟悉企业与市场调查机构合作的流程。
- 掌握市场调查机构的选择方法。

技能目标
- 能够列举市场调查机构的类型。
- 能够根据市场调查机构的职能组建企业内部的调查部门。
- 能够选择市场调查机构并与之合作。

零点研究咨询集团

零点研究咨询集团由零点调查(专项市场研究)、前进策略(转型管理咨询)、指标数据(共享性社会群体消费文化研究)、零点公益发展中心、零点城市发展研究院等业务单位构成,是中国资深的也是领导型的专业研究咨询服务机构,是中国社会公认的有影响力的民间智库,并在若干专业机构的评估中确认为中国咨询界的领导品牌,也是较早为中国公司与相关部门展开跨国研究咨询的专业服务机构。与传统咨询机构相比,零点具有独立化、专业化、规模操作、国际模式的特点;与国际咨询机构相比,零点也具有显著的本土深度研究与国际规范有机结合,并进而提供更有针对性的服务的特点。下面介绍其中三个重点业务单位。

1. 零点调查

零点调查成立于1992年，其业务范围为市场调查、民意测验、政策性调查和内部管理调查。零点调查接受海内外企事业、政府机构和非政府机构的委托，独立完成各类定量与定性研究课题。零点是广为受访对象、客户和公众所知的专业服务品牌。多年的发展经验使该公司更了解客户的需求，从而为客户提供更有针对性的服务。业务项目数千项，涉及食品、饮料、医药、个人护理用品、服装、家电、IT、金融保险、媒体、房地产、建材、汽车、商业服务、娱乐、旅游等30多个行业。

2. 前进策略

前进策略作为零点研究咨询集团旗下的专业策略管理咨询机构，是源自中国本土的跨国性的管理策略咨询旗帜品牌。前进策略基于策略性逻辑、市场导向、行动化诉求，注重本土背景理解、注重时效，倡导优捷管理理念，在房地产、汽车、金融、烟草、媒体娱乐、公共服务等相关领域都拥有系列的成功案例。

3. 指标数据

指标数据是零点研究咨询集团旗下的专业研究品牌，始创于1999年，是一家独立的专注于民意调查和社会文化研究的市场调研公司。该公司致力于不断探索各种新型研究方法，追踪社会文化及消费文化变迁，为国内外企业和研究机构更好地理解中国本地社会和社会的不同组成群体，深度把握特定人群的消费行为和消费心理提供广泛的数据剖析和深刻的逻辑解读，同时也为全球范围内的八个语种八百多家媒体提供有关中国社会的最新调查数据信息。

指标数据重点关注的研究领域包括公众监测研究（如各类民生需求、公众生活质量、政府公共政策和公共服务的评价等）、社会文化及消费文化研究（如"80后""90后"群体价值观和消费趋势、流动人口消费行为等）、公益研究（如公益需求、公益行动模式、公益项目评估等）、国际关系和国际意识研究（如中国人眼中的世界等）、指数研究（如行业服务评价和发展指数、城市发展指数、文化指数等）。

（资料来源：http://www.horizon-china.com.）

任务一 市场调查机构的类型

市场调查机构是指从事市场调查活动的单位或部门，是一种服务性的组织机构，按其服务的性质可分为企业内部的市场调查机构和企业外部的市场调查机构。企业内部的市场调查机构是负责市场调查的部门或人员。企业外部的市场调查机构按其提供的服务类型来分，可分为完全服务公司和有限服务公司。同时，政府机构、高等院校、科研机构和其他相关的专业服务公司也是市场调查行业中具有特殊功能的类型。图2-1展示了市场调查机构的主要类型。

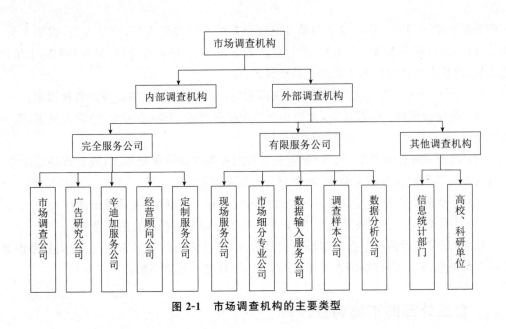

图 2-1 市场调查机构的主要类型

一、企业内部的市场调查机构

企业是大多数市场调查的最终消费者,多数大型企业都有自己的调查部门。一些企业把市场调查和战略计划部结合起来,另一些企业则把市场调查与客户满意度相结合。按发展的逻辑过程、发达程度和表现形态,企业内部的市场调查机构大体可以归纳为以下三种形态。

（一）正式的市场调查机构

在企业内部设置专业的市场调查机构一般被认为是企业内部市场调查机构的高级形态。应该说明的是,在企业内部设置专业的市场调查机构的情况下,其他有关部门也可承担一定的调研工作。事实上,专业机构主要负责企业中市场调查的组织、总体规划和协调,以及承担某些主要的职能工作和调研任务,其他部门应该结合本部门的职能工作或业务活动,兼任一部分市场调研工作,如市场信息的收集、记录、初步整理、分析等。企业内的专业机构和其他部门有机组合、协同工作是企业做好市场调研与预测的条件和基础。

（二）非正式的市场调查职能

企业有时没有明确由某个职能机构负责和承担市场调查工作,但会安排专人负责市场调查与预测。这些人员往往属于计划科、经营科、市场部、计统科等。这种组织形式可以看作中级形态。

（三）松散的市场调查职能

在企业中没有明确的机构或人员承担市场调查任务,而是由某些人员实际上从事着

一些必要的市场调查工作。这些人员可能是企业的经营决策人员、计划人员、供销人员、统计分析人员、财会人员等。显然,在这种状态下,企业中没有专职的、只有兼职的市场调查人员,这被看作企业内部市场调查的初级形态。

企业内部市场调查机构的设置受多种因素的影响和制约,应综合考虑各种因素。

(1) 企业的规模。一般而言,大型企业的产品种类多、市场范围大、经营人员多、资金力量雄厚,有可能建立专业的市场调查机构。

(2) 经营业务性质和范围。如果企业经营的业务受政策限制较多,或者市场范围小,市场调查与预测的任务相应较少,则会减少设置单独部门。

(3) 企业的经营条件。设置市场调查机构应充分考虑资金、人员等条件。

(4) 市场状况。企业商品的供求、竞争等状况也影响市场调查的任务量。

总之,企业设置何种形态的市场调查机构,应视具体条件和要求而定,特别要考虑企业的市场信息需求,即市场调查工作量的大小,符合经济核算原则。

二、企业外部的市场调查公司

(一) 完全服务公司

完全服务公司有能力完成其委托人所要求的全部市场调查工作。这种完全服务公司能够自己找出问题,进行调查设计,收集和分析数据,并完成最后的报告。显然,完全服务公司多是一些大的公司,有必需的部门和设备来完成整个市场调查任务。

1. 市场调查公司

市场调查公司专营市场调查业务,提供综合的服务,一般从研究方案、问卷设计、抽样技术、现场实施、数据分析到研究报告的所有市场调查环节都能独立进行设计与操作,并能熟练运用入户调查、街头拦截、开调查会、个案访谈、电话调查、网上调查等各种方式收集资料,如美国的盖洛普市场调查公司、中国的华南市场研究有限公司、上海神州市场调查公司、大正市场调查公司和香港市场研究社等均属于这种类型。这类公司也称标准服务公司,它们能提供全套的综合的服务,且报告和数据只提供给唯一的委托客户,但提供服务的方式是标准化的。

拓展阅读

央视市场研究股份有限公司

央视市场研究股份有限公司(CTR)一直致力于将中国本土经验与全球先进技术相结合,通过连续性调查和定制化专项研究,提供趋势解读和市场洞察,与客户一起深入理解商业环境制定营销决策。

CTR的研究领域包括媒介经营与管理、品牌与传播策略、消费者洞察等诸多专业领域,尤其在全方位营销传播监测、消费者购买与使用行为测量、媒介与消费行为、媒体价值评估等专业研究领域拥有权威的第三方地位和货币型产品。这些优势进一步延续到媒体融合、智能电视、短视频、移动互联网、跨平台传播等营销领域。

CTR 调研和监测网络覆盖中国 500 个城市,拥有 200 万样本的在线调研社区和装机量达 20 万样本的 PC 和移动在线行为监测软件。在品牌传播、消费者洞察、互联网和广告监测等方面拥有领先的研究模型和技术应用手段。作为国家统计局认定的首批符合条件的涉外调查机构,参与起草了 GB/T 26315 和 GB/T 26316 两项市场研究行业国家标准,并已获得 ISO 9001 质量管理体系国际认证,项目执行符合 ISO 20252 市场调查行业国际标准规定。

(资料来源:http://ctrchina.17diaoyan.com/.)

2. 广告研究公司

许多稍具规模的广告公司都设有市场调查机构,这些机构有的隶属于广告研究公司,有的则独立成立市场调查公司。它们的服务对象为广告主,也接受一般企业的市场调查业务,配备精于市场调查的主管,以及储备训练有素的调查员。

3. 辛迪加服务公司

辛迪加服务公司主要收集一般性资料,不专门为某个客户服务,任何人都可以购买它们的资料。这类公司数量少,但规模大,主要提供受众的媒体资料和产品流通资料。

4. 经营顾问公司

经营顾问公司以办理企业经营指导业务为主,兼营市场调查业务。

5. 定制服务公司

定制服务公司根据不同客户的特殊要求提供定制服务。每个客户的要求都作为一个特定的项目进行。这些公司往往需要花费大量的时间与客户一起决定问题,然后根据客户的特定的问题设计调查。这些公司提供一系列的调查服务,包括测试市场、焦点(小组)访谈、消费者调查和行业调查等。

(二) 有限服务公司

有限服务公司专门从事某个方面或某几个方面的调查工作。这些公司拥有专业人员开展某种调查技术工作,如目测、佯装购买或从事某个调查领域的工作,可聚焦于特定领域,如对年轻人的调查,对某项体育项目如高尔夫球的调查。有限服务公司可以根据他们从事的不同领域进行进一步的分类。

1. 现场服务公司

如果市场调查公司进行专门的电话访问、深度小组讨论、邮寄调查或入户调查,或在全国范围内进行访问,费用很高。因此,有一些市场调查公司就提供现场服务来快速有效地收集数据。现场服务公司也可以进一步分类,比如,有的专门进行个人访问,有的专门进行邮寄调查,有些被称作"电话信息库",专门进行电话访问,有的提供的场外督导管理、案情摘要和现场审计,有的开展对消费者的售点拦截访问。

2. 市场细分专业公司

市场细分专业公司对特定的调查对象进行数据收集,如小孩、少年、青年或位于特定区域的人们。有些市场调查公司针对某个特定行业的人员进行调查,如专门对非营利机构进行调查。这些市场细分专业公司对其所从事的行业都有较深入的了解。

3. 数据输入服务公司

数据输入服务公司专门编辑已完成的问卷,进行编码和数据输入,提供高质量的软件系统和数据输入服务。计算机使得调查人员能够在访问的同时将数据输入分析软件,从而极大地提高了效率。

4. 调查样本公司

调查样本公司是专门从事样本设计及分发的公司。这类公司有自己的调查部,从其他公司购买样本,然后把这些样本及调查问卷送到某个"电话信息库"来完成调查,这种情况非常少见。一个拥有全国样本的公司可以自己进行电话调查,从而节约时间。调查样本公司也是样本设计和分发公司,它列出各种家庭及不同行业的样本、行政区样本和用于选择非正规样本的程序。

5. 数据分析公司

数据分析公司在调查过程中为数据分析和解释提供技术帮助,并采用复杂的数据分析技术,如联合分析。

(三) 其他调查机构

1. 信息统计部门

中央和各省市也建立市场调查机构,调查研究全国性和全省性的市场动态,预测市场趋势,为各行各业提供市场信息。我国的统计组织系统由部门、地区和单位三层机构组成,实行统一领导、分级负责的统计管理体制。国家统计局负责协调全国统计工作,主要职责是制订统计调查计划,部署和检查统计工作;组织统计调查,收集、整理、提供统计资料;进行统计分析,实行统计监督;制定统计调查表和统计标准。县以上各级人民政府设立统计机构,各部门的统计机构在业务上受上级统计机构与同级人民政府统计机构的领导,负责各级政府、各部门的统计工作。企、事业单位设立统计机构或在有关机构中设统计人员,负责企、事业单位的统计工作。

拓展阅读

国家统计局

中华人民共和国国家统计局是国务院直属机构,成立于1952年8月。1952年,为了适应社会主义经济建设的需要,中央人民政府第十七次全体会议决定成立国家统计局。主管全国统计和国民经济核算工作,拟订统计工作法规、统计改革和统计现代化建设规划以及国家统计调查计划,组织领导和监督检查各地区、各部门的统计和国民经济核算工作,监督检查统计法律法规的实施。

2. 高校、科研单位

在高等院校、经济研究单位设立市场研究机构,运用科研人员的力量有针对性地进行专题调查和预测。如复旦大学、中国人民大学、上海财经大学、上海交通大学、上海社会科学院等均有市场研究机构。在国外也是如此,如美国哈佛大学市场科学研究所,从事研究有关计量和预测方法的改进以及公共政策对市场销售的影响等。

任务二 市场调查机构的职能

一、市场调查机构的职能

(一)企业外部市场调查机构的职能

企业外部市场调查机构的最主要职能是服务职能,即根据委托方的要求,进行各种市场调查、研究、咨询、预测,提供企业所需的各类数据、资料、情报、信息,为企业的经营服务。

具体来说,企业外部市场调查机构有以下职能。

1. 承接市场调查项目

专业调查机构具有专门人才,有从事市场调查与预测的丰富经验和能力,可以公开承接社会各方的委托,按客户的要求,开展市场调查与预测活动。一般而言,市场调查与预测专业机构所能承接的项目包含的范围较广,包括以下内容。

(1)可以为开发新产品的市场营销活动进行市场调查与预测,包括调查市场占有率、竞争者实力、销售渠道、季节影响和产品生命周期等。

(2)可以对市场的规模、结构进行调查与预测分析。

(3)可以对市场的供求关系的现状和发展趋势进行调查与预测。

(4)可以对消费者的消费需要、购买动机和购买行为进行调查研究。

(5)可以对产品的性能、包装等进行试验。

(6)可以对市场价格及其走势进行调查与预测。

(7)可以对客户需要了解的其他问题和方面进行调查与预测。

2. 提供信息

专业市场调查机构往往有自己的信息网络,为了工作业务所需,它们订有大量的专业期刊和信息杂志,并有大量的信息来源,在长期的实践中也积累有大量的信息资料,因此其本身就是一个很大的信息库,可以为社会和客户提供有关的信息资料。提供信息可以是由市场调查与预测机构主动地、无偿地向社会提供,也可以按有关客户的要求有偿提供。

3. 咨询顾问

市场调查机构凭借专业优势,结合宏观经济形势、政府政策倾向等,为社会和企业提供诸如市场运营理论、运营技术研究、产品投放、营销网络、促销手段、实施与控制等市场营销体系方面的各类咨询服务,为企业科学决策与经营管理提供依据。咨询顾问具体包

括以下几方面。

(1) 帮助委托方制定广告战略,确认重点。
(2) 共同研讨广告计划。
(3) 确认商品特性(功能、价格、设计、名称、包装)。
(4) 确认市场占有率、普及率、生命周期、季节变动及需要情形。
(5) 确定消费者对商品的使用习惯、购买动机等心理因素。
(6) 确认商品流通状况。
(7) 广告作品调查、广告效果测定。
(8) 销售效果测定等。

拓展阅读

盲人摸象

一天,有人从王宫里牵出一头大象,许多人前来围观。几个盲人也争先恐后地去摸。第一个盲人摸到象牙,就大喊起来:"我知道了!我知道大象的样子了,它像根棍子!""不对。"另一个扯到象耳朵的盲人说,"它像一把大蒲扇。"第三个盲人摸到象腿,也嚷起来:"你们都错了,它像个柱子。""不,不!"第四个盲人摸着象肚子说,"明明是一堵墙嘛!"最后一个抓到象尾巴的却说它像根绳子。

这个古老的故事告诉我们,看事情要全面、整体,不要分割开来。坚信自己的观点很重要,但也要学会倾听别人的观点,这样会把事情了解得更全面,更准确。这个故事也告诉我们,要学会同伴合作,互相分享经验。对市场调查人员来说,看问题要全面、系统、客观,才能做出正确的决策。

4. 管理培训

专业市场调查机构会利用专业人才,如聘请专家学者、企业中高层主管等,开展有关企业战略、市场营销、人力资源管理、商务沟通领域的新知识、新政策、新经验等方面的专项培训,从而提高企业经营管理人员的服务水平。

(二)企业内部调查机构主要职能

与企业外部市场调查机构不同,企业内部市场调查机构一般人员配备较少,所承担的更多是策划与监督职能,具体的调查工作往往会委托给专业的调查机构来做。

1. 收集内部资料

企业内部市场调查机构可收集杂志、报纸、计算机网络等不同渠道传递的行业、产品等相关市场信息和数据资料,整理后归类存档,为企事业单位管理者以及其他相关人员提供重要的决策参考。

2. 策划与确认市场调查方案

企业内部市场调查机构可拿出一定的设想或拟订的调查方案,然后选择相应的外部市场调查机构,并由其来策划具体的方案。

二、市场调查机构的人员配置

不同的市场调查机构,其组织机构可能不同,但其人员构成却大同小异,一般包括以下人员。

（一）管理人员

管理人员包括公司的总经理、副总经理和各部门的经理。他们的职责是组织、控制整个调查运作过程,协调下属各部门之间的关系；制定公司的管理规则、人员的职责。管理人员通常对市场调查业务运作的各个方面都十分熟悉,有从事市场调查、社会调查或民意调查的经验,还要具有较强的组织管理能力。

（二）研究人员

研究人员包括高级研究人员和一般研究人员。高级研究人员的职位通常是项目经理、客户经理或研究总监。研究人员的职责是拟订调查方案和数据处理计划,进行抽样设计、问卷设计、数据分析以及撰写调查报告,此外还负责向客户汇报调查结果、提供咨询服务。他们通常是经济学、市场营销学、社会学、心理学、数理统计学、管理科学等领域训练有素的专家、学者或博学之士。

（三）督导

顾名思义,督导就是监督指导。督导是访问员的管理者,负责访问员的招聘、访问员的培训,以及对访问员的工作进行指导、监督和检查。

（四）访问员

访问员通常包括专职访问员和兼职访问员。访问员的工作就是采集资料,对指定的被调查者进行调查访问,以获得原始数据资料。专职的访问员是指公司聘用的全日制工作人员,他们的职责除了进行调查访问外,还要协助督导对新招聘的访问员进行培训,执行兼职访问员难以胜任的调查访问,对某些抽到的受访者进行复访或回访。兼职访问员是公司临时聘用的访问员,他们在公司需要实施调查时,执行调查访问。

目前国内的兼职访问员大多是在校的大学生,也有居委会工作人员。招聘大学生做兼职访问员比较方便,他们素质较高,容易培训,但是不便于管理,而且访问的质量受大学生责任心的影响。一个调查公司一般招聘一两个专职的访问员即可,但兼职访问员有时需要几十个甚至几百个。

（五）数据录入员

数据录入员的主要职责是对收集到的问卷资料进行编码,并将数据资料输入计算机,以便研究人员做统计分析处理。此外,他们通常也要负责一般资料性文件的编辑、打印工作。数据录入员一般比较熟悉各种计算机软件的使用,操作速度比较快。一个调查公司通常至少需要一名数据录入员。

（六）资料员

资料员负责各种一般性的商业资料的收集、分类、整理和归档，以便研究人员查询。资料一般来自各种媒体，包括报纸、杂志、商业通报、邮函或出版物等。一个公司一般至少有一名资料员。资料员通常要具备档案管理方面的经验。

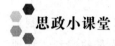

调查人员在市场调查的过程中应该遵守的职业道德

职业道德是每个职业人都应该遵守的，调查人员应该遵守的职业道德如下。

（1）保持受委托的关系，永远寻求并保护委托人的最大利益。

（2）视所有调查信息，包括处理过程和结果，为委托人独有的财产。

（3）在发布、出版或使用任何调查信息或数据之前，必须获取委托人的许可、允诺或批准。

（4）拒绝与那些寻求调查发生偏差以得到某些确定结果的委托人发生任何联系，拒绝接受他们的项目。

（5）遵循调查研究的科学标准，并且不隐瞒任何事实真相。

（6）保护被调查者的隐私权和匿名权，不暴露他们的身份。

（7）决不允许委托人识别被调查者的身份以报复那些作反向回答的人。

（8）除非被调查者知道在参加之前要先与他们接触，否则不要去请求他们说出自己的身份。

（9）在适当的时候可向被调查者说明委托人的身份。

（10）在完成调查项目之后，要将所有的数据、报告或其他委托人提供的资料退还给委托人。

任务三 市场调查机构的选择

尽管许多大型企业都设立了自己的市场调查部门，但大多数的企业还是没有条件和能力自设调研部门或自组一套调研班子，这并不是说这些企业就不需要做市场调研工作。实际上，即使是自设调研部门的企业，也有依靠自身的力量无法满足对市场信息的需求的时候，这就需要委托市场调查机构来承担企业自己无法开展的调查与预测工作。特别是那些希望打入国际市场的企业，必须寻找一些当地的市场调查机构对国外市场的供应、需求及流通渠道等进行深入的调查，以利于确定市场策略。因此，市场调查机构的选择及合作是摆在所有企业面前的课题。图2-2展示了企业与市场调查机构的合作过程。

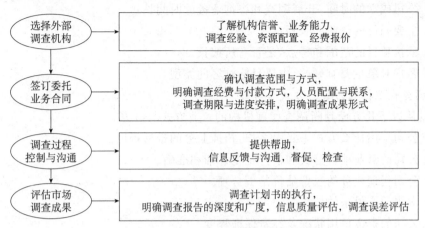

图 2-2　企业与市场调查机构的合作过程

一、选择外部调查机构

（一）初步选择

各个调查的主体在所承办的调查类型和所能提供的服务性质方面都不相同。有些机构专门从事某些产业部门范围内的调查，有些机构则专门从事消费者、广告动机方面的调查。在各个方面都很擅长的机构是很少的。因此，企业在选择外部市场调查机构时，必须对目标代理机构进行多方位的了解。如果只是初步了解，可通过机构的网站进行，如果要做深入了解，可以向每个目标代理机构发出征询，先略述调查的项目，并请求每个代理机构提供便于企业进行选择的内容，这些内容通常包括以下方面。

1. 调查代理机构的声誉

可以从以下几方面判断调查代理机构的声誉。

（1）在同行中的声誉，哪些方面比较突出，突出的方面是否是企业所需要的。

（2）在勇于创新，运用新技术、新方法，以及坚持原则方面的声誉。

（3）在职业道德上的表现如何，如为客户保守秘密、不弄虚作假等。

2. 调查代理机构的业务能力和专业人员的水平

可以从以下几方面判断调查代理机构的业务能力和专业人员的水平。

（1）公司管理人员的资历、实践经验和学识水平。

（2）承接代办过的业务数量、质量。

（3）过去客户的反映、满意程度。

（4）是否发生过其他方面的法律纠纷。

（5）公司业务情况的发展前景和规划。

（6）有哪些方面的专业调查人员，调查的经验如何。

（7）调查技术有无新的突破和发展。

3. 调查代理机构的经验

可以从以下几方面判断调查代理机构的经验。

(1) 公司成立的时间,开展调查和咨询业务的时间长短。
(2) 主要职员的任职期长短。
(3) 承接项目的范围和特点,是否有所擅长。
(4) 客户对象主要有哪些,主要目标顾客的类型。

4. 调查代理机构的营业方式与财力

可以从以下几方面判断调查代理机构的营业方式与财力。
(1) 公司采用什么方式来吸引客户,招揽业务的难易程度。
(2) 公司的营业项目分类和估价是否详细和准确。
(3) 公司代理业务的收费估价是否合理。
(4) 常用的支付条件。
(5) 公司的资金信用状况及经费保证程度。

5. 调查代理机构的工作设施状况

可以从以下几方面判断调查代理机构的工作设施状况。
(1) 工作人员的数量,特约研究人员的配置情况。
(2) 办公室设备是否现代化。
(3) 统计、汇总资料采用什么软件。
(4) 外勤服务情况。

6. 调查代理机构对委托人调查项目的适应性

可以从以下几方面判断调查代理机构对委托人调查项目的适应性。
(1) 在同类项目方面的经验。
(2) 在特定领域方面的专长。
(3) 受派担任本项目的工作人员的适应情况。
(4) 为委托人进行工作的经验。
(5) 目前在为委托人进行的工作。

拓展阅读

一叶障目,不见泰山

楚国有个书生,由于生活贫穷,很想找到一条发财的门路。他读到一本书,书上写着:"谁得到螳螂捕蝉时遮身的那片树叶,别人就看不见他了。"他信以为真,整天在树下抬头望着。

他终于看到了一只螳螂躲在一片树叶后面,正准备捕捉知了。他连忙把那片树叶摘下来。不料那片树叶掉下来,混在地上的落叶里,再也辨认不出了。他只好把所有的树叶扫回家来,一片一片地试。他把树叶遮住自己的眼睛,问妻子:你看得见我吗?妻子总是说:"看得见。"后来,妻子被他问得厌烦了,随口答了一声:"看不见!"他马上带着这片树叶,当面去取人家的东西,结果被人家扭送到衙门去了。县官经过审问,忍住笑,说:"你真是一叶障目,不见泰山呀。"

这个故事告诉我们,在进行市场调查时,应全方位考虑事情的着手点,如果切入点单一,便会因为某些现象或障碍使得调查获得的信息缺乏全面性、连续性,不利于对市场的充分理解。

（二）比较选择

通过对市场调查主体以上各项目的分析、评估,便可以把所要选择的目标锁定到最有希望的两三个调查机构之中。接着就应该分别安排会晤,在会晤中可以比较深入地讨论委托人的调查需求和代理机构探索这些需求的方法。初步会晤以后,可要求各家代理机构提出书面的调查建议书,通过对调查建议书的比较分析,进一步了解各家代理机构的项目适应性。调查建议书的内容大致需要包括以下内容。

（1）工作人员的配备、专业水平、实际工作经验和能力。
（2）抽样调查的方法与技巧。
（3）拟订问卷的构思与问卷的样本。
（4）实地访问中,专职访问员和管理人员的配备情况,专职访问员、兼职访问员的配备情况。
（5）选择访问员的标准与培训的计划。
（6）对问卷有效性的监督、管理措施。
（7）制作图表的设备与技巧。
（8）预计完成项目所需的时间。
（9）项目的费用预算情况。

二、签订委托业务合同

企业经过慎重而周密的选择,确定了调查代理机构,便可以委托代理机构进行调查活动。市场调查机构是一个营利性的组织,这种委托代理关系是一种商业关系。为了使双方的利益能得到有效的保障,就必须签订委托业务合同来明确双方应承担的义务、责任和享有的权利。委托业务合同一般包括以下内容。

（一）调查范围及方式

在合约中,首先要说明的是调查的范围,以此来要求调查机构围绕调查目标进行策划和设计。调查方式则由调查机构根据调查的主题和对象来进行确定,并写在合约中。此外,也可以规定调查对象,走访的次数和形式,企业应向调查机构提供的资料及双方联系的方式与时间等内容。

（二）预算

预算可以是调查机构根据项目所需的各项费用支出的估计向企业提出应付的款项和数额,在双方同意后,写入合约中;也可以是企业提供数额,调查机构认为在此数额范围内完成调查是可行的而接受委托,在合约中写明应付数额。必须注意,合同中的预算必须注明每个调查项目的开支情况,如劳务费、礼品费、管理费以及利润等。另外,要尽量避免

"按日结付"的预算方法,即调查公司每日开支多少,委托企业支付多少的做法,这对委托企业是极为不利的。预算中还可以注明对超过预算的追加款项的处理办法,一般企业可接受的追加款项在10%的范围之内。

（三）付款方式

根据调查费用的预算,双方必然涉及付款方式的问题。通常情况下,可采用分期付款的办法,即随着调查的展开和完成的情况分批支付,待调查全部结束结清余款。如果代理双方有过多次合作,信任程度较高,也可以采用事先付款和事后付款的方式。若涉及两个国家的国际市场调查项目,双方还必须确定付款的货币种类及汇率结算等问题。

（四）人员配备

调查机构指派的全体调查人员的名单及各自应承担的职责在合约中应明确规定。这既有利于委托单位对调查项目的完成情况进行了解,也有利于代理机构对承担每一项工作的职员的工作情况进行指导和监督。若代理机构将其中的部分项目再分包给其他调查机构,也须将人员的配备情况列明。不过,这种情况原则上不能改变费用预算。

（五）期限

调查项目执行的时间和完成的期限必须在合约中规定,只有按时完成调查项目,才能保证调查结果的时效性。对超时未能完成调查任务的处理办法也应同时注明。通常,对超期违约的调查机构必须在费用结算时扣除一定的金额。

（六）调查成果

调查结果以书面形式记录和反映出来,就成为调查报告。调查报告分中期报告和最终报告两种,除了大型的调查项目外,一般的调查成果都以最终报告来体现。因此,对最终报告的内容必须有具体要求,可以要求包含调查结果、分析、营销策略、趋势预测等内容或其中的部分。有些企业还要求调查机构在报告中提供一些如当地市场主要生产商、经销商及客户的相关资料,也应在合约中注明,以便调查机构进行准备。

三、调查过程控制与沟通

企业的调查部门选定了某一调查机构作为项目的调查执行机构后,并不等于完成工作。企业还必须参与调查机构的整个调查项目的实施过程中,起到监督控制和沟通的作用。这是一种合作关系。在这种关系中,双方必须充分信任,充分合作。

（一）提供帮助

企业应当明确自始至终提供调查机构所需的任何帮助,以便调查机构充分了解和掌握企业的实际情况和要解决的问题,确定调查的主题、范围、方式和技巧。特别是有些专业性的问题,调查对象的选择还要借助于企业的关系网。

（二）及时反馈和沟通

调查机构要及时地将调查中发现的问题，如企业目标与市场实际情况矛盾之处等通报给企业。要定期或不定期地交换意见，以便企业掌握调查的进展情况，并在彼此沟通后，及时修改、调整、完善调查方案。

（三）督促和检查

在整个调查项目的实施过程中，企业的调查部门还应时刻担当起监督的职责。一方面，要督促委托调查机构按进度完成调查项目，以免影响企业后续工作的开展。例如企业要开发新产品，委托调查机构调查市场的需求潜力，但是调查项目却延长了一段时间才完成，这时其他企业可能早已抢先一步，这种损失是无法估量的。另一方面，调查项目的实施过程中还要时刻检查调查的质量，虽然委托调查机构也会重视过程控制，但其检查的角度有所不同。

四、评估市场调查成果

任何一个市场调查项目的实施结果，总有其好的一面，也总有其不足的一面。对市场调查项目进行评价是必要的。企业应该站在客观公正的角度去评价其委托的调查机构的调查成果。这通常可以通过提出一系列的问题进行，示例如下。

（1）整个项目是否在规定的时间内完成？
（2）整个项目是否在规定的预算范围内完成？
（3）调查报告的编写和陈述是否合理？
（4）调查报告是否深入、全面？
（5）各种结论和建议是否对企业有实质性的帮助？
（6）整个项目实施过程中是否存在明显的误差？

通过结果评估使双方对项目进行共同回顾和展望，一方面使委托调查机构认识到自己的不足之处，以便进一步提高调查技术水平；另一方面使企业对调查结果有更深入的认识，以便后续工作的开展。

课堂讨论案例

"私家侦探"

近几年来，各类冠以"事务调查中心""事务调查所"等名称的公司越来越多，其业务范围非常广泛，其中包括寻人、情感忠诚调查、行踪调查、信用调查、知识产权调查，以及打假维权、经济情报调查等。企查查平台查询数据显示，截至2021年12月，全国咨询与调查行业企业约23万余家，民间咨询调查市场需求空间不容小觑。

"私家侦探"是一种形象的叫法，其本质上指从事调查类的机构或个人，经工商注册登记的调查类公司，具有合法的市场主体身份。"私家侦探"有一定的市场，但业务范围有限,只有在遵守法律、法规和社会公序良俗的情况下,才可作为律师事务所和商务咨询公司的补充。因此,要加强对"私家侦探"合法合规发展的引导。

随着《中华人民共和国民法典》《中华人民共和国数据安全法》《中华人民共和国个人信息保护法》的相继颁布与施行,数字信息时代对公民个人信息保护的力度与日俱增,个人信息保护态势趋严。任何行业都需要建立自己的职业伦理规则。由于"私家侦探"的存在是否合法尚无定论,难以形成行业标准和职业准则来规范调查员的行为,也就导致了行业的无序与混乱。调查人员须完成国家规定的法律知识学习,并经考试合格,方可从事私人委托调查业务。

(资料来源:京报网."私家侦探"敲响侵犯个人信息警钟,行业亟须规范发展[EB/OL].[2022-12-15]. https://baijiahao.baidu.com/s?id=1752233559553110615&wfr=spider&for=pc.)

问题:市场调查公司与"私家侦探"之间的区别是什么?

项目小结

市场调查机构是一种服务性的组织机构。按其服务的性质可分为企业内部的市场调查机构和企业外部的市场调查机构。企业外部的市场调查机构按其提供的服务类型来分,可分为完全服务公司和有限服务公司;同时,政府机构、高等院校、科研机构和其他相关的专业服务公司也是市场调查行业中具有特殊功能的类型。

企业外部市场调查机构的最主要职能是服务职能,即根据委托方的要求,进行各种市场调查、研究、咨询、预测,提供企业所需的各类数据、资料、情报、信息,为企业的经营服务。与企业外部市场调查机构不同,企业内部市场调查机构一般人员配备较少,所承担的更多是策划与监督职能,具体的调查工作往往会委托给专业的调查机构来做。

不同的市场调查机构,其组织机构可能不同,但其人员构成却大同小异,一般都包括以下人员:管理人员、研究人员、督导、访问员、数据录入员和资料员。

尽管许多大型企业都设立了自己的市场调查部门,但大多数的企业还是没有条件和能力自设调研部门或自组一套调研班子,在依靠自身的力量无法满足对市场信息的需求时,就需要委托市场调查机构来承担企业自己无法开展的调查工作。因此,市场调查机构的选择与合作是摆在任何一个企业面前的课题。

思考练习

一、选择题

1.(   )是访问员的管理者,负责访问员的招聘、访问员的培训,以及对访问员的工作进行指导、监督和检查。

  A. 管理人员 B. 研究人员 C. 督导 D. 资料员

2.(   )公司主要收集一般性资料,不专门为某个客户服务,任何人都可以购买他们的资料。

  A. 定制服务公司   B. 辛迪加信息服务公司

C. 市场调查公司　　　　　　　　D. 广告研究公司

二、判断题

1. 企业内部市场调查机构一般人员配备较少，所承担的更多是服务与监督职能，具体的调查工作往往会委托给专业的调查机构来做。（　　）
2. 企业外部市场调查机构的最主要职能是研究职能。（　　）
3. 企业的调查部门选定了某一调查机构作为项目的调查执行机构后，并不等于完成工作，还必须参与调查机构的整个调查项目的实施过程中，起到监督控制和沟通的作用。（　　）

三、简答题

1. 市场调查机构有哪些类型？
2. 市场调查机构的主要职能是什么？
3. 市场调查机构主要的人员配置有哪些？
4. 市场调查公司的选择应如何进行？
5. 怎样与调查公司开展合作？

四、材料分析题

大数据与市场调查

市场调查是市场营销的重要环节，它可以帮助企业了解市场的需求、竞争、趋势和机会，从而制定有效的营销策略。在大数据时代，市场调查的方法和工具也发生了变化，利用大数据技术可以使市场调查更加精准、高效，更具有创新性。大数据技术可以从以下几个方面助力市场调查。

1. 数据获取

市场调查需要获取大量的用户数据，以便进行分析和应用。用户数据可以从不同的渠道和方式获取，主要分为线下获取和线上获取。线下获取是指通过用户测试、焦点访谈、田野调研、用户访谈、用户日志、入户观察等实地方法，直接收集用户的反馈和行为数据。这些方法可以获得较高质量的数据，但是成本较高，样本量较小，难以覆盖全面。线上获取是指通过网上有奖问卷调查、社交媒体分析、搜索引擎分析、电商平台分析等网络方法，间接收集用户的评论、评价、点击、浏览等数据。这些方法可以获得海量的数据，但是质量难以保证，需要进行清洗和筛选。

大数据技术可以帮助市场调查从线下和线上两个方面获取更多、更好的数据。一方面，大数据技术可以提高线下数据获取的效率和质量，通过移动设备、物联网设备、传感器等手段，实时收集用户的位置、行为、情感等多维度数据，并进行实时分析和反馈，提高用户参与度和满意度。另一方面，大数据技术可以扩大线上数据获取的范围和深度，通过爬虫、API等手段，从各种网站、平台、应用等渠道获取用户的评论、评价、点击、浏览等多样化数据，并进行结构化和标准化处理，提高数据的可用性和可比性。

2. 数据分析

市场调查需要对已有数据进行统计和展示，以了解市场的现状和特征，这称为描述性

分析。同时,市场调查也需要对未来数据进行推断和预测,以发现市场的规律和趋势,这称为预测性分析。

市场调查需要更加全面和深入的数据分析,大数据技术可以提供更加丰富和多元的分析方法和工具,如数据仓库、数据挖掘、机器学习、人工智能等,可以对海量、复杂、多模态的数据进行有效的存储、管理、处理和分析,并生成可视化的报告和图表,以便理解和交流。并且,大数据技术可以提供更加准确和可靠的分析结果和建议,对海量的历史和实时数据进行关联、比较和评估。

3. 数据应用

市场调查的数据应用是指将数据分析的结果和建议应用于企业的决策和管理,以及与外部相关方的沟通和合作。数据应用可以分为内部应用和外部应用。内部应用是指将数据分析的结果和建议应用于企业自身的产品开发、价格制定、渠道选择、促销策略等。外部应用是指将数据分析的结果和建议应用于企业与客户关系、竞争对手、合作伙伴等。

大数据技术可以提高数据应用的实时性和灵活性,通过实时监测和反馈数据,可以及时调整和优化营销策略和行动,并根据不同的情境和场景进行个性化和定制化的数据应用,以适应市场的变化和需求。同时,大数据技术可以提高数据应用的价值和影响力,通过利用数据驱动的故事、案例、证据等方式,可以更加有力地传达和展示数据分析的结果和建议,并激发相关方的认同和行动,以实现市场营销的目标。

问题:

(1) 中国的调查机构主要呈现怎样的发展趋势?

(2) 大数据技术能否替代市场调查?它们之间的关系是什么?

(3) 大数据技术还可以在哪些方面助力市场调查?

五、实践训练

1. 活动内容

市场调查机构的信息收集以及合作方案设计。

(1) 收集5个以上当地的市场调查机构的信息,分析它们的服务类型和主要业务。

(2) 某公司要对自己的产品包装进行改进,但要请市场调查机构为改进后的包装进行对比调查,请从企业的角度设计一份与调查机构的合作方案。

2. 活动组织

(1) 以宿舍为单位开展实训,每个小组成员分工合作。

(2) 提交市场调查机构信息的详细报告。

(3) 提交与市场调查机构的合作方案。

学 习 评 价

题目					
班级		姓名		学号	
学习成果检测报告					
总结本项目每个任务模块的主要内容，使用思维导图的形式将其进行展现。					
考核评价（按 10 分制）					
教师评语：		态度分数			
		工作量分数			
考 评 规 则					

(1) 任务完成及时；

(2) 条例清晰；

(3) 逻辑性强；

(4) 内容完整；

(5) 无故意抄袭。

项目三 市场调查策划与实施

课程思政

- 培养耐心细致的工作作风。
- 培养严肃认真的科学精神。
- 强调团队协作、实践能力和创新能力。

知识目标

- 掌握市场调查课题确定的方法。
- 掌握市场调查方案的设计内容。
- 掌握市场调查方案评估的方法。
- 掌握选择和培训调查人员的内容和方法。
- 掌握调查实施过程控制和评估调查质量的内容和方法。

技能目标

- 能够针对具体的调查主题确定调查目标,并根据调查目标确定具体的调查内容。
- 提交书面的可实施的调查方案,明确具体的调查项目、调查方法、调查时间、工作程序、组织安排等内容,以便调查工作的顺利开展。
- 能够联系实际说明如何选拔和培训市场调查人员。
- 能够检查和核实调研活动在质量上是否符合调查要求,从多方面来评价数据的质量,为以后数据的整理和分析工作打下基础。

案例导入

上海某服饰公司计划开发一款新的男性休闲服装,但面对国内休闲服装品牌众多,市场竞争激烈的局面,公司决策层认为要取得产品开发与市场推广的成功,需要对目前的市场环境有一个清晰的认识,从现有市场中发现机会,制订正确的市场策略。因此,决策层决定委托市场调查机构开展市场调查与预测,通过对市场进行深入的了解,确定如何进行产品定位,如何制定价格策略、渠道策略、促销策略,以及如何整合各类因素,使资源达到最优化配置,从而使新开发的服饰成功进入市场。现在,某市场调查机构接受了该服饰公司的委托,欲承担该项目的市场调查任务,主要收集了以下资料。

(1) 企业资料。该公司是一家专门生产与经营休闲服饰的企业,该休闲服饰品牌在国内属于大众品牌,公司拥有较好的生产设备与技术人员,自动化水平较高,生产的服装销往全国各地,并在一些城市较大的商场设有专卖店或专柜,企业的经营业绩总体而言较稳定。

(2) 产品市场资料。该公司新推出的产品属于男性休闲服装,市场上同类品牌的服装较多,市场竞争力激烈,产品更新周期短,新产品上市快。但近几年随着人们生活水平的提高,生活习惯在发生着改变,休闲服装的销售势头看涨。

(3) 消费者资料。穿着休闲装的消费者越来越多,且年龄分布趋于分散,职业特征不明显,对休闲服装款式、质地等的要求提高。

通过二手资料的分析和与决策层的沟通讨论,调查机构认为该公司存在品牌定位不清晰、服装款式同质化现象严重、市场推广手法雷同等问题。服饰公司希望通过调查,了解相关品牌的特征、消费者的消费倾向,为新开发的男士休闲服装寻找新的市场空间和出路,并确立了以下调查目标。

(1) 了解目前男士休闲服装市场的竞争状况和特征。
(2) 了解竞争对手的市场策略和运作方法。
(3) 了解男士休闲服装市场的渠道模式和渠道结构。
(4) 了解消费者对男士休闲服装的消费习惯和偏好。
(5) 了解消费者对男士休闲服装的认知和看法。

本次调查的根本目的是真实地反映男士休闲服装市场的竞争状况,为品牌的定位及决策提供科学的依据。

任务一 市场调查课题的确定

市场调查的第一步是确定调查的主题,在此基础之上确定调查目标与内容。这是保证市场调查活动正确性、有效性的前提,决定着调查项目是否取得成效。

一、市场调查课题的含义

市场调查课题是指市场调研应收集什么主题信息、研究什么问题、达到什么目的。市场调查是一项有意识、有目的地收集信息资料的活动,主要目的是为决策者提供决策所需信息。在企业的经营活动中,会面临各种各样的问题,如开发出来的新产品没有得到市场的认可,产品没有销路;由于企业缺乏知名度,产品在市场上竞争能力弱。作为一名市场调查人员,当遇到这样的问题时,该怎么办呢? 此时不要急于制订市场调查计划,而应该围绕问题,与相关人员进行充分的研究分析,以这些问题为基础,从分析中找出原因,才能清晰地确定调查意图,调查才会有意义。

界定市场调查主题应当包括经营管理决策主题和具体的市场调查主题两个层面的内容。经营管理决策主题是指企业在经营管理中所面临的问题,主要回答决策者需要做什么,关心的是决策者可能采取的行动,是行动导向型的。例如,如何进一步扩大市场占有率,是否向市场推出系列产品,是否需要利用广告进行促销,等等。市场调查主题是信息导向型的,以信息为中心,它的主要内容是确定需要什么信息,以及如何有效地获取信息。在实际情况中,只有确认经营管理主题后,才能确认市场调查主题。

小案例

在某百货商场顾客流量研究中,需要决策的问题是如何增加该商场购物的人数,转化成调研问题则是找出该百货商场与主要竞争者在顾客惠顾方面的优势与差距。因此,应从以下方面展开研究。

(1)顾客选择百货商场的主要标准是什么?
(2)根据这些标准,顾客对本店及其主要竞争者的评价如何?
(3)本店顾客的人口统计学特征是怎样的?是否与主要竞争者的顾客有显著差别?
(4)能否根据对本店的评估结果和顾客特征预测商店的客流量和影响因素?
(5)增加商场客流量的有效措施有什么?

二、确定市场调查课题的方法

市场调查课题的确定关系到市场调查是否具有针对性、可行性、有效性和价值性,一般包括明确调查意图、确定调查目的、确定调查对象和调查单位等内容。

(一)明确调查意图

理解调查项目的意图,了解为什么要做市场调查,在调查开始之前必须明确哪些信息是真正需要的。明确调查意图的工作主要渠道包括和决策者讨论、与专家沟通交流、了解企业背景因素、了解企业环境因素、确定市场调查主题等。这些工作可帮助调查者了解企业对调查问题的需求情况。

1. 和决策者讨论

和决策者讨论非常重要,决策者需要理解调查的作用和局限性。市场调查可以提供相关的信息,但不一定能提供解决问题的方案,这需要决策者的判断。反过来,调查者也需要了解决策者面临问题的实质,以及决策者希望从调查中获得的信息和要解决的问题。

为了明确调查问题,调查者必须擅长于和决策者接触。有许多因素使这种接触变得复杂,如有些单位对接近决策者规定了非常复杂的程序,或一个单位可能不止一位关键决策者,无论是单独见面还是集体见面都可能有困难。尽管存在这些问题,调查者仍然很有必要和关键的决策者接触。

2. 与专家沟通交流

与决策者的讨论告一段落后,紧接着就应该与对公司和产品制造非常熟悉的行业专家进行沟通交流。这里所称的专家包括委托单位内部的专家和外部的专家。在进行访谈的时候,调查人员一定要全神贯注,这些专家的知识与经验可以通过随意的交谈获得,调查人员无须制作正式的调查问卷。当然,在会见之前,把将要谈论的题目提前列出来是非常有用的,但是无须严格按照提前准备的题目顺序和问题进行,可以灵活地调整题目,只要达到获得专家知识的目的即可。和专家会面,只是为了界定调研问题,而不是寻找解决问题的方法。

3. 了解企业背景因素

任何问题或机会的产生和出现,都存在于一定的背景之中。了解这些背景有助于更准确地认识和把握课题。为了了解市场调查课题的背景,调查人员必须了解企业的背景,尤其应该分析会对界定调查课题产生影响的各种因素,如购买者的行为、法律环境、经济环境,以及企业营销手段和生产技术等。这主要需要收集企业的销售量、市场份额、营利性、技术、人口、人口统计学及与生活方式有关的历史资料和未来趋势预测、企业的各种资源和调查面临的限制条件、决策者的目标等资料。

4. 了解企业环境因素

首先,消费者行为是企业环境的一个重要组成部分。大多数的营销决策最终会回到预测消费者对营销者具体行为的反应上来。预测消费者行为应考虑消费者和非消费者的人数及地域分布、消费者人口统计和心理特征、产品消费习惯及相关种类产品的消费、传播媒体对消费行为及对产品改进的反应、消费者对价格敏感性、零售店主要光顾人群、消费者的优先选择等。

其次,需要了解企业所处的法制环境,包括公共政策、法律、政府代理机构,以及专利、商标、特许使用权、交易合同、税收、关税等。

5. 确定市场调查主题

在调查者对企业完成摸底调查后,可以根据项目要求确定市场调查主题,明确调查方向。例如,某商品最近6个月销售额同比下降了30%,这种下降可能是由于竞争加剧引起的,也可能是营销策略不当所致,如果是后者,则需要说明是哪项策略,具体原因是什么。调查主题的确定是一个从抽象到具体、从一般到特殊的过程。在确定调查主题的过程中,调研人员应避免两种错误:一是过于空泛,以至于不能为整体调研方案提供清晰的指导;二是主题被界定得过于狭窄,限制了研究者的思路,妨碍获得所需要的重要信息。为了避免这两种错误,主题的确定既要考虑信息需求,又要考虑获取信息的可行性及信息的价值,以保证所确定的调查主题具有价值性、针对性和可操作性。

(二) 确定调查目的

课堂讨论案例

某啤酒公司是国内一家生产啤酒的中型企业,其客户主要在华东地区。近年来,随着区域经济的发展,国内啤酒市场发生了很大的变化。一方面,一些国内知名企业采取并购、联合方式,迅速扩大其市场份额,成为全国性的啤酒生产企业;另一方面,众多的地方啤酒企业纷纷涌现,分割区域性的啤酒消费市场。由于市场竞争激烈,国内的啤酒市场格局发生了深刻的变化,越来越多的中小品牌企业受到市场冲击。该啤酒公司近年明显感到本地市场竞争压力的增加,销售额有下降趋势。如何利用本地优势与外来品牌竞争,进

行正确的市场定位,成为困扰决策者的重要问题。

为此,该啤酒公司选择了本地一家知名的市场调研机构,要求调查华东地区啤酒市场上各种品牌啤酒的销售情况,及时了解市场占有率的变化,以便采取适当的营销策略。

问题:此次调查的主要目的是什么?如何进行调查方案的设计?

调查目的要根据调查的主题来确定。确定调查目的就是明确在调查中要解决哪些问题,通过调查要取得什么样的资料,取得这些资料有什么用途,能给企业带来哪些决策价值、经济效益、社会效益,以及在理论上的重大价值等问题。只有确定了调查目的,才能确定调查的范围、内容和方法,否则就会列入一些无关紧要的调查项目,而漏掉一些重要的调查项目,无法满足调查的要求。

在实际调查活动中,有的客户对市场调查比较熟悉,所提要求也十分明确,他们会具体提出要求收集市场、需求、竞争对手、未来发展趋势等方面的各种指标。而有些对市场调查还不熟悉的客户,提出的问题未经考虑,范围广泛,这就需要调查人员针对企业本身和企业想要了解的问题进行调查、访问,熟悉企业背景,讨论企业的生产、销售情况,明确企业调查的目的和内容。

(三)确定调查对象和调查单位

明确市场调查目的后,就要确定调查对象和调查单位,这主要是为了解决向谁调查和由谁来具体提供资料的问题。调查对象就是根据调查目的、任务确定调查的范围以及所要调查的总体,它是由某些性质上相同的许多调查单位组成的。调查单位就是所要调查的社会经济现象总体中的个体,即调查对象中的具体单位,它是调查中要调查登记的各个调查项目的承担者。

思政小课堂

一家做厨具的公司花钱从一家市场调查公司买了一组数据,这组数据显示该公司目前的销售前景很好,呈现上升趋势,可是该公司却发现销售业绩一直不理想。于是,他们又委托另一家公司重新做了市场调查,并且全程参与和监控调查过程。调查结果显示,公司在营销策略制定和实施方面存在一些问题导致业绩不佳。

问题:你对此行为有何感想?

分析提示:该情境说明在市场调查数据背后存在着不光彩的暗地的金钱交易。本应成为企业在激烈竞争中导航灯的市场调查业,由于利益的诱惑,自身已有偏离方向的危险。市场调查公司向客户提供虚假数据,这是严重背离职业道德的。

任务二 市场调查方案编写

确定市场调查课题后,应针对课题设计市场调查方案和方法。正式的市场调查活动是一项系统工程,为了在调查过程中统一认识、统一内容、统一方法、统一步调,圆满完成调查任务,在具体开展调查工作以前,应该根据调查研究的目的、调查对象的性质,事先对调查工作的各个阶段进行统筹考虑和安排,制定合理的工作程序,也就是制定相应的调查方案。调查工作的成败,在很大程度上取决于调查方案的科学性、系统性、可行性高低。

一、市场调查方案的含义

市场调查方案又叫市场调查计划书、市场调研策划书,市场调查方案的设计是整个调查过程的开始,其地位十分重要。在市场调查方案的设计过程中,需要把已经确定的市场调查问题转化为具体的调查内容,通过调查指标的方式表现出来,并对调查指标做出明确定义。调查方案能够体现出调查人员对所研究的问题在认识方面的广度和深度。同时,调查方案的设计中还会面临一些具体的选择。例如,研究一个相同的问题,可以采用不同的调查方法,可以用随机抽样,也可以用非随机抽样;可以采用入户问卷调查,也可以采用实验法和观察法等不同的采集数据的方法。不同的选择和不同的数据采集方法在反映问题的数量特征方面是有差异的,有时可能还会导致结论的改变。市场调查方案对设计人员提出了很高的素质要求,不仅要求设计人员具有丰富的市场调查专业知识,还要求具有丰富的调查实践经验,能够根据实际情况,选择最佳的方法组合。

二、市场调查方案的意义

(一)从定性认识过渡到定量认识

虽然市场调查所收集的许多资料都是定量资料,但应该看到,任何调查工作都是先从对调查对象的定性认识开始的。没有定性认识就不知道应该调查什么和怎样调查,也不知道要解决什么问题和如何解决问题。例如,要研究某一工业企业的生产经营状况,就必须先对该企业生产经营活动过程的性质、特点等有详细的了解,设计出相应的调查指标以及收集、整理调查资料的方法,再实施市场调查。可见,市场调查方案正是定性认识和定量认识的连接点。

(二)统筹兼顾、统一协调调查工作

市场调查是一项复杂的系统工程,对大规模的市场调查来说更是如此。在市场调查中,调查方案具有统筹兼顾、统一协调的作用,让调查有据可依。例如,抽样调查中样本量的确定,按照抽样调查理论,可以根据允许误差和把握程度大小,计算出相应的必要抽样数目,但这个抽样数目是否可行,受到调查经费、调查时间等多方面条件的限制。

(三)适应现代市场调查发展的需要

现代市场调查已由单纯的收集资料活动发展到把调查对象作为整体来反映的调查活

动。与此相适应,市场调查过程也应被视为是市场调查方案设计、资料收集、资料整理和资料分析的一个完整工作过程,市场调查方案设计正是这个全过程的第一步。

课堂讨论案例

A区全国第六次卫生服务调查方案

全国卫生服务调查是全面了解群众健康状况、卫生服务需求及利用水平特征、医疗保障制度覆盖人群和保障水平、群众就医费用、经济负担及就医感受等方面情况的综合性调查,A区入选为国家样本点,为做好此次调查工作,特拟订调查方案,具体内容如下。

一、调查对象及时间

1. 调查对象

(1) 家庭健康调查。本次调查是全国性的抽样调查,抽样方法是多阶段分层整群随机抽样。A区调查样本覆盖5个街道中的10个居委会。家庭健康调查的抽样单位是户,在每个样本居委会中随机抽取60户,全区共抽取600户。调查对象是被抽中样本住户中的常住人口。常住人口是指近半年内在本户居住的所有户籍人口和非户籍人口,也包括出生未满半年的婴儿、新结婚的配偶、轮流供养的老人和中小学生等,但不包括保姆等非家庭成员。

(2) 机构调查。调查本区规模最大的一家区级综合性医院和一家中医院(名单由市卫生计生委抽取)。

(3) 医务人员调查。调查本区三级医疗机构及样本点街道社区卫生服务中心,从每家三级医疗机构和二级医院中抽取临床医生20名、护理人员10名;从每家样本点街道社区卫生服务中心抽取临床医生5名、护理人员3名、防保人员2名。

2. 时间安排

2018年7—8月:调查准备及培训。

2018年9月:入户调查、数据上报、督导质控。

2018年10月:机构调查、医务人员调查。

2018年11—12月:数据整理、统计分析、撰写调查报告。

二、调查内容

本次调查以家庭健康调查为主,以医务人员和医疗卫生机构调查为辅。调查内容主要包括以下内容。

(1) 城乡居民人口与社会经济学特征。

(2) 城乡居民卫生服务需要,主要包括健康状况的自我评价、居民2周内患病、慢性病患病情况。

(3) 城乡居民卫生服务需求与利用,主要包括疾病治疗、需求未满足程度及原因,居民利用基本公共卫生服务情况,门诊和住院服务利用类型、水平及费用,居民的就医满意度。

(4) 城乡居民医疗保障,主要包括不同医疗保险制度的覆盖程度、补偿水平、居民对医疗保障制度的利用情况。

(5) 妇女、儿童、老年人等重点人群卫生健康服务利用情况等。

(6) 医务人员工作特征、工作感受、执业环境等。

三、调查方式

本次调查利用平板电脑开展面对面调查。调查人员按照电子调查表项目，对调查户的所有成员逐一进行询问，离线填报电子调查表，调查指导员对每一户调查数据进行审核后，在线上报。

四、组织和实施本次调查

按照"统一领导、分级负责、共同参与"的原则。区卫计委负责制订整体工作方案、落实配套经费、统筹协调、监督评估、审核调查报告；区卫生事务管理中心作为具体调查工作牵头单位负责实施调查工作推进、业务培训、区级质控、汇总数据、完成调查初步报告；各样本街道社区卫生服务中心负责完成样本调查、数据核查和上报。

五、调查质控要求

调查数据质量控制要贯穿调查工作的全过程，在调查设计、调查数据采集、数据整理分析等各个环节均要落实相应的质量控制措施。全体调查人员要树立数据质量第一的意识，每个工作环节都要有专人负责，杜绝人为干扰调查数据真实性的现象。

问题：

(1) 市场调查方案有什么作用？

(2) 市场调查方案包含哪些内容？

三、市场调查方案的编写

市场调查方案设计

不管是哪种类型或哪个阶段的市场调查方案都应遵循一定的基本格式进行编写，一般的格式主要包括以下几部分：前言部分、调查目的和意义、调查的内容和具体项目、调查对象和调查范围、调查方法、资料分析方法、调查时间进度安排、经费预算、调查结果表现形式、附录部分等。在实际的市场调查方案设计中，可以根据市场调查项目的目标和要求进行适当增减和修改。

（一）前言部分

前言部分也就是方案的开头部分，应该简明扼要地介绍整个调查课题的背景，包括委托企业所属行业的基本状况以及委托企业的经营现状和面临的问题等。

小案例

某轿车经销商在A市从事轿车代理经销多年，有一定的经营实力，商誉较好，知名度较高。为了应对市场竞争，经销商需要了解A市居民私家车的市场普及率和市场需求潜力，了解居民对轿车的购买欲望、动机和行为，了解现有私家车用户有关轿车使用方面的各种信息，以便调整公司的市场营销策略。为此，经销商要求市场调查部门组织一次关于A市居民轿车需求与用户反馈为主题的市场调查。

（二）调查目的和意义

确定调查的目的是设计市场调查方案首先要解决的问题。只有明确了调查目的，才能确定调查的内容、范围和方法。具体来讲，确定调查目的就是说明为什么要进行此次调查，通过调查能够获得哪些资料，这些资料能为企业提供哪些决策信息。例如，某数码商店准备开展一次顾客调查，调查目的是要制定有效的营销策略，提升销售业绩，为此需要了解的信息包括顾客的基本情况、购物行为、对商场的评价和建议等。调查结果可供该商店找到不足之处，研究提升销售业绩的有效措施。

小案例

在上述轿车需求调查中，调查目的在于获取居民轿车需求与现有用户使用等方面的各种信息，为调整、完善市场营销策略提供信息支持。调查的任务在于准确、系统地收集A市私家车市场普及率、市场需求潜力、购买动机与行为、用户使用状况等方面的信息，以及经销商的商圈情况与竞争对手的经营情况，并进行分析研究，从中发掘出一些对调整经营结构和市场营销策略有价值的启示。

（三）调查的内容和具体项目

调查的内容和具体项目是依据所要解决的调查问题和调查目的所必需的信息资料来确定的。需要注意的是，调查项目的选择要尽量做到"精"而"准"。"精"就是调查项目所涉及的资料能满足调查分析的需要，不存在对调查主题没有意义的多余项目。"准"就是要求调查项目反映的内容要与调查主题有密切的相关性，能反映调查所需要的信息。如果盲目增加调查项目，会使资料统计和处理的工作量增加，既浪费资源，也影响调查的效果。

小案例

在上述轿车需求调查中，调查的内容和项目主要包括以下几个方面。

（1）被调查家庭的基本情况。主要项目包括户主的年龄、性别、文化程度、职业；家庭人口、就业人口、人均年收入、住房面积、车库面积等。

（2）居民家庭是否拥有私家车。如果有，则私家车的类型、品牌、价位、购入时间等情况如何。

（3）用户车况与使用测评。主要包括节油性能、加速性能、制动性能、座位及舒适度、外观造型、平稳性、车速、故障率、零配件供应、空调、内部装饰、售后服务等项目的满意度测评。

（4）私家车市场需求情况调查。主要包括新买车或重新购车的购买愿望、何时购买、购买何种类型、品牌、价位的轿车；购买目的、选择因素、轿车信息获取等方面的测评。

（5）经销商商圈研究。主要包括本经销商顾客的地理分布、职业分布、收入阶层分布、文化程度分布、行业分布等以及商圈构成要素等。

（6）竞争对手调查。主要包括竞争对手的数量、经营情况和经营策略等。

(四)调查对象和调查范围

确定调查对象和调查范围,主要是为了解决向谁调查和由谁来具体提供资料的问题。调查对象就是根据调查目的、任务确定调查的范围以及所要调查的总体,它是由某些性质上相同的调查单位组成的。调查方案中应予以明确,以便调查工作的开展。

小案例

在上述轿车需求调查中,调查对象为 A 市的全部居民家庭,包括 A 市东、西、南、北四区的居民家庭,不包括市辖县的居民家庭。其中市区内的每户居民家庭为调查单位。据市统计局提供的资料,市区内共有居民家庭 20 万户,拟采用抽样调查的组织方式,样本量为 1 000 户。

(五)调查方法

在调查方案中,要明确规定采用什么组织方式和方法取得调查资料。调查中采用何种方式、方法不是固定和统一的,而是取决于调查目的、调查对象。调查方法使用得当,才能获得较准确的信息。收集调查资料的方式有普查、重点调查、典型调查、抽样调查等。具体调查方法有文案调查法、访问法、观察法和实验法等。为准确、及时、全面地取得市场信息,尤其应注意多种调查方式的结合运用。在方法的确定中,需明确各种调查方法的具体步骤。如采取抽样调查方式,必须说明抽样的步骤,所取样本的大小和要达到的精确度指标。

小案例

在上述轿车需求调查中,居民私车需求与用户调查采用抽样调查方式,样本量为 1 000 户。本经销商商圈研究采用用户信息库做全面的调研分析,调查方法如下。

(1) 居民私家车需求与用户调查采用调查员上门访问(问卷测试)。
(2) 走访统计局、交警大队了解本市居民私家车的社会拥有量和普及率。
(3) 购买本市的统计年鉴以研究本市居民的消费收支情况及社会经济发展状况。
(4) 利用本经销商的用户信息库进行分类统计和信息开发。
(5) 召开一次用户焦点座谈会。
(6) 竞争对手调查主要采用现场暗访调查及用户测评等方法获取相关信息。

(六)资料分析方法

采用实地调查方法收集的原始资料大多是零散的、不系统的,只能反映事物的表象,无法深入研究事物的本质和规律,这就要求对大量原始资料进行加工汇总,使之系统化、条理化。如何进行资料分析,一般来说是作为调查计划的一环在资料收集之前计划好的。人工统计时由编码卡按目的进行统计,而使用计算机时则记入穿孔卡进行统计。目前这种资料处理工作一般已由计算机进行,这在设计中也应予以考虑,包括采用何种操作程序以保证必要的运算速度、计算精度及特殊目的。资料的整理方法一般可采用统计学中的方法,利用 Excel 或 SPSS 软件,可以很方便地对调查表进行统计处理,获得大量的统计数据。每种分析方法都有其自身的特点、适用性和相关的技术要求。因此,应根据调查的要求,选择最佳的分析方法,并在方案中加以规定。

 小案例

在上述轿车需求调查中,资料整理主要从以下方面进行。

(1) 用户数据的系列开发。用户特征分布数列、私家车类型品种、价位、购入时间等分布数列、私家车使用满意度测评数列等的编制。

(2) 需求数据的系列开发。需求者特征、购买欲望、购买动机、购买行为、购买时间、购买选择、信息获取等分布数列的编制。

(3) 本经销商商圈层次划分数列、客户的分类统计数列的编制。

(4) 定性资料的分类,要求条理化。

(5) 居民私家车市场普及率统计、市场需求潜量测定、市场占有率测定。

在上述轿车调查中,资料分析主要从以下方面进行。

(1) 用户分布与满意度分析,重点揭示用户的特征,为调整营销目标提供信息支持;用户满意与不满意的要素分析,为改进营销工作提供依据,并作为选择供货商的依据。

(2) 需求潜力、需求特征、需求分布、需求决定因素研究,为市场营销策略的制定、调整、完善提供信息支持。应重点揭示向谁营销、营销什么、如何营销。

(3) 本经销商的竞争优势与劣势研究,怎样提高市场竞争力的策略。

(4) 编写市场调查报告,重点揭示调研所得的启示,并提出相应的对策建议。

(七) 调查时间进度安排

为了保证市场调查活动的进度,在设计市场调查方案时,调查人员还应明确调查的时间与期限,制作相应的进度表。

1. 调查的时间与期限

调查时间是指调查资料所需的时间。如果所要调查的是时期现象,就要明确规定资料所反映的是从何时起到何时止的资料。如果所要调查的是时点现象,就要明确规定统一的标准调查时点。调查期限是指进行调查工作的时限,包括从调查方案设计到提交调查报告的整个工作时间,其目的是确保调查工作及时开展、按时完成。

2. 进度表

进度表是调查活动进行的时间依据,也是提高工作效率、控制调查成本的手段。制作调查活动的进度表时主要考虑两个方面的问题:一是调查的范围大小和调查的难易程度;二是调查的时间要求和信息的时效性。通常情况下,调查范围越大,调查难度越大,所花费的时间也就越长。对时效性要求高的调查项目,则应缩短调查期限。从调查方案设计到提交调查报告的工作大致包含以下几个方面:调查方案与问卷设计、调查人员选拔与培训、预调查、问卷修正与印刷、调查实施、资料整理与分析、撰写调查报告等。当然,进度表不是一成不变的,一方面它与调查的复杂程度相关,另一方面它需要根据调查过程中出现的某些问题进行修改,以保证调查活动顺利进行。在制作市场调查进度表时,调查人员需要具体列出市场调查相应环节需要的时间。最后要注意的是,时间计划应该设计得有一定的弹性和余地,以应付意外事件的发生。例如,某产品营销情况调查进度表如表3-1所示。

表 3-1 某产品营销情况调查进度表

工作与活动内容	时间	参与单位和活动小组	主要负责人及成员	备注
调查方案与问卷设计	9月1日—9月7日			
调查人员选拔与培训	9月8日—9月11日			
预调查	9月12日—9月15日			
问卷修正与印刷	9月16日—9月18日			
调查实施	9月19日—10月4日			
资料整理与分析	10月5日—10月12日			
撰写调查报告	10月13日—10月16日			

（八）经费预算

市场调查是一项庞大的系统工程，调查的经费预算是调查方案设计中一项非常重要的内容。在制定调查的经费预算时，调查人员要将可能的费用全部考虑到，以免在调查过程中出现经费短缺的情况而影响调查进度。市场调查的经费预算依据调查内容的不同而不同，一般来说，市场调查所需的费用包括调查方案设计费、问卷设计费、问卷印刷装订费、调查实施费（包括调查人员培训费、调查人员劳务费、礼品购买费等）、数据统计处理费、调查报告撰稿费、资料打印装订费、组织管理费等。当然，调查的经费预算一定要合理，没有必要的费用不应罗列，必要的花费应该认真核算，切不可随意多报、乱报。不合实际的预算将不利于调查方案的审批或竞标。

市场调查经费预算表的一般格式如表 3-2 所示。

表 3-2 市场调查经费预算表

调查题目：
调查单位与主要负责人：
调查时间：

经费项目	数量	单价	金额	备注
调查方案设计费				
问卷设计费				
问卷印刷装订费				
调查人员培训费				
调查人员劳务费				
礼品购买费				
数据统计处理费				
调查报告撰稿费				
资料打印装订费				
组织管理费				
合　计				

合理的支出是保证市场调查顺利进行的重要条件,调查费用的估算对市场调查效果的影响很大。对市场调查部门或单独的市场调查机构而言,每次调查所能支配的费用当然是越高越好,但是费用开支数目要实事求是,不能过高,也不能过低。同时应避免两种情况:一种情况是拖延调查时间,这样必然造成费用开支的加大;另一种情况是缩减必要的调查费用,调查活动必须有一定的费用开支来维持,减少必要的开支只会导致调查的不彻底或无法进行下去。

(九)调查结果表现形式

调查结果表现形式主要包括报告书的形式和份数、报告书的基本内容、报告书中图表量的大小等。撰写调查报告是市场调查的最后一项工作内容,市场调查的成果将体现在最后的调查报告中,调查报告将提交企业决策者,作为企业制定市场营销策略的依据。调查者必须在计划中列明调查报告提交的方式、时间等内容,确定市场调查结果的表现形式,如最终报告是书面报告还是口头报告,是否有阶段性报告等。

(十)附录部分

在附录部分,应列出课题负责人及主要参加者的名单,并可简要介绍一下团队成员的专长和分工情况。同时,附录部分应写出抽样方案的技术说明和细节说明,以及调查问卷设计中有关的技术参数、数据处理方法、所采用的软件等。

虽然市场调查方案的编写实际上可能只有一两天的时间,但是为保证整个调查的顺利进行,确保调查结果的精确,市场调查方案仍应周密考虑。它的编写质量,直接影响市场调查工作成败。

四、市场调查方案的评估

(一)调查方案的评估标准

在讨论和修改方案前,需要对方案进行评价,这就必须知道调查方案的评估标准。可以从以下三方面进行评估。

1. 方案设计是否基本体现了调查的目的和要求

方案设计是否基本体现了调查的目的和要求,这是最基本的评价标准。例如关于某品牌从专营店商业选址的目的出发,根据方案确定的调查内容、调查范围、调查单位而设置的一系列完整的观察指标体系,基本能体现优秀商业地段应具备的条件。

2. 方案设计是否科学、完整和适用

例如为了调查关于某品牌专营店商业选址与商业氛围、交通条件、银行网点、卫生环境、居民居住、休闲娱乐等方面的关系,设置了许多相互联系、相互制约的指标,形成了一套比较完整的指标体系,其特点是全面、系统,适用性强。

3. 方案设计是否具有操作性

例如在某口服液广告效果调查方案中,为提高操作性,特别建议选择市场营销专业的

女大学生作为访问员。一是因为女大学生形象好,不会给对方造成威胁感,可使访问更容易成功;二是因为招聘学生会使调查成本降低;三是可向大学生提供一个专业实习的机会。

4. 方案设计能否提高调查质量

影响调查数据质量的因素是多方面的,调查方案是否科学、可行,对最后的调查数据质量有直接的影响。因此,这一标准是也是评估调查方案的重要指标,专业调查机构往往在这方面要求较高。

(二)调查方案的讨论和修改

评估调查方案后,如果存在不足,需要对方案进行讨论和修改。具体来说,方案讨论和修改主要有以下方法。

1. 项目小组座谈会

项目小组座谈会由项目调查小组的组长主持会议,项目小组成员参加会议,可邀请委托方代表参加。主持人在该座谈会前针对本次调查任务的调查方案列出提纲,使座谈会围绕调查目的、调查内容、调查对象、调查范围、调查方法、调查工具、调查时间进度安排、调查经费预算等展开讨论。评估方案的标准从是否体现调查目的,是否科学、完整和适用,是否具有操作性三个方面考虑。参加座谈会的人员可以公开发表各自的意见或想法,各抒己见,集思广益,相互启迪,相互交流,相互补充,针对某一个问题最终达成一致的意见。

2. 逻辑分析法

逻辑分析法是检查所设计的调查方案的部分内容是否符合逻辑和情理。例如,要调查某城市居民消费结构,而设计的调查指标却是居民消费结构或职工消费结构,按此设计所调查出的结果就无法满足调查的要求,因为居民包括城市居民和农村居民,城市职工也只是城市居民中的一部分。显然,居民、城市居民和职工三者在内涵和外延上都存在着差别。又如,要调查学龄前儿童的文化程度,要对没有通电的山区进行电视广告调查,是有悖于情理的,也是缺乏实际意义的。逻辑分析法可对调查方案中的调查项目设计进行可行性研究,而无法对其他方面的设计进行判断。

3. 经验判断法

经验判断法是指通过组织一些市场调查经验丰富的专业人士,对设计出来的市场调查方案进行初步研究和判断,以说明调查方案的合理性和可行性。例如要对某市高薪阶层人群的消费支出结构进行调查,通过经验判断可知不宜采用普查的形式,实际上这样做既没有必要也不可能。在对高薪阶层人群这一概念进行量化处理后,可以采用抽样调查的方式。经验判断法的优点是可以节约人力、物力,并在较短的时间内做出快速判断。缺点是因为认识有限,并且事物的发展变化常常有例外,各种因素都会对判断的准确性产生影响。

4. 试点调查法

试点调查法是指通过在小范围内选择部分调查单位进行试点调查,对市场调查方案进行实地检验,以说明市场调查方案的可行性的方法,这一方法通常由市场调查项目策划者、有经验的调查人员实施。通常,试点调查的主要任务是检验市场调查的目标是否合理,调查的组织方式和方法的选择是否恰当,样本是否具有代表性,抽样误差是否控制在最小范围内,调查内容是否全面,需要补充哪些项目,需要删减哪些项目,是否需要增加或减少调查人员,调查时间是否需要延长,调查中需要注意哪些问题等。试点调查结束后,要对不合理的内容进行修改和调整,从而更好地适应实际情况。

试点调查法是在调查期限要求不紧迫,或者对市场调查方案把握不大时所做的一种小范围测试。调查人员在运用这种方法进行市场调查方案的可行性研究时,还应注意:尽量选择规模小、具有代表性的调查单位;调查方法应保持适当的灵活性,可准备几种调查方法,经过对比后从中选择更适当的方法;调查工作结束后,应及时做好总结工作,认真分析试点调查的结果,找出影响调查的各种主客观因素并进行分析。

任务三 市场调查的实施

无论市场调查的方案设计得多么完美,想要最终得到高质量的数据,很大程度上取决于调查人员的工作质量。只有认真选拔、培训并持续评估调查人员,才可以切实提高数据收集质量。

市场调查人员
选择与培训

一、市场调查人员的选择

市场调查实施是具体执行正式的市场调查方案的过程。调查项目所花费的大部分时间和费用都将用于调查实施阶段。调查结果的准确与否,很大程度上取决于这一阶段的工作质量。在市场调查的实施过程中,调查人员是一个必不可少的重要因素。调查人员既可以从企业内部挑选,也可以通过招聘的方式挑选社会上的人士担任临时的调查人员,以满足实际需要。企业挑选的调查人员应满足以下要求。

(一)知识要求

市场调查人员应具备从事市场调查工作的基本知识,这主要包括市场营销学、经济学、心理学、计算机应用基础、社会学、统计学、管理学等学科的基本知识。承担某些技术性较强的市场调查项目的候选人,还要掌握一些专门技能,如工程技术知识、有关调研商品的专业知识等。从事国际市场调查的人员还要具备国际贸易理论、世界地理和历史知识,并且具有熟练的外语水平。

(二)素质要求

(1)身体健康。现场数据收集工作很繁重,调查人员必须有完成工作所需的体力和精力。

(2) 性格开朗。调查人员应当善于和调查对象接触与交流，具备与陌生人打交道的能力。

(3) 善于沟通。有效的沟通和聆听技能是访谈获得成功的关键因素。

(4) 相貌端正。调查人员的外貌如果让人看起来不舒服，会影响数据收集工作。

(5) 受过教育。调查人员必须有良好的阅读和书写能力，多数数据收集公司对调查人员的文化程度都有要求。

(6) 经验丰富。有经验的调查人员在遵循调查要求、获得调查对象合作和进行访谈方面会取得更好的效果。

（三）能力要求

(1) 善于发掘各种资料信息的能力。市场调查人员要善于收集各种资料，并从中攫取各种与市场调查有关的信息，收集的资料要尽可能全面、准确、及时、具体。

(2) 分析问题的能力。市场调查人员要具备敏锐的发现问题、分析问题和判断问题的能力，能够从复杂的资料中经过定性和定量分析，找出问题所在；能够对各种资料的真伪进行识别，鉴别各种信息的价值，综合并加工整理成对决策有一定价值的意见。

(3) 协调能力。市场调查工作需要各个部门协同合作，每个部门的工作人员都要与其他部门的人员有效协作、相互支持、相互帮助，这样才能更有效地完成市场调查任务。因此，协调能力是市场调查人员的必备能力。

(4) 文字表达能力。市场调查的最终结果通常要以文字材料的形式来反映，材料撰写得好与差，是否做到有观点、有深度、有说服力，都与市场调查人员的文字表达能力密切相关。

（四）品德要求

市场调查人员应有强烈的责任感和吃苦耐劳的精神，对所接受的工作，绝对按照指示，一丝不苟地如期完成；无论遭遇任何阻碍，不做虚假填报而欺骗委托者；工作实事求是，公正无私。

课堂讨论案例

调查人员的失误导致调查结论失去参考价值

某净水器生产厂商为了解消费者对其产品的喜好程度，准备进行一次市场调查。在制定好明确的调查方案后，调查人员被分为 A、B 两组，并使用同样的问卷进行实地调查。问卷中有这样一个问题：列举您会选择的净水器品牌。在问卷回收量相同的情况下，A 组的结论是有 17% 的消费者将本企业的净水器作为首选品牌；而 B 组的结论却是有 59% 的消费者会选择本企业的产品。巨大的差异使本次调查得出的结论失去了参考价值。相同的调查方案、同样的抽样方法，为什么会得出差异如此大的结果呢？公司决定邀请调研专家组进行诊断，找出问题的真相。调研专家组与 A、B 两组调查人员进行了交流，并很快得出了结论：B 组在进行调查过程中存在误导行为。调查期间，由于 B 组的调

查人员佩戴了公司统一发放的徽章,因此使被调查者猜测出了市场调查的主办方,从而影响了被调查者的客观选择。

问题:为什么选拔和培训调查人员是调查过程管理的一个重要环节?

二、调查人员的培训内容

市场调查对调查人员的客观要求使培训调查人员成为实施调查的重要一环。很多优秀的调查人员也是在不断接受培训、亲身实践的过程中成长起来的。培训市场调查人员对提高数据收集质量非常重要,培训能够保证所有的调查人员以同样的态度对待问卷,以便收集的数据具有一致性。对市场调查人员的培训分为政策法规和规章制度培训、访问技巧培训、专项培训和心理适应培训。

(一)政策法规和规章制度培训

随着市场调查活动的发展,国际和国内相继出台了有关政策法规,如国际商会、欧洲民意和市场营销调查协会(ESOMAR)于1977年联合制定和颁发了有关准则,并于1986年做了修改,这一准则的主要目的是使被调查者的权利得到充分的保障;又如我国国家统计局为规范涉外调查服务,也制定了《涉外社会调查活动管理暂行办法》。此外,各个市场调查机构本身也有内部管理方法,如保密制度、访问工作协议等。因此,调查人员对与市场调查相关的准则与惯例、政策规定与管理要求,必须有明确的了解,并能在实际调查活动中予以自觉遵守。

(二)访问技巧培训

1. 接触调查对象

与调查对象的最初接触很可能决定访谈能否顺利进行。调查人员应该向潜在调查对象明确表示他们的参与是非常重要的。访问员在进行访问时,应佩戴访问的胸卡,并出示能够说明本人身份的证明,并且简要地自我介绍与说明来意,如可说:"我是×××的访问员,我们现在正在进行一项研究,您是经过科学方法挑选出参与这项研究的调查对象之一。我们将高度重视您的意见,希望您回答以下几个问题。"

2. 提问

提问时,措辞、顺序和态度上的微小差异都可能影响问题的含义以及得到的回答。提问是一种艺术,对如何提问进行培训,能大幅减少误导现象的发生。以下是提问时应遵循的一些原则。

(1)应该清晰明确地说出问卷中的每个问题。

(2)提问应严格按问卷编排的顺序进行。

(3)应按经过仔细斟酌的问卷中所用的字句去提问,不能照自己的理解随意表述。

(4)要认真、完整地记录被调查者的意见,即使拒绝回答,也是一种重要的意见态度,也应记录。

(5)要善于把提问集中于主题,对有的调查对象离题太远的回答,要及时引导回到正题;必须向调查指定的访问对象提问。

(6) 如果调查对象不明白,应重复问题。

(7) 不要遗漏问题。

3. 追问

在访问中,调查对象回答不清楚或不全面是相当普遍的现象。追问的目的是鼓励调查对象进一步说明、澄清或解释他们的答案。追问还有助于调查对象将注意力集中到访谈的特定内容上,并提供相关信息。追问不应该存在任何误导倾向。以下列出了常用的追问技巧。

(1) 重复问题。用同样的措辞重复问题能够有效引出回答。

(2) 重复调查对象的回答。通过逐字重复调查对象的回答,可以鼓励调查对象给出进一步的信息,这可以在访问员做记录的时候进行。

(3) 短暂停顿或沉默式追问。沉默式追问或者带有期待性的停顿或目光,都可以暗示调查对象提供更完整的回答。

(4) 尽量打消调查对象的疑虑。如果调查对象表现出犹豫,调查人员可以说"答案不分对错,我们只是想了解您的看法"等来打消调查对象的疑虑。

(5) 让调查对象澄清。可以通过提问来提高调查对象的配合度和给出完整答案的积极性,如说"我不是很理解您的意思,您能不能说得详细一些"。

小案例

提问与追问

(1) 问:您喜欢这种工具的哪方面呢?

第一次回答:外观漂亮。

追问:您还喜欢什么呢?

第二次回答:手感好。

追问:您还有没有喜欢的呢?

第三次回答:没有了。

(2) 问:您喜欢这种电动工具的哪方面呢?

第一次回答:很好,不错。

追问:您所谓的"很好,不错"是指什么呢?

第二次回答:舒适。

追问:能描述一下舒适的具体感受吗?

第三次回答:用手握着操作时,手感很舒适。

分析:第一个是勘探性追问的例子,通过追问,扩展了调查对象的回答,完整地记录下了调查对象所喜欢的商品特征;第二个是明确性追问的例子,从"很好,不错"这一笼统的回答中,抽取出了更确切、具体的答案。

4. 记录答案

记录调查对象的答案看起来简单,实际上却是很容易出错的环节。所有的调查人员应该使用同样的格式和语言来记录访谈结果并进行编辑整理。记录结构性问题答案的规则可能根据具体问卷而有所不同,但通常都需要在代表调查对象答案的方框上画钩。记录非结构性问题答案的一般规则就是逐字记录调查对象的回答。以下是记录非结构性问题答案的一些要求。

(1) 在访谈过程中记录答案。
(2) 使用调查对象自己的语言记录。
(3) 不要概括或解释调查对象的回答。
(4) 记录所有与提问目的相关的内容。
(5) 记录所有的追问和评论。
(6) 记录答案时重复一遍。

5. 结束访谈

在没有得到所有信息之前不能结束访谈,调查对象在正式问题回答完后自然做出的评论也应该详细记录在案。调查人员应该回答调查对象关于调查目的的问题。应给调查对象留下良好的印象,尤其要记得感谢调查对象的配合。

拓展阅读

访谈指南

每个调查员都要遵循以下步骤,以获得良好的访谈效果。

(1) 如果调查对象询问,则告诉他们你的名字以及调查公司的电话。
(2) 按照问卷清楚地读出问题,及时向管理人员反映存在的不足。
(3) 按照问卷书写的顺序提问,并遵守跳读规则。
(4) 以中立立场向调查对象解释调查问题。
(5) 不要误导调查对象调查的长度。
(6) 未经允许不要泄露最终客户的身份。
(7) 记录每次终止的调查以及终止原因。
(8) 在访谈中保持中立,不要对调查对象的观点表示赞同或不赞同。
(9) 说话清楚,语速稍慢,以便调查对象完全理解。
(10) 逐字记录每个回答,不要进行概括。
(11) 避免与调查对象进行不必要的交谈。
(12) 对开放式问题进行追问和澄清,在追问和澄清时保持中立。
(13) 记录字迹清楚易读。
(14) 问卷上交前进行全面检查。
(15) 当结束访谈时,采用中性的结束语,如"谢谢"或"我们在这里的任务已完成"。
(16) 对所有的研究、资料和发现保密。
(17) 不要篡改任何问题的任何答案。
(18) 对调查对象参与研究表示感谢。

（三）专项培训

专项培训是针对每个特定的调查项目对调查人员进行的训练。调查人员在比较系统地接受了访问技巧培训后，在正式参与市场调查项目前，还必须接受特定调查项目的专项培训。市场调查项目专项培训一般包括以下几个组成部分：项目基本情况介绍；调查问卷介绍；操作实施人员的职责说明；调查项目的调查时间、调查步骤和模拟调查等。

（四）心理适应培训

在调查中经常会发生被拒绝访问或被盘问等情况。缺少经验的调查人员往往对访问工作有很大的心理压力，怕被别人拒绝，怕打扰别人，经常会有一种恐惧感和愧疚感。在这样的心理压力下，调查人员将处于十分被动的地位，这对调查工作的质量影响很大。只有消除了这种心理负担才能把调查工作做好。因此，调查人员的心理适应培训非常重要。可以让新的调查人员跟随有经验的调查人员一同去访问，看有经验的调查人员如何入户，如何处理各种问题。在访问中对新的调查人员给予指导，访问结束后一起总结经验。

三、市场调查人员的培训方法

培训市场调查人员的方法主要有集中讲授法、模拟调查训练法、以老带新实践法等，企业可根据培训目的和受训人员的情况选用。

（一）集中讲授法

集中讲授法是目前常用的一种培训调查人员的方法，将接受培训的人员集中起来，请市场调查领域的相关专家或调查方案的设计者对调查项目的背景、目的、内容、方法及调查工作的具体安排等进行讲解。在必要的情况下，还可讲授一些市场调查的经验和方法，如选择恰当时机、地点和访问对象的方法，使访问对象配合访问的有关技巧等。企业采用集中讲授法时应讲求实效、有较强的针对性，为完成本次市场调查项目服务。

（二）模拟调查训练法

模拟调查训练法是由受训人员和培训人员分别担任调查人员和被调查者的角色进行模拟调查。在模拟调查中，培训人员要将实际调查过程中可能出现的各种问题体现出来，让受训人员做出判断和处理，从而提升受训人员解决实际问题的能力，掌握访问技巧等。为此，受训人员在模拟调查中，要善于把握访问时机，提问简单明了，真实完整地记录被调查者的本意。

（三）以老带新实践法

以老带新实践法是很多培训工作中经常使用的一种培训新员工的方法。在培训调查人员时，由有一定理论和实践经验的调查人员陪同新接触调查工作的人员一起到现场进

行试访,并对新员工进行指导和经验传授,能使其尽快熟悉调查业务,锻炼和提升调查能力。

四、调查实施过程控制

调查实施过程控制主要是对调查的成本、进度、人员等方面进行控制和监督。

(一)调查成本控制

调查成本控制是在保证调查质量和进度的前提下,通过对市场调查进行有效的计划、组织、控制和协调,尽可能地降低调查成本。在实际调查中,有关管理人员可以通过以下措施控制调查成本:一是制定岗位责任制和奖罚措施,提高调查人员的自觉性,使其严格按照市场调查方案执行调查工作,以避免重复性调查和资源浪费;二是尽量减少问卷等资料的打印、运输、收发、保管等环节的损耗,明确各环节的责任人。

(二)调查进度控制

在规定的期限内完成调查工作是非常重要的,因此,调查项目的有关管理人员要对调查实施的进度做出合理安排,明确调查人员每天的调查量。如在调查初期,调查人员需要熟悉问卷内容、掌握调查技巧等,所以调查的进度可以慢一些。当调查实施了一段时间,调查人员熟悉了问卷内容,掌握了一定的调查技巧后,便可以适当加快调查进度,增加调查人员每天的调查量。需要注意的是,调查项目的有关管理人员需要根据目前的实际调查进度判断调查项目是否能如期完成。如果按当前进度继续实施调查,调查项目可能会延期完成,调查项目的负责人就要分析问题产生的原因,并采取相应措施加快调查的进度,如增加调查人员,对存在问题的调查人员进行额外培训等。

(三)调查人员监督

调查人员监督主要是指及时对调查人员进行评估,这对他们了解自己的工作状况,以及寻找并建立更好、更高质量的调查队伍十分重要。评估的标准在进行培训时就应该明确告诉调查人员,主要有以下几个方面。

1. 成本和时间

可以用调查人员平均每次调查的总成本(工资和费用)来相互比较。如果不同城市之间的成本存在较大差异,这种比较就只能在具有可比性的那些调查人员中进行。还可以根据其时间分配情况进行比较,其花费的时间应该分成实际调查时间、旅行时间和管理时间。

2. 回答率

管理人员应监控一段时间内的回答率,并且在回答率过低的时候及时采取相应措施。如果某个调查人员的拒访率过高,管理人员就可以倾听他所使用的介绍词,并立即进行指导。当调查人员的工作结束后,可以通过比较不同调查人员的拒访率判断其工作的效果。

3. 访谈质量

要想对调查人员的访谈质量进行评估,必须直接观察访谈过程。可以由管理人员直接观察,也可以要求调查人员将访谈过程录制下来。访谈质量的评估标准包括介绍是否恰当、提问是否准确、在不误导的前提下进行追问的能力、询问敏感问题的能力、访谈中表现出的人际交往技巧,以及结束访谈时的表现。

4. 数据质量

可以根据填写问卷的数据质量对调查人员进行评估。数据质量主要包括以下指标。

(1) 记录的数据清晰易读。

(2) 严格按照问卷说明进行调查。

(3) 逐字记录非结构性问题的答案。

(4) 结构性问题的答案有意义且完整,能够进行编码。

(5) 未回答的项目比较少。

项目小结

市场调查的第一步是确定调查项目的和调查目标,通常也是确定市场调查课题的过程,一般包括明确调查意图、确定调查目的、确定调查对象和调查单位等内容。根据市场调查业务开展的要求,在调查之前要完成市场调查方案的编写。市场调查方案是指导市场调查任务的蓝图,是调查工作的总纲。调查方案设计的科学性、系统性、可操作性关系到调查工作的成败。为了使调查方案能有条不紊地指导调查活动,应该对方案进行一系列的讨论和修改,直到取得多方面的认可。在市场调查实施的过程中,要求对调查人员进行管理,确保他们严格按照要求进行调查并提交真实的调查结果,指出调查中的缺点和错误,对调查过程中可能产生的各种误差及时给予预防和纠正。最后,要从多方面来评价数据的质量,为以后数据的整理和分析工作打下基础。

思考练习

一、选择题

1. 市场调查首先要解决的问题是(　　)。

　　A. 确定调查方法　　　　　　　　B. 选定调查对象

　　C. 确定调查目标　　　　　　　　D. 解决调查费用

2. 在确定调查目标时,与决策者沟通交流必须注意(　　)。

　　A. 决策者应与调查人员相互合作,相互信任

　　B. 决策者与调研人员应保持持续的接触,而不是偶尔的接触

　　C. 双方必须坦诚,不应该有任何隐瞒,必须开诚布公

　　D. 调研人员与决策者的关系必须友善、密切

3. 市场询问调查前的基础工作往往是(　　)。

　　A. 成立专家小组　　　　　　　　B. 指定态度量表

　　C. 进行案头调查　　　　　　　　D. 进行电话调查

4. 市场调查对象根据（　　）选定市场活动的参与者。
   A. 调查目的　　　B. 调查项目　　　C. 抽样方法　　　D. 调查方法
5. 市场调查策划案就是把已经确定的市场调研问题转化为具体的（　　）。
   A. 调查内容　　　B. 调查目标　　　C. 调查方法　　　D. 调查资料
6. 市场调查课题的步骤中不包括（　　）。
   A. 背景分析　　　　　　　　　　B. 确定课题的相关工作
   C. 试点调查　　　　　　　　　　D. 课题的确定
7. 在市场调查主题的确定过程中，需要把经营管理决策课题转化为具体的市场调查课题。如果经营管理决策课题是是否应该推出新产品，那么具体的市场调查课题应是（　　）。
   A. 确认是否应该推出新产品
   B. 确认消费者是否愿意接受新产品
   C. 确认顾客对计划推出新产品的偏好和购买意愿
   D. 确认新产品的市场占有率

二、简答题

1. 一份完整的市场调查方案主要包含哪些内容？
2. 市场调查方案的可行性研究有哪些方法？
3. 简述选拔和培训调查人员的基本要求。
4. 调查实施过程控制包含哪些内容？
5. 某商场的销售额连续两年下降，初步判断出销售额下降是市场细分不当，目标市场不明确引起的。为了获取多方面的信息，该商场准备进行一次市场调查，确定其商圈半径、目标顾客，以为确定商场定位提供依据。请根据上述调查背景，设计调查方案，列出调查目的和调查内容即可。

三、材料分析题

　　某市一家大型企业决定拓展新型电器厨具的业务线，他们首先购买了60台微波炉在一个展销会上进行试销，结果所有微波炉在两天内全部销售完了。考虑到展销会的顾客缺乏代表性，他们又购买了150台各种款式的微波炉在本市繁华路段的两家商店进行试销，并且提前一周通过各种媒体渠道进行宣传，结果试销的第一天，两家商店都排满了等待购买微波炉的顾客，150台微波炉很快就销售出去了。该企业的领导很高兴，但是仍不放心，他让企业内部的有关部门进行了一次市场调查。据该部门的负责人说，他们走访了近万户居民，数据统计结果显示有80%的家庭有意愿购买微波炉。本市有近500万户常驻居民，加上在各种不方便使用明火的地方、不方便做饭的单位和边远地区的人员，微波炉的市场需求量是巨大的。于是，该企业决定引进新的生产线，立即生产微波炉。可是，当该企业的第二个生产线投产的时候，产品滞销严重，给企业造成了严重的亏损。领导很不解，亲自联系已经访问过的居民核对调查情况，结果是被回访的居民都承认有人询问过他们关于是否会购买微波炉的事，而且他们当时都认为自己想买，但是他们后来都没有买。问其原因,居民的回答各种各样。不管领导现在如何生气、懊恼,该企业的微波炉生产线只好停产。

问题:你认为这家企业的市场调查哪里出了问题?如果由你来进行这个市场调查,你会怎么做?

四、实践训练

1. 活动内容

2022年3月以来,某品牌笔记本电脑的市场占有率急剧下降,这成为困扰该公司的一个大问题。为了探究该品牌笔记本电脑市场占有率下降的原因。每组同学事先进行收集和整理资料,列出市场占有率下降的几种原因。

2. 活动组织

事先对学生按照3~4人分组。学生分组讨论、分工合作,可以从不同角度思考并确定调查目标、调查内容、调查方法。根据所学知识收集资料和仔细分析材料,采取头脑风暴法和组内其他同学展开讨论。各组展示分析结果,每个小组选一名代表课堂发言。教师讲评,最后提交书面报告。

学习心得

学 习 评 价

题目					
班级		姓名		学号	

学习成果检测报告
自选调查主题,确定本次调查课题的调查目的、调查内容、调查对象、调查方式、调查的组织、调查经费预算等。完成市场调查方案的大纲编写并上台汇报任务完成情况。

考核评价(按10分制)			
教师评语:		态度分数	
		工作量分数	

考 评 规 则
(1)市场调查方案条理清晰、逻辑性强;
(2)方案内容完整,紧扣调查主题;
(3)选题新颖,紧跟时代潮流。

市场调查抽样设计

项目四
Xiangmu 4

课程思政

- 培养一丝不苟的科学精神。
- 培养敏锐的洞察力和精准的判断力。
- 坚持用科学的结论指导实际。

知识目标

- 了解抽样调查的含义、特点和程序。
- 掌握抽样调查的组织方式——随机抽样和非随机抽样方式。
- 掌握抽样误差的概念及其计算,掌握抽样推断和样本量的计算。

技能目标

- 能够正确地认知、理解与掌握各种调查方式的含义、特点、适用条件与操作方法。
- 能够根据企业目标和调查需要,判定调查特点,正确地选择调查方式。
- 能够设计出可行的抽样调查方案,确定恰当的调查对象。
- 能够结合具体调查项目进行抽样误差的计算。
- 能够结合具体调查项目进行抽样推断。

案例导入

我国部分城市流动儿童生存和受保护状况调查

在"我国部分城市流动儿童生存和受保护状况调查"的活动中,收集数据采用问卷调查法和访谈调查法,调查对象是户口登记地为农村或乡镇,在调查城区居住半年以上,并带有12周岁以下儿童的流动人口家庭。具体抽样方式如下。

(1) 根据东部、中部、西部地区分配和城市分级确定9个调查城市,并根据城市人口规模,适当考虑调查成本效率因素,将样本量分配到9个城市。

(2) 在所调查的城市内,根据流动人口的规模,按比例将调查样本分配到各个城

区,在流动人口比较集中的街道内随机抽选调查户,最终获得有效样本的分布。

问题:
(1) 该调查采用了哪些抽样方式?
(2) 结合案例,谈谈这些抽样方式的优点和缺点。

任务一 认识抽样调查

一、抽样调查的含义与分类

抽样调查

(一) 抽样调查的含义

抽样调查是按照一定的方式,从调查总体中抽取部分样本进行调查,并根据调查结果推断总体的一种非全面调查。

抽样调查作为非全面调查的一种方式,特别适用于调查总体单位数众多的市场调查,如居民家庭收入状况、消费状况等的市场调查。例如,某食品公司要调查某市居民生鲜猪肉的月均消费量,该市有100万居民,若采用全面调查方式,就要对全市万户居民逐一调查,需要耗费大量的人力、物力和时间,也没有这个必要,此时只需进行抽样调查。对调查对象的样本特别多的总体,只要抽查的方法选择得当,同样可以取得较好的效果。

(二) 抽样调查的分类

抽样调查是一项被广泛使用的调查技术,包括随机抽样调查和非随机抽样调查两种方式。通常所说的抽样调查,如果未加以限定,大多指随机抽样调查。

1. 随机抽样调查

随机抽样调查是指遵循随机原则抽取样本,即在总体中抽取样本时,完全排除了人的主观因素的影响,使每一个单位被抽中的机会均等。遵守随机原则,一方面,可使抽中的单位的分布情况有较大的可能性接近总体的分布状况,从而使根据样本所做出的结论对总体具有充分的代表性;另一方面,可有助于调查人员准确地计算抽样误差,并有效地加以控制,从而提高调查的精度。

2. 非随机抽样调查

非随机抽样调查不遵循随机原则,它是从方便出发或者根据主观选择来抽取样本。非随机抽样主要依靠调查者个人的经验和判断,无法预先计算和控制抽样误差,无法用样本的定量资料科学地推断总体指标。但非随机抽样调查简单易行,尤其在探索性调查中得以广泛运用。

二、抽样调查的特点

与普查相比,抽样调查具有经济、及时、准确、高效等显著特点,因此在市场调查中得到普遍运用。抽样调查的特点具体表现在以下方面。

（1）经济性。抽样调查只需选取一部分单位作为调查对象，大大减少了工作量，与全面调查相比，能够节约大量的人力、物力和时间。

（2）及时性。由于抽样调查的调查单位数量有限，能较快速地获得调查结论，有利于及时地制定有关的方针和政策，充分地体现市场调查的时效性。

（3）深入性。由于全面调查涉及的调查单位数量多，分布的范围广，所以全面调查一般只调查一些最基本、最普遍、最重要的内容，调查项目比较有限。而抽样调查可以根据调查目的设计调查项目，进行深入细致的调查研究。

（4）灵活性。抽样调查既可以进行全国范围的市场调查，也可以进行局部范围的市场调查。

三、抽样调查的适用范围

抽样调查的适用范围是很广泛的，从原则上讲，在许多场合都可以运用抽样调查的方法取得大量社会经济现象的数量方面的统计资料，在某些特殊场合，甚至还必须应用抽样调查的方法取得统计资料。例如，电视机抗震能力试验、食品的卫生检查等调查都是具有破坏性的，不可能进行全面调查，只能进行抽样调查；要调查某林区有多少棵树，虽然从理论上讲这是有限总体，可以进行全面调查，但实际上却办不到，也不必要。除此之外，抽样调查还可以应用于对大量连续生产的工业产品在生产过程中进行质量控制，可有效检查生产过程是否正常，及时提供有关信息，便于采取措施，预防废品的产生。

四、抽样调查的专用术语

（一）总体和样本

总体也称全及总体或母体，是指所要调查对象的全体，有有限总体和无限总体之分。有限总体是指总体的数量是可以确定的。无限总体是指总体的数值无法准确确定。

样本也称抽样总体，是总体的一部分，是指从总体中抽选出来所要直接观察的全部单位。每一个被抽到的个体或单位就是一个样本。

（二）总体指标与样本指标

总体的数量特征称为参数，即总体指标。参数在抽样时往往是未知的，是需要进行推断的。参数通常有总体平均数（X）、总体标准差（σ）、总体成数（P）等。

样本的数量特征称为统计量，即样本指标。统计量随样本不同而不同，是一个随机变量。统计量通常有样本平均数（x）、样本标准差（s）、样本成数（p）等。

（三）重复抽样与不重复抽样

从总体 N 个个体中抽取 n 个个体组成样本，有重复抽样和不重复抽样两种抽取方法。

重复抽样又称回置抽样,即每抽出一个单位进行登记后放回去混合均匀,再抽下一个,直到抽满 n 个。重复抽样有可能出现极大值或极小值组成的极端样本。

不重复抽样又称不回置抽样,即每次抽出一个单位进行登记后,不再放回参加下一次抽取,以此直到抽满 n 个。不重复抽样可以避免极端样本出现,抽样误差比重复抽样小。

(四)抽样单元和抽样框

抽样单元是指为了便于实现抽样,常常将总体按某些特征划分成互不重叠的部分,每一个部分都叫作一个抽样单元。

抽样框是指在抽样设计时,必须有一份全部抽样单元的资料,这份资料就叫抽样框。抽样框是对可以选择作为样本的总体单位列出名册或排序编号,以确定总体的抽样范围和结构,确定全及总体的数据目录或名单。例如,大学学生花名册、城市电话号码簿、工商企业名录、居民户籍资料等,都可以作为抽样框。

例如,要从 10 000 名职工中抽出 200 名组成一个样本,则 10 000 名职工的名册,就是抽样框。需要说明的是,在没有现成名单的情况下,可由调查人员自己编制。应该注意的是,在利用现成名单作为抽样框时,要先对该名录进行检查,避免有重复、遗漏的情况发生,以提高样本对总体的代表性。

(五)大样本和小样本

大样本和小样本是根据市场调查中所抽选的样本数量不同而划分的。一般当样本数大于 30 时,称为大样本;当样本数小于 30 时,称为小样本。在市场调查中,只有抽样方法选择适当,样本数足够大,抽样结果才具有一定的代表性,这是由大数法则所决定的。大数法则是统计研究的重要定律,也是对复杂总体进行市场调查时应遵循的法则。

五、抽样调查程序

开展抽样调查大致可以按照如图 4-1 所示的程序进行。

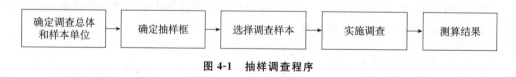

图 4-1 抽样调查程序

(一)确定调查总体和样本单位

确定调查总体就是给调查对象下一个明确的、可以操作的定义,使调查对象和非调查对象可以明确地区分开来。例如,华为手机消费者调查,调查总体应为在过去 12 个月中购买了新款华为手机的消费者;青岛纯生啤酒消费者调查,调查总体应为 18 岁以上、在最近 1 个月内喝过青岛纯生啤酒的人。只有准确地定义调查总体才能获得准确的信息,调查总体界定准确与否,直接关系到市场调查结果对营销管理工作指导是否有效,总体定义错误可能会导致整个研究项目的失败。为了满足调查目的的需要,应该详细说明提供信息或所需信息有关的个体或实体(如公司、商店等)的特征,确定调查范围及总体单位。一般来说,调查总体可以从以下几个方面来描述:地域特征、人口统计学特征、产品或服务使用情况、对产品或服务的认知度等。

样本单位是对总体划分成的没有交集的各个部分,也就是说,总体中的每一个个体应该属于而且唯一属于一个样本单位。因此,确定样本单位,实际上就是明确划分的标准。样本单位是抽样的基本单位,有时是个人,有时是家庭或单位等。例如,电视节目收视率的调查、日用品的消费调查,可以家庭为单位进行;而一般的态度、观念调查,则以个人为单位进行。

(二)确定抽样框

明确了抽样单位,就要进行抽样框的构建工作。市场调查中,有些调查的抽样框资料是现成的。如零售业市场调查中,以零售业门店作为抽样单位,那么可以用企业注册档案作为抽样框;电话调查中,以电话号码作为抽样单位,电话号码簿就是现成的抽样框。但有时没有现成的抽样框可以利用,调查人员就需要自行编制。若没有抽样框,则不能计算样本单位的概率,也就无法进行概率选择。

需要注意的是,在大多数情况下,要确定一个完整和准确的抽样框,这种理想状态是不存在的。在这种情况下,调查人员只能从几个抽样框中选择一个最好的。

(三)选择调查样本

选择调查样本是在调查总体中选定具体的、需对其实施调查的样本。具体的抽样方法有很多,在一项市场调查中采用什么样的抽样方法,要综合各种主客观因素来考虑。一个总体可能抽取很多个抽样总体,全部样本的可能数目和每个样本的容量有关,也和随机抽样的方法有关。不同的样本量采取不同的取样方法,样本的可能数目也有很大的差别。因此,样本量要多大,要怎样取样,样本的数目可能有多少,它们的分布怎样,这些都关系到对总体判断的准确程度,都需要加以认真的研究。选择调查样本的步骤如下。

1. 确定抽样调查的方法

确定采用随机抽样调查还是非随机抽样调查,在总的抽样方法确定后,还要确定具体的抽样方法,如采用简单随机抽样还是等距抽样等。确定抽样调查的方法需要考虑调查对象总体的规模和特点、调查目的、调查问题的性质、抽样框,以及调查费用、调查时间、调查地点等。

2. 确定样本量

影响样本量的因素主要包括总体的数目、抽样误差和一些客观的限制性条件。因此,把握调查的精度就显得十分重要,将对后续的调查工作产生深刻的影响。一般来说,总体数目越大,样本的数目也相应越大;抽样误差要求越小,样本数目越多。此外,还需考虑客观的限制性条件,如调查经费、时间的要求等,资源充裕,样本数目也可以适当增加。

在上述问题确定后,按预定的要求选择调查样本。

（四）实施调查

实施调查是对选定的样本运用不同的调查方法进行逐个调查,取得原始资料。如果被访问的样本没有找到或拒绝接受访问,应设法改变访问技巧,再次访问。在确实无法进行访问时,才能改变访问对象。对随机抽样调查而言,一般不允许随意改变样本单位或减少样本单位数量,以保证样本资料的准确性和客观性。而对非随机抽样调查,如遇到原定访问对象不在或不愿接待,调查人员可以根据主观标准改变访问对象,以达到规定的样本数为标准。

（五）测算结果

测算结果是指用样本指标推断总体指标的结果。用样本的调查结果推断总体指标是抽样调查的最后一个步骤,也是抽样调查的目的所在。具体做法可以按百分比推算法进行推算,也可以用平均数推算法进行推算。

任务二 随机抽样

一、随机抽样的概念和分类

随机抽样

随机抽样又称概率抽样,是按随机原则在调查总体中进行抽样。这里的随机原则是指保证总体内每个个体被抽取机会都均等的原则,又称均等原则。随机抽样的特点是以概率论与数理统计为基础,排除了人为抽样的主观随意性,使抽取的样本更具客观代表性。因此,随机抽样具有结果比较准确、可信,抽查误差可以计算、检验、修正和调控等优点。

随机抽样方式多种多样,其中最主要的有简单随机抽样、系统抽样、分层随机抽样和分群随机抽样。

（一）简单随机抽样

简单随机抽样又称单纯随机抽样,是随机抽样方法中最简单的一种,它对调查总体不经过任何分组、排列,完全凭着偶然的机会从中抽取个体加以调查。这种调查一般适用于调查总体单位数不大,总体中各个体差异较小的情况,或者调查对象不明,难以分组、排列的情况。简单随机抽样常用的方法有抽签法和随机数表法。

1. 抽签法

抽签法又称丢骰子法,是简单随机抽样中一种常用方法。首先,对各样本单位编号,制作同等规格、不同编号的卡片,充分混匀后随机抽取卡片,直到抽足预先规定的样本数目为止。所抽取卡片的编号对应的样本单位组成样本。这种方法适合于规模较小的总体。这种方法虽简单,但可以保证每个样本都有均等机会被抽中。

2. 随机数表法

随机数表又称乱数表,是由摇码机逐个摇出或电子计算机自动生成的一组按二位数将从 0~9 十个自然数组合的数表,表内任何号码的出现都具有相同的机会。

使用随机数表法,要将总体中的 N 个个体从 0 开始编号,例如 $N=100$ 时编号可以是 $00,01,02,\cdots,99$,这样总体中的所有个体均可用两位数字号码表示,便于运用随机数表。当随机地选定开始读数的数后,读数的方向可以向右,也可以向左、向上、向下。在每两位进行读数的过程中,得到一串两位数字号码,在去掉其中不合要求、与前面重复的号码后,其中依次出现的号码可以看作依次从总体中抽取的各个个体的号码。由于随机数表中每个位置上出现哪一个数字是等概率的,每次读到哪一个两位数字号码,即从总体中抽到哪一个个体的号码也是等概率的,因此利用随机数表抽取样本保证了各个个体被抽取的概率相等。

 小案例

使用随机数表来抽取样本

为了检验某种产品的质量,决定从 40 件产品中抽取 10 件进行检查,在利用随机数表抽取这个样本时,可以按下面的步骤进行。

第一步,先将 40 件产品编号,可以编为 $00,01,02,\cdots,38,39$。

第二步,在随机数表中任选一个数作为开始,例如从第 8 行第 5 列数 59 开始,为便于说明,将随机数表中的第 6 行至第 10 行摘录如表 4-1 所示。

表 4-1 随机数表

第 6 行	16	22	77	94	39	49	54	43	54	82	17	37	93	23	78	87	35	20	96	43	84	26	34	91	64
第 7 行	84	42	17	53	31	57	24	55	06	88	77	04	74	47	67	21	76	33	50	25	83	92	12	06	76
第 8 行	63	01	63	78	59	16	95	55	67	19	98	10	50	71	75	12	86	73	58	07	44	39	52	38	79
第 9 行	33	21	12	34	29	78	64	56	07	82	52	42	07	44	38	15	51	00	13	42	99	66	02	79	54
第 10 行	57	60	86	32	44	09	47	27	96	54	49	17	46	09	62	90	52	84	77	27	08	02	73	43	28

第三步,从选定的数 59 开始向右读下去,得到一个两位数字号码 59,由于 59>39,将它去掉;继续向右读,得到 16,将它取出;继续下去,又得到 19,10,12,07,39,38,33,21;随后的两位数字号码是 12,由于它在前面已经取出,将它去掉;再继续下去,得到 34。至此,10 个样本号码已经取满,于是,所要抽取的样本号码是

　　　　16　19　10　12　07　39　38　33　21　34

简单随机抽样的优点是方法简单,在理论上最符合随机原则,但在实际应用中有一定的局限性。例如,当总体单位数目十分庞大时,很难对总体中每个个体进行编号;当个体的标志变异程度较大时,其代表性不如经过分组后再抽样的代表性高。

（二）系统抽样

系统抽样也称等距抽样或机械抽样,就是先将调查总体中的个体按一定标志排列,然后按照固定顺序和一定间隔来抽取样本单位。

排列所依据的标志有两种：一种是按与调查项目无关的标志排队,如在住户调查时,选择住户可以按住户所在街道的门牌号码排队,每间隔相同的若干号码抽取一户进行调查；另一种是按与调查项目有关的标志排队,如住户调查时,按住户平均月收入排列,再进行抽选。在排列的基础上,还要计算抽取距离(间隔),计算公式为

$$抽选距离 = \frac{调查总体(N)}{样本数(n)}$$

确定间隔距离之后,可以采取简单随机抽样方式,从第一段距离中抽取第一个样本单位,然后按抽选距离继续抽选余下的样本,直到抽取足够数量为止。

小案例

系统抽样实例

某城市有私营企业 6 989 个,拟订样本量为 100 个,现进行企业营销状况调查,如何使用系统抽样方法进行抽样？

(1) 按照 6 989 个私营企业的年销售额(或职工人数、利润总额等)进行排序。

(2) 计算抽样距离

$$K = \frac{6\ 989}{100} = 69.89$$

约等于 70。

(3) 采用简单随机方法在 1~70 号中抽取一个号码作为第一个样本单位,如 28。

(4) 以序号 28 为起点,依照抽样距离确定所抽取的其他样本单位编号为 98,168,238,……直到抽足 100 个样本单位为止。

系统抽样与简单随机抽样相比,可使中选的单位比较均匀地分布在调查总体中,尤其是当被研究现象的标志变异程度较大,而在实际工作中又不可能抽选更多的样本单位时,这种方法更为有效,因此系统抽样是市场调查中广泛应用的一种抽样方法。

系统抽样也有一定的局限性,表现在：运用系统抽样的前提是要有调查总体每个单位的有关资料,特别是按照有关标志排列时,往往需要更为详尽、具体的相关资料,这是一项很复杂和细致的工作；当抽选间隔和被调查对象本身的节奏性或循环周期重合时,就会影响调查的精度。

（三）分层随机抽样

分层随机抽样又称分类随机抽样,是指按某种划分标准将调查总体先分为若干层次或者类型,然后从各层次中按简单随机抽样抽取若干样本的方法。由于事先对调查总体进行了分层,所以这种抽样方法的实质是分层加简单随机抽样,它可以提高抽样结果的代

表性。例如调查人口时,可按年龄、收入、职业等标志将总体划分为不同的阶层或类型,然后按照要求在各个阶层中进行随机抽样。

分层随机抽样一般分为等比例分层抽样和非等比例分层抽样。

1. 等比例分层抽样

等比例分层抽样是指分层后按各层占总体的比例分配各层的样本数量,然后用简单随机抽样法抽取各层样本单位的一种方法,其计算公式为

$$n_i = \frac{N_i}{N}n$$

式中,n_i 为第 i 层应抽取的样本数;N_i 为各层的总体单位数;N 为调查总体的全部单位数;n 为设定的抽样数。

等比例分层抽样实例

某地调查商业网点销售情况。该地区有商业网点 10 000 个,计划抽取样本 200 个。按企业规模分层,有大型商店 1 000 个,中型商店 2 000 个,小型商店 7 000 个。采用等比例分层抽样法,应从各层选取多少个样本单位?按照计算公式,各层的样本数分别为

$$大型商店:n_大 = \frac{1\ 000}{10\ 000} \times 200 = 20(个)$$

$$中型商店:n_中 = \frac{2\ 000}{10\ 000} \times 200 = 40(个)$$

$$小型商店:n_小 = \frac{7\ 000}{10\ 000} \times 200 = 140(个)$$

等比例分层抽样法适用于各层具有明显差异、各层内部具有较好一致性、各层在总体中所占比例不过分悬殊的市场调查。

2. 非等比例分层抽样

非等比例分层抽样又称分层最佳抽样,是指在等比例分层抽样的基础上,根据各层样本标准差的大小调整各层样本数的一种抽样方法。非等比例分层抽样的实质是既按各层比例,又按各层样本标准差大小进行抽样,其计算公式为

$$n_i = \frac{N_i S_i}{\sum N_i S_i}n$$

式中,S_i 为第 i 层的样本标准差。

非等比例分层抽样实例

在上述案例中,大型、中型与小型商店的样本标准差如表 4-2 所示。试依据非等比例分层抽样法,计算各层应抽取的样本数分别为多少?

表 4-2　样本标准差

层　次	样本数 N_i /个	标准差 S_i /万元	乘积 N_iS_i
大型商店	1 000	300	300 000
中型商店	2 000	180	360 000
小型商店	7 000	60	420 000
合　计	10 000	—	1 080 000

大型百货商店：$n_大 = \dfrac{300\,000}{1\,080\,000} \times 200 \approx 56(户)$

中型百货商店：$n_中 = \dfrac{360\,000}{1\,080\,000} \times 200 \approx 67(户)$

小型百货商店：$n_小 = \dfrac{420\,000}{1\,080\,000} \times 200 \approx 78(户)$

计算结果表明，用非等比例分层抽样和等比例分层抽样抽取的样本数，各层次之间不同，特别是大型商店和小型商店的样本标准差相差较大，所以大型商店抽取的样本单位数增加了，而小型商店抽取的样本单位数减少了，中型商店抽取的样本单位数也适当增加。由于商业潜力同商店规模的关系很大，所以要增加大型商店的样本数，而相应减少小型商店的样本数，使得抽取的样本更具代表性。

分层随机抽样实质上是把科学分组方法和抽样原理结合起来，前者能划分出性质比较接近的各组，以减少标志变异程度；后者是按随机原则，保证大数法则的正确运用。因此，分层抽样一般比简单随机抽样和系统抽样更为精确，能够通过对较少的样本单位的调查，得到比较准确的推断结果，特别是当总体数目较大、内部结构复杂时，分层随机抽样常常能取得令人满意的效果。

（四）分群随机抽样

分群随机抽样又称整群抽样，是指将调查总体按某种方式划分为若干群，然后以群为抽取对象，随机抽取一部分群，对每个被抽中的群中所包含的所有单位进行全面调查。例如，欲对某校学生进行抽样调查，可以采用两种不同的抽样方法：一种方法是根据学生名录随机抽取学生，然后对被选中的学生进行调查；另一种方法不是直接抽取学生，而是随机抽取若干班级，然后对抽中班级的所有学生进行调查。后一种方法就是分群随机抽样。分群随机抽样与前三种抽样方式的不同之处在于它抽取样本不是一个一个地抽取，而是一群一群地抽取，抽样工作简单快捷，而且抽取的样本单位相对集中，方便调查，比较省时省力。但是，由于样本相对集中，各群之间可能存在较大差异，所以样本的代表性较差，抽样误差较大。因此，在抽样调查的实践中，若采用整群随机抽样，一般要比其他方式抽取更多的样本单位，以减少抽样误差。

分群随机抽样的特点如下。

（1）抽样框编制得以简化。在实践中，有时构造抽样框是不可能的，因为没有相应的资料，有时虽然可以构造抽样框，但工作量极大。比较而言，构造群的抽样框则要更容易、更方便。

(2) 实施调查便利，节省费用。调查对象分布过于分散会给调查带来不便，并使调查费用增大。而分群随机抽样的样本分布相对集中，调查人员无须大量往来于调查对象之间，能够节省时间和费用。如果群是以行政单位划分的，调查时得到行政单位的配合，更有助于调查的实施，可以得到较高质量的原始数据。

(3) 分群随机抽样的缺点是在通常情况下其抽样误差较大。因为抽取的样本单位比较集中。一个群内各个单位之间的差异比较小，而不同群之间的差别比较大，群内每个单位所提供的信息价值就有限，因此其抽样误差常常大于简单随机抽样。

值得指出的是，分群随机抽样虽然和分层随机抽样一样都要将总体分为相互独立的、完整的子集，但是两者之间有着根本区别：其一，分层抽样的样本是从每个子集中抽取的，而整群抽样只是对部分子集进行调查；其二，分层抽样是按照与调查所关心的特征进行分层(组)，而整群抽样往往是按照总体单位自然形成的分组特征进行分群；其三，分层随机抽样要求层间异质、层内同质，而分群随机抽样正好相反，它要求群间同质、群内异质。

课堂讨论案例

分群随机抽样实例

某公司拟对某大学学生的消费状况进行调查，样本数量为800个。公司对该大学的学生情况不太了解，而且很难得到所有大学生的人员清单。但他们通过努力，获得了该学校所有班级的名单。为此，研究人员拟采用何种抽样方法？

问题：若采取分群随机抽样，其步骤是什么？

二、随机抽样的特点

(一) 随机抽样的优点

随机抽样是从调查总体中按照随机原则抽取一部分单位进行调查。它的调查范围和工作量比较小，又排除了人为的干扰，因此能够省时、省力、省费用，还能够较快取得调查结果。同时，抽取的样本可以基本代表总体，调查结果可以用来推断总体有关指标。

(二) 随机抽样的缺点

(1) 对所有调查样本给予平等对待，难以体现重点。

(2) 抽样范围比较广，所需时间长，同样规模的随机抽样的费用要比非随机抽样高，参加调查人员多。

(3) 需要具备一定专业知识的专业人员进行抽样和资料分析，一般调查人员难以胜任。

◆ 思政小课堂

随着市场竞争日益激烈，某饮料公司的领导一直在考虑如何通过扩大销售渠道、增加饮料产品品种和改进包装，以促进该产品在市场上的竞争力。针对这些，该公司的领导觉

得有必要调查消费者的情况。该公司把这一任务交给本公司刚刚成立不久的市场调查部门,市场调查部门决定采用整群抽样的方式,以问卷形式进行入户调查。小李负责其中一个小区的调查,经过一天的辛苦,小李才完成了一座楼两个单元的调查,为了节省时间和体力,小李第二天擅自决定每一座楼的每一单元只调查三层以下的住户,调查结束资料经过整理以后,发现该小区的调查结论与实际情况有偏差。

问题:你认为小李的做法涉及职业道德问题吗?谈谈你的看法。

分析提示:每种抽样调查,都有各自的操作要领,作为一名市场调查人员,应该按照调查方案的要求真实客观地收集数据资料,不能为了个人利益和方便而擅自改变操作方法。小李为了节省时间和体力,擅自决定调查三层以下的住户,使得调查的误差人为地被扩大,这一行为不符合职业道德。

三、抽样误差及其计算

(一)抽样误差的计算

抽样误差是指按照随机原则抽样时,在没有登记性误差的条件下,所得样本指标与总体指标的实际差数。抽样误差的大小能够说明抽样指标估计总体指标是否可行、抽样效果是否理想等调查性问题。常见的抽样误差有抽样平均数与总体平均数之差($\bar{x}-\bar{X}$)、抽样成数与总体成数之差($p-P$)。

抽样误差既是一种随机性误差,也是一种代表性误差。说其是代表性误差,是因为抽样调查是以样本代表总体,以样本综合指标代替总体综合指标。利用总体的部分资料推算总体时,无论样本选取多么公正,设计多么完美,都只是一部分单位而不是所有单位,因此产生误差是无法避免的。说其是随机性误差,是指按随机性原则抽样时,由于抽样的不同,会得到不同的抽样指标值,由此产生的误差值也就各不相同。抽样误差中的代表性误差是抽样调查本身所固有的、无法避免的误差,但随机性误差则可利用大数定律精确地计算并能够通过抽样设计程序进行控制。

抽样误差不包括下面两类误差:一类是调查误差,即在调查过程中由于观察、测量、登记、计算上的差错而引起的误差;另一类是系统性误差,即由于违反抽样调查的随机性原则,有意抽选较好单位或较坏单位进行调查而造成样本的代表性不足所引起的误差。这两类误差都属于思想、作风、技术等问题,在实际调查中是可以防止和避免的。

(二)影响抽样误差大小的因素

抽样误差的大小,主要受以下三个因素影响。

1. 总体中各个体标志值的变异程度

总体的方差和均方差越大,抽样误差就越大;反之,则抽样误差越小。如果总体中各个体标志值之间没有差异,那么抽样指标和总体指标相等,抽样误差也就不存在。

2. 抽取的调查个体数目

在其他条件不变的情况下,抽样个体数越多,抽样误差就越小;反之,抽样误差就越大。当抽样个体数扩大到与总体个体数相同时,也就相当于普查,抽样误差也就不存在。

3. 抽样调查技术

抽样误差也受抽样调查技术的影响。一般说来,按照系统抽样和分层随机抽样,由于经过分类或排列,可以缩小差异程度,因而抽取相同数目的样本,其抽样误差要比用简单随机抽样小。

可以看出,误差的来源是多方面的。在实践中很多调研人员只注意通过大样本来控制抽样误差,但忽略了可能由于增加了样本数量也就增加了非抽样误差。抽样误差是可以计算的,而许多形式的非抽样误差根本无法估计,因此非抽样误差可能比抽样误差更严重。一些研究表明,在总误差中非抽样误差占了主要的部分,随机抽样误差相对来说是较小的。在方案设计过程中,调查人员应注意使总误差最小。

(三)抽样误差的计算

1. 重复抽样的抽样误差

(1)平均数的抽样误差,其计算公式为

$$\mu_{\bar{x}} = \sqrt{\frac{\sigma^2}{n}}$$

式中,$\mu_{\bar{x}}$为抽样平均数误差;σ^2为总体方差(σ^2一般要经过换算求得,也可根据经验估算);n为样本单位数。

(2)成数的抽样误差,其计算公式为

$$\mu_p = \sqrt{\frac{p(1-p)}{n}}$$

式中,μ_p为成数抽样误差;p为成数;n为样本单位数。

2. 不重复抽样的抽样误差

(1)平均数的抽样误差,其计算公式为

$$\mu_{\bar{x}} = \sqrt{\frac{\sigma^2}{n}\left(1-\frac{n}{N}\right)}$$

式中,N为总体单位数;$1-\frac{n}{N}$为修正系数。

(2)成数的抽样误差,其计算公式为

$$\mu_p = \sqrt{\frac{p(1-p)}{n}\left(1-\frac{n}{N}\right)}$$

当总体单位数量庞大时,重复抽样的抽样误差与不重复抽样的抽样误差很接近,差别不大,此时为了简化计算,可以使用重复抽样的抽样误差计算公式来替代不重复抽样的抽样误差计算公式。

四、样本量的确定

样本量是指样本中所包含的抽样单位的数目。确定样本量的意义在于节约费用、保证准确度,当样本量达到一定数量后,再增加样本数量对提高调查的统计准确度作用不

大,而现场调研的费用却成倍地增加。因此,确定好抽样方法后,关键是确定合适的样本量。影响样本量大小的因素比较多,从进行调查的实际情况看,确定一个科学而合理的样本量,要考虑以下三方面的因素。

(一)数理统计方面

1. 总体的构成情况

总体的构成情况分为两个方面:一方面是总体规模的大小,即一个总体中所包含的抽样单位的多少,总体规模越大,样本量越大;另一方面是总体内部的构成情况,即总体的异质情况,总体的异质程度越高,需要的样本量就越多。

2. 抽样误差的大小

在其他条件一定的情况下,允许的误差小,抽样数目就应相对多一些;反之,允许的误差大,抽样数目就可少一些。

3. 抽样的方法

不同的抽样方法需要的样本量也不相同,简单随机抽样对总体的代表性较差,需要的样本量也相对较大。整群随机抽样由于以群作为抽样单位,对总体代表性的损失较大,因此需要的样本量比简单随机抽样要大。总之,在抽样误差相同的前提下,分层随机抽样需要的样本量最小,系统抽样所需的样本量稍大于分层随机抽样的样本量,简单随机抽样所需的样本量又比系统抽样的样本量大,整群随机抽样所需的样本量最大。

(二)管理方面

1. 经费预算

由于调查是一项营销成本投入,因此经费预算的大小就要看调查在整个营销中的重要性程度。例如,市场调查的目的是获得较为精确的某类产品市场消费总量及潜在发展空间方面的信息,以作为论证是否购买一条先进生产线、开发生产新产品的重要决策依据。诸如这种用于论证大项目投入的调查,经费预算比较充足,相应的样本量可以大一些。而如果调查仅仅是为了跟踪一次促销活动的效果,经费预算较少,相应的样本量就小一些。

2. 调查的精度要求

一般而言,抽样误差越小,调查精度要求越高,意味着样本量更大。

(三)调查实施方面

1. 问题的回答率

问题的回答率表明调查对象对所有提出的问题的回答情况。首先,对带有过滤性问题的后续问题而言,它的样本量就会减少;其次,问卷设计中的一些缺陷也可能导致被调查者不能做出回答。由于这些因素的存在,使得每个问题的回答率高低不一,每个问题可分配到的实际样本量相差较大,可能导致某些问题的样本量过少,从而在统计中失去意义。要根据实际需要,通过增加样本量来弥补这类缺陷。

2. 问卷的回收率

在实际调查中,要根据问卷的回收率考虑样本量。例如,邮寄调查的问卷回收率一般低于访问调查的问卷回收率,所以需要的样本量相应地也应高些。样本量可以用传统的数量统计理论来准确地予以确定,但比较复杂,所以在一般的市场调查中,调查人员往往凭经验来决定样本的大小。

在实际市场调查中,由于面对的总体及总体的异质性较大,一般都要抽取大样本,样本规模在 50~5 000 个单位。在大总体或复杂总体情况下,如果遵循了随机性原则抽样,样本量在 2 000~2 500 个单位就够了。有时为了加大保险系数,样本量也可增加到 4 000~5 000 个单位,但无论多大的总体,样本量都不应超过 10 000 个单位。要想充分保证样本对总体的代表性,关键不在于拼命加大样本量,而在于按随机原则来抽样。否则样本数过多只会浪费人力、物力、财力和时间,抽样数过少,并不能保证调查结果的精确度。

任务三 非随机抽样

非随机抽样

非随机抽样又称非概率抽样、不等概率抽样和主观抽样,是指抽样时不遵循随机原则,而是按照调查人员主观判断或仅按方便的原则抽选样本的抽样方法。采用非随机抽样通常出于下述几个原因。

(1) 受客观条件限制,无法进行严格的随机抽样。

(2) 为了快速获得调查结果。

(3) 调查对象不确定或无法确定,如对某一突发(或偶然)事件进行现场调查等。

(4) 总体各单位离散程度不高,且调查人员具有丰富的调查经验。

非随机抽样调查的缺点是不能计算其抽样误差,这意味着评估非随机抽样的总体质量有很大的困难。由于主观判断标准、判断能力,以及采用的具体方法、操作技巧等不同,非随机抽样可以分为任意抽样、判断抽样、配额抽样和滚雪球抽样等方式。

一、任意抽样

任意抽样又称便利抽样,是一种完全根据调查人员自身工作方便来确定调查样本的方法。例如,在街头把行人作为调查对象,任选若干位行人进行访问调查;在商店柜台前把购买者当作调查对象,向他们中的任意一部分人做市场调查;在剧院、车站、码头等公共场所,任意选择某些人进行市场调查等。

任意抽样是非随机抽样中最简便、最节省费用和时间的一种方式。这种方式适用于探测性调查或调查前的准备工作。但是,如果总体中单位差异较大,抽样误差也较大。此方式一般在调查总体中个体同质、市场初步调查、调查情况不甚明了时采用。

二、判断抽样

判断抽样是指由调查人员根据主观经验判断而选择调查样本的一种非随机抽样方

法。判断抽样具有简便、易行、及时,符合调查目的和特殊需要,可以充分利用调查样本的已知资料,被调查人员配合较好,资料回收率高等优点。但是,这种方法容易发生主观判断产生的抽样误差,同时由于判断抽样中调查个体被抽中的概率未知,因而无法计算抽样误差和可信程度。如果调查人员的经验丰富、知识面广、判断能力强,抽取的样本代表性就大,反之则小。判断抽样适用于调查总体中各个调查个体差异较小,调查个体比较少,选择的样本有较大代表性时采用。常用的判断抽样有重点调查与典型调查。

(一)重点调查

重点调查是指从调查对象总体中选取少数重点单位进行调查,并以此推断总体的一种非全面调查方法。这里所指的重点单位是指在调查对象总体中单位数量较少,但某一标志值占总体标志值的比重很大。例如,要了解我国的石油生产的基本情况,只需了解大庆油田、胜利油田等有限单位即可,这里的大庆油田、胜利油田等就属于重点单位。由于重点调查只需对少数重点单位进行调查,所以比较节省人力、物力;由于重点单位在总体中所占标志值的比重较大,因此能更快速地收集所需要的总体基本特征。但由于重点调查只是对少部分对象进行调查,缺乏全面性,因此可能影响对总体推断的准确性。

(二)典型调查

典型调查是指在对调查总体进行深入细致了解的基础上,选择具有代表性的单位进行调查,并对总体进行推断的一种非全面调查方法。例如,要研究某城市居民的消费状况,可以将该城市的居民按收入分成高收入、中等收入和低收入三个层次,然后在各层次中选择一定数量的居民进行调查。由于典型调查与重点调查都是一种非全面调查,所以典型调查也具备重点调查的优点。典型单位的选择具有主观性,因而典型调查的关键在于如何确定典型单位。

三、配额抽样

配额抽样是指调查人员根据调查总体某些属性特征进行分层,对分层后的各层次总体进行配额,配额内的样本抽取由调查人员主观判断抽样的一种非随机抽样方法。它与分层随机抽样法的区别在于分层抽样采用随机抽样,而配额抽样按主观判断抽样。

配额抽样的基本假设是分层后调查对象的特征具有同质性,由于其差异不明显,故不必按随机抽样原则抽样,而采用判断抽样。例如,同一年龄段、同一收入水平的消费者,他们对市场需求的反应大致相同,因此他们的消费行为、偏好、习惯、态度与反应基本一致。采用配额抽样抽取的样本能反映调查总体的特征。

配额抽样具有方法简单易行,节省时间与费用,经配额后样本在各层分布较合理的优点。只要调查项目设计合理,分析方法正确,取得的调查结果是可信的。其缺点则是由非随机抽样带来的判断上的主观性,由此产生的误差也无法估计与控制。

配额抽样按控制特征的要求不同可分为独立控制配额抽样和交叉控制配额抽样。其中,交叉控制配额抽样是非随机抽样中应用最广泛的一种方法。

(一)独立控制配额抽样

独立控制配额抽样是指只规定几种控制特性和各控制特性的单独抽样配额,而不规定这几种控制特性的抽样配额的关系,即各控制特性的抽样配额是彼此独立的一种非随机抽样方法。在独立控制配额抽样中,调查人员可更自由地选择总体中的样本。

 小案例

独立控制配额抽样实例

要调查某地消费者对某商品的需求意向,确定样本数量100名,按消费者收入水平、年龄、性别进行分类,如果采用独立控制配额抽样,其抽样表如表4-3所示。

表4-3 独立控制配额抽样表

收入水平	人数	年 龄	人数	性别	人数
高收入	20	18~34岁	20	男	50
中收入	50	35~44岁	30		
		45~60岁	30	女	50
低收入	30	60岁以上	20		
总 计	100	总 计	100	总 计	100

完全由调查人员根据主观判断选取样本,不考虑各控制特性之间的关系,是独立控制配额抽样的特点。独立控制配额抽样的优点是简单易行,调查人员的选择余地较大;其缺点是调查人员可能为了一时方便,选择样本过于偏向某一组别,如过多选取容易获取调查资料的被调查者,从而影响样本的代表性。这个缺点可以通过交叉控制配额抽样来弥补。

(二)交叉控制配额抽样

交叉控制配额抽样又称相互控制配额抽样,是指在分层时严格规定各控制特性的抽样比例,而且在配额时也严格规定了各控制特性每一次在总体间的交叉关系。

 小案例

交叉控制配额抽样实例

在上例中,如果采用交叉控制配额抽样,其抽样表如表4-4所示。

表 4-4 交叉控制配额抽样表

收入	高		中		低		合计
性别 年龄	男	女	男	女	男	女	
25 岁以下	2	1	5	5	4	3	20
25～40 岁	3	4	10	10	1	2	30
40～60 岁	3	3	8	6	5	5	30
60 岁以上	2	2	2	4	5	5	20
总计	10	10	25	25	15	15	100

交叉控制配额抽样设定后,按表中规定的样本配额分派给市场调查人员,调查人员可在配额内自由选择调查对象。

四、滚雪球抽样

在滚雪球抽样中,通常采用随机方式选择一组调查对象或个体,在对其进行调查后,根据所提供的信息或由该调查对象推荐选择下一组调查对象或个体。这样,通过上一组选择下一组,像滚雪球一样不断继续下去,直到调查结束。虽然第一组调查对象是通过随机选取的,但是最终的样本是非随机样本。被推荐或安排的被调查者比随机抽取的被调查者在人口和心理特征方面接近推荐他们的那些人。滚雪球抽样主要适用于调查较稀有的人物特征。例如,对特殊疾病、特殊生活习惯等方面的调查就可以采用滚雪球抽样。

滚雪球抽样的优点是调查费用大幅减少,然而这种成本的节约是以调查质量的降低为代价的。整个样本很可能出现偏差,因为那些个体的名单来源于那些最初调查过的人,而他们之间可能十分相似,样本可能不能很好地代表总体。另外,如果被调查者不愿意提供人员来接受调查,那么这种方法就会受阻。如果总体不大,有时用不了几次就会接近饱和状态,即后来被访问的人再介绍的都是之前已经被访问过的人,很可能最后仍有许多个体无法找到,使结果产生偏差,不能保证代表性。

项 目 小 结

抽样调查是市场调查中一个非常重要的调查方式。抽样调查(简称抽查),是指从调查总体中抽取一部分作为样本,对抽取的样本进行调查,并以样本的调查结果推断总体状况的一种调查方法。抽样调查的程序包括确定调查总体和样本单位、确定抽样框、选择调查样本、实施调查、测算结果五个环节。

抽样调查可分为随机抽样调查和非随机抽样调查。随机抽样调查是对总体中的每个个体都给予平等的抽取机会;非随机抽样调查是对总体中的每个个体不给予平等抽取的机会,而是根据调查人员的主观判断来抽取样本。随机抽样调查和非随机抽样调查的实际运用,需要针对不同的市场状况做出分析和判断。

在实际市场调查过程中,为了提高抽样调查的有效性,需要切实控制抽样误差。抽样误差是指按照随机原则抽样时,在没有登记性误差的条件下,所得样本指标与总体指标的实际差数。影响抽样误差大小的因素有三个:总体中各个体标志值的差异程度;抽取的调查个体数目;抽样调查技术。因此,为了提高调查的精度,必须分析调查对象的特点,抽取具有代表性的样本,严格遵循抽样调查的程序,合理采用抽样技术。

思考练习

一、选择题

1. 抽样调查的主要优势表现在(　　)。
   A. 准确性高　　　　B. 工作量小　　　　C. 调查费用低　　　　D. 调查时间短
2. 市场调查实践中,常用的典型调查、重点调查,其实质是(　　)的具体应用。
   A. 判断抽样　　　　B. 配额抽样　　　　C. 任意抽样　　　　D. 系统抽样
3. 样本数目的多少与调查结果的准确度之间的关系是(　　)。
   A. 正比关系　　　　B. 反比关系　　　　C. 矛盾关系　　　　D. 不相关
4. 适用于总体范围大,总体中各个体之间差异大且分布不均匀时抽取样本的抽样方法是(　　)。
   A. 简单随机抽样　　B. 分层随机抽样　　C. 分群随机抽样　　D. 系统抽样
5. 下列描述错误的是(　　)。
   A. 从理论上讲,调查样本数量多,有利于提高调查过程的准确性
   B. 抽样调查样本数目多少主要取决于调查结果的准确性要求
   C. 对大型市场总体的调查应采取抽样调查的形式
   D. 为了抽样的需要,应重点了解总体情况中个体的差异和分布情况
6. 减少误差的首要方法是(　　)。
   A. 恰当地确定样本的数目
   B. 合理抽取调查样本
   C. 加强抽样调查组织工作,提高工作质量
   D. 增加费用开支
7. 在市场调查对象不明,难以划分组类或总体内单位间差异小时,(　　)效果最好。
   A. 简单随机抽样　　B. 分层随机抽样　　C. 分群随机抽样　　D. 系统抽样
8. 各层之间差异悬殊,且每层内部个体的标准差大,应采取(　　)。
   A. 等比例分层抽样　　　　　　　　　B. 非等比例分层抽样
   C. 分群随机抽样　　　　　　　　　　D. 系统抽样
9. 下列抽样中不是系统抽样的是(　　)。
   A. 从标有 1~15 号的 15 个小球中任选 3 个作为样本,按从小号到大号排序,随机确定起点 i,以后将 $i+5$,$i+10$(超过 15 则从 1 再数起)号作为样本
   B. 工厂生产的产品,用传送带将产品送入包装车间前,检验人员从传送带上每隔

　　　　5 分钟抽一件产品检验

　　C. 进行某一市场调查,规定在商场门口随机抽一个人进行询问,直到调查到事先规定的调查人数为止

　　D. 电影院调查观众的某一指标,通知每排(每排人数相等)座位号为 14 的观众留下来座谈

10. 某高中共有 900 人,其中高一年级 300 人,高二年级 200 人,高三年级 400 人,现采用分层随机抽样抽取容量为 45 的样本,那么高一、高二、高三各年级抽取的人数分别为( )。

　　A. 15,5,25　　　B. 15,15,15　　　C. 10,5,30　　　D. 15,10,20

11. 配额抽样法的缺点是( )。

　　A. 方法过于简单　　　　　　　B. 随机性太强
　　C. 容易出现判断上的主观性　　D. 所配数额过于死板

12. 调查某市居民收入情况,先按职业把居民分为工人、干部等若干组,再在各组中运用判断抽样方法抽取预定数目的样本进行调查,这种抽样属于( )。

　　A. 配额抽样　　B. 分群随机抽样　　C. 分层随机抽样　　D. 简单随机抽样

二、简答题

1. 什么叫抽样调查?它有什么特点?
2. 什么叫非随机抽样?常用的非随机抽样有哪些?
3. 什么叫随机抽样?常用的随机抽样有哪些?
4. 影响抽样误差的因素有哪些?
5. 试论述分层随机抽样和分群随机抽样的异同点。
6. 已知某工厂的甲、乙、丙三个车间一天内生产的产品产量分别是 150 件、130 件、120 件。为了掌握各车间产品质量情况,要从中取出一个容量为 40 的样本,请写出使用等比例分层抽样方法的抽取过程。

三、计算题

1. 某企业调查职工每月的消费支出,已知职工平均每人月消费支出的标准差为 30 元。如果从全体职工 20 000 人中抽取 160 人进行抽样调查,试计算:

　　(1) 重复抽样下该企业职工月平均消费支出的抽样误差。
　　(2) 不重复抽样下该企业职工月平均消费支出的抽样误差。

2. 某企业生产的产品,按正常生产经验,合格率为 90%,现从 5 000 件产品中抽取 50 件进行检验,在重复抽样和不重复抽样条件下分别计算合格率的抽样误差。

3. 某企业对某批次产品的每包平均重量和合格率进行检验。根据以往资料,每包平均重量的标准差为 10g,产品合格率为 92%。现在用重复抽样的方式,把握程度为 94.45%,每包产品平均重量的抽样极限误差不超过 2g,合格率的抽样极限误差不超过 4% 的条件下,应抽取的多少包产品进行调查?

四、实践训练

1. 活动内容

某品牌空调厂家想了解消费者对该品牌空调器价格、质量、售后服务等方面的意见。该品牌空调在出售时,已经收集了消费者的一些个人信息,包括姓名(单位名称)、地址、联系电话、邮编、职业等,同时包括出售空调器的型号、价格、商场等。如果你所在城市家庭和单位共购买该品牌空调器 78 000 台,拟在该城市开展抽样调查。请设计一份空调调查抽样方案。

2. 活动组织

以小组为单位开展讨论,每个小组成员分工合作。按照设计提示初步设计抽样方案,写出书面报告。(设计提示:这项调查的调查课题如何界定? 如何确定抽样框?)

学习心得

学 习 评 价

题目					
班级		姓名		学号	

学习成果检测报告
根据前面的市场调查课题,为所承担的市场调查任务选择合适的调查方式,确定恰当的调查对象,并说明选择的理由。如果选择的是抽样调查,进一步设计抽样方案并上台汇报任务完成情况。

考核评价(按10分制)			
教师评语:		态度分数	
		工作量分数	

考 评 规 则
(1) 抽样设计方案条理清晰、逻辑性强; (2) 抽样设计实施具有科学性和可操作性; (3) 合理选择抽样方法。

市场调查问卷设计

项目五
Xiangmu 5

课程思政

- 提升从方法到应用、从理论到实践的实事求是思想水平。
- 培育严谨、务实的职业素养。

知识目标

- 了解调查问卷的含义和基本结构。
- 熟悉调查问卷的设计原则与程序。
- 掌握避免调查问卷设计常见错误的方法。

技能目标

- 能够结合具体的市场调查课题进行问卷设计。
- 能够掌握常见量表的使用方法。

案例导入

某手机企业,为了更好地服务于大学生市场,了解当代大学生群体手机消费偏好,设计了如下调查问卷。

大学生手机消费调查问卷

亲爱的同学:

你好!我们是某某调查公司,为了了解在校大学生在手机消费方面的状况,特邀你参加此项调查,你的宝贵意见和建议将是我们研究的宝贵资料。请你在合适的答案上画"√",你所提供的信息,我们将予以保密,谢谢你的合作!

基本信息如下。

你的性别:_____ (1)男　　(2)女

你的年龄:_____岁

1. 你是大_____的学生。
   (1) 一　　　　(2) 二　　　　(3) 三　　　　(4) 四
2. 你每月的生活费大概是_____。
   (1) 1 000~1 500 元　　　　　　(2) 1 500~2 000 元
   (3) 2 000~3 000 元　　　　　　(4) 3 000 元以上
3. 你的家庭经济状况_____。
   (1) 很好　　　(2) 较好　　　(3) 一般　　　(4) 较差
4. 你第一部手机什么时候买的？_____。
5. 你喜欢的手机牌子是_____。
   (1) 华为　　　　(2) 苹果　　　　(3) vivo　　　　(4) OPPO
   (5) 三星　　　　(6) 小米　　　　(7) 荣耀　　　　(8) 魅族
   (9) IQOO　　　(10) 其他
6. 你现有的手机品牌是_____。
7. 你现有的手机的价位是在_____。
   (1) 2 000 元以下　　　　　　(2) 2 000~4000 元
   (3) 4 001~6 000 元　　　　　(4) 6 000 元以上
8. 你对自己现有的手机是否满意？_____。
   (1) 是　　　　　　　　　　(2) 否
9. 购买一个手机，你会考虑哪些因素?(多选)
   (1) 品牌　　　　(2) 价格　　　　(3) 功能　　　　(4) 外形
   (5) 性能　　　　(6) 待机时间　　(7) 手机质量　　(8) 售后服务
   _____
10. 你比较看重手机哪些附加功能?(限选1~3项)_____。
    (1) 接打电话　　(2) 发短信　　　(3) 上网　　　　(4) 拍照
    (5) 听音乐　　　(6) 看电子书　　(7) 玩游戏　　　(8) 其他_____(请填写)
11. 你是通过什么方式认识这些手机品牌的？_____。
    (1) 平面广告　　(2) 电视广告　　(3) 网络广告　　(4) 手机 App 推送
    (5) 朋友推荐　　(6) 实体店推广活动　(7) 其他
12. 你对大学生手机消费行为有什么看法？
    _____。

感谢你为此次调查抽出的宝贵时间,相信在你的帮助下,我们的调查任务会顺利完成。希望你学业进步,诸事顺利！

问题：
(1) 一份完整的调查问卷由哪几部分构成？
(2) 如何才能设计出一份符合调查目的的问卷？

随着社会信息化的发展,及时了解他人、认识社会及把握商机显得愈加重要,在这个过程中,市场调查是不可或缺的一项工具。调查问卷广泛运用于市场调查活动中,用于了解被调查者对某事物的态度、意见和反应,是由问题、备选答案和说明等部分组成的有问有答的一种了解市场信息资料、实现调查目的和任务的一种重要的书面文件,是国际上流行的一种调查手段。作为调查者与被调查者之间中介物的调查问卷,其设计是否科学合理,将直接影响问卷的回收率,影响资料的真实性、实用性。因此,在市场调查中,应对问卷设计给予足够的重视。

任务一 调查问卷的含义与基本结构

一、调查问卷的含义和分类

（一）调查问卷的含义

调查问卷又称调查表,是以书面的形式系统地记载调查内容,了解调查对象的反应和看法,以此获得资料和信息的一种载体。也可以说,调查问卷是调查人员依据调查目的和要求,以一定的理论假设为基础提出来的,它由一系列有系统和有顺序的问题和备选答案,以及其他辅助内容组成。研究者能够通过调查问卷收集到应答者对研究主题有关的意见、态度,以及过去与现在的行为及理由。调查问卷提供了标准化和统一化的信息收集程序,它使问题的用语和提问的程序标准化。

（二）调查问卷的分类

按照不同的分类标准,可将调查问卷分为不同的类型。

1. 根据市场调查中使用问卷方法不同分类

根据市场调查中使用问卷方法的不同,可将调查问卷分为自填式问卷和访问式问卷两大类。

1）自填式问卷

自填式问卷是指通过面访、邮寄、媒体发放等途径由调查者发给（或邮寄给）被调查者,由被调查者自己填写的问卷。包括送发式问卷、邮寄式问卷、报刊式问卷。

（1）送发式问卷由调查者将调查问卷送发给选定的被调查者,待被调查者填答完毕之后再统一收回。

（2）邮寄式问卷通过邮局将事先设计好的问卷邮寄给选定的被调查者,并要求被调查者按规定的要求填写后回寄给调查者。邮寄式问卷的匿名性较好,缺点是问卷回收率低。

（3）报刊式问卷随报刊的传递发送,并要求报刊读者对问题如实作答并回寄给报刊编辑部。报刊式问卷有稳定的传递渠道、匿名性好,费用少,因此有很强的适用性,缺点也是回收率不高。

2）访问式问卷

访问式问卷是通过电话、面访、网络等方式,由调查者按照事先设计好的问卷或问卷提纲向被调查者提问,然后根据被调查者的回答进行填写的问卷。包括人员访问式问卷、电话访问式问卷和网上访问式问卷。

（1）人员访问式问卷由调查者按照事先设计好的调查提纲或调查问卷对被调查者提问,然后根据被调查者的口头回答填写问卷。人员访问式问卷的回收率高,也便于设计一些便于深入讨论的问题,但不便于涉及敏感性问题。

（2）电话访问式问卷是通过电话中介来对被调查者进行访问调查的问卷类型。此种问卷要求简单明了,在问卷设计上要充分考虑几个因素:通话时间限制;听觉功能的局限性;记忆的规律;记录的需要。电话访问式问卷一般应用于问题相对简单明确,但需及时得到调查结果的调查项目。

（3）网上访问式问卷是在网络上制作,并通过网络来进行调查的问卷类型。此种问卷不受时间、空间限制,便于获得大量信息,特别是对于一些敏感性问题,相对更容易获得满意的答案。

一般而言,访问式问卷要求简便,最好采用两项选择题进行设计;而自填式问卷由于可以借助于视觉功能,在问题的制作上相对更加详尽、全面。

下面对这两种问卷的特点进行对比,如表5-1所示。

表 5-1 自填式问卷和访问式问卷的特点对比

项 目	问 卷 类 型					
	自填式问卷			访问式问卷		
	送发式问卷	邮寄式问卷	报刊式问卷	人员访问式问卷	电话访问式问卷	网上访问式问卷
调查范围	窄	较宽	较宽	较窄	可宽可窄	很宽
被调查者	可控制和选择,但过于集中	有一定的可控制性和可选择性,但回复问卷的代表性难以估计	针对性强	可控制、可选择,代表性较强	可控制、可选择,代表性较强	难控制、难选择,代表性差
影响回答的因素	有一定了解、控制和判断	难以了解、控制和判断	有一定了解、控制和判断	便于定了解、控制和判断	不太好了解、控制和判断	无法了解、控制和判断
回复率	高	较低	一般	高	较高	很低
回答质量	较低	较高	较高	不稳定	很不稳定	较高
投入人力	较少	较少	较少	多	较多	少
调查费用	较低	较高	较高	高	较高	低
调查时间	短	较长	较长	较短	较短	较长

2. 根据问卷的结构类型不同分类

根据问卷的结构类型不同,可将调查问卷分为结构型问卷和无结构型问卷两大类。

1) 结构型问卷

结构型问卷又称标准式问卷,是按照调查目的和内容精心设计的具有结构的问卷。问卷中的问题是按一定的提问方式和顺序进行安排的,调查者对问卷中的问题和顺序不能随意变动。适合于规模较大、内容较多的调查。结构式问卷根据答案形式又可分为封闭式、开放式和半封闭式问卷三种。

（1）封闭式问卷是指对提出的每一个问题都给出了明确的答案，被调查者只能从已给的备选答案中进行选择的问卷。

（2）开放式问卷又称自由问卷，是只提出问题，不提供任何可能答案，由被调查者自由回答的问卷。

（3）半封闭式问卷是指封闭式与开放式相结合的问卷。其形式有两种：其一，在一个问题中，除给出一定的备选答案供选择外，还相应地列出一个或若干个开放式问题，以便回答。其二，问卷的一部分问题采用封闭式，另一部分采用开放式。

2）无结构型问卷

无结构型问卷是指问卷中的问题没有在组织结构中加以严格设计和安排，只是围绕研究目的提出问题，调查者在实施调查时，可根据实际情况适当变动问题和顺序。

无结构型问卷中没有严格的设计与安排，一般采用调查提纲形式。适合于小规模的深层访谈或试验性调查。

（三）调查问卷的设计要求

一份完善的问卷调查表应从形式和内容两个方面同时满足市场调查任务要求。从形式上看，要求版面整齐、美观，便于阅读和作答。再从内容上看，一份好的问卷调查表至少应该满足以下几方面的要求。

（1）问题具体、表述清楚、重点突出、整体结构好。

（2）确保问卷能完成调查任务。

（3）调查问卷应该明确正确的政治方向，把握正确的舆论导向，注意对公众可能造成的影响。

（4）便于统计整理。

二、调查问卷的基本结构

一份完整的调查问卷通常包括问卷标题、问卷说明、填写要求、调查甄别内容、调查主体内容、编码、结束语、作业证明记载等内容。其中，调查主体内容是问卷的核心部分，是每一份问卷都必不可少的内容，而其他部分则根据设计者需要进行取舍。

调查问卷的
基本结构

（一）问卷标题

每一份问卷都有一个调查主题。问卷标题就是概括说明调查的研究主题，使被调查者对所要回答什么方面的问题有一个大致的了解。问卷标题一般分为单一标题和主副标题，例如"大学生消费状况调查"为单一标题，"我与广告——公众广告意识调查"为主副标题。

问卷标题应简明扼要，易于引起被调查者的兴趣和责任感。例如，"某地区汽车使用情况调查""大学生消费状况调查"。不要简单采用"问卷调查"这样的标题，这样可能降低被调查者的兴趣和积极性，影响问卷的质量。

（二）问卷说明

通常在调查问卷开头应有一个简短的说明，旨在向被调查者说明调查的单位或个人身份、调查的目的、意义、主要内容、填写说明、注意事项、调查的匿名和保密原则等。有些问卷还有交表时间、地点及其他事项说明等。

为了消除被调查者的顾虑或紧张，引起被调查者的重视和兴趣，争取其积极支持与合作，问卷说明的语气要谦虚、诚恳、平易近人，文字要简洁、准确，力求言简意赅，有可读性。问卷说明的结尾还要真诚感谢被调查者的支持和合作。

问卷说明一般放在问卷首页的开头，也可单独作为一封信放在问卷的前面。

大学生手机消费问卷调查表说明部分

亲爱的同学：

你好！我们是某大学法政学院社会工作专业的学生。为了解当代大学生手机消费状况，引导大学生树立正确的手机消费观，我们在某大学开展了此次调查。本次调查大约会耽误你几分钟的时间，请根据实际情况填写，你的回答将代表许多与你一样的同学。本次调查纯属学术研究，无任何商业企图，调查资料仅供我们研究所用，不会透露给任何组织机构，请不用担心由此可能引起的任何麻烦。

希望您在百忙当中抽出一点时间，配合我们回答以下问题，谢谢！

（三）填写要求

填写要求是用来指导被调查者填写问卷的各种解释和说明。有的问卷填写方式比较简单，常常只在问卷说明中有一两句话阐述填写要求即可，如"请在符合您情况的答案旁打'√'"。有的问卷填写方式比较复杂，则需要对填表的方法、要求、注意事项等内容做一个总的说明。

填 表 说 明

（1）请在符合您情况的答案旁打"√"，或者在_____填上适当的内容。

（2）若无特殊说明，每一个问题只能选择一个答案。

（3）独立完成问卷的填写。

（四）调查甄别内容

甄别是在请被调查者做一份正式的完整的问卷调查之前，对被调查者进行过滤，对被调查者是否符合问卷调查的目标人群进行筛选，排除不在调查范围内的个体，保证调查结果的科学性和准确性。调查问卷的甄别是成功的问卷调查中非常重要的一步，如果没有经过甄别而直接开始问卷调查,很有可能影响调查结果的有效性。

 小案例

甄 别 内 容

某品牌服装的市场调查问卷,甄别部分如下。
(1) 请问您或您的家人及亲朋好友是否有人在以下地方工作?_____。
    A. 市场研究/广告公司   B. 社情民意调查机构/咨询公司
    C. 电视台/电台/报纸/杂志等媒介机构   D. 服装生产/销售/研究部门
    E. 以上均无
选 A、B、C、D 终止访问,选 E 继续访问。
(2) 请问您的年龄(周岁)是_____。
    A. 25 岁以下   B. 25～35 岁   C. 36～45 岁   D. 46～55 岁
    E. 55 岁以上
选 A、E 终止访问,选 B、C、D 继续访问。

(五) 调查主体内容

主体内容是调查问卷的核心部分,是调查者需要了解的基本内容,是调查主题的具体化。主要包括各类问题及其回答方式。

主体内容主要包括以下几方面。

(1) 对人们的行为进行调查。包括对被调查者本人行为进行了解或通过被调查者了解他人的行为。

(2) 对人们的行为后果进行调查。

(3) 对人们的态度、意见、感觉、偏好等进行调查。

一般有开放式问题和封闭式问题两种。在拟订主体部分的问题时,问题的多少应根据调查目的而定,在能够满足调查目的的前提下越少越好;能够通过二手资料调查到的问题,不要设计在问卷中;对问题填答的方式应给予明确的规定,同时答案的选项不宜过多,使被调查者便于作答、记录,以免出现被调查者在回答问题时发生混淆,造成编码、录入的错误。另外,也要注意问卷问题的难易程度,一般情况是先易后难,逐渐引导被调查者进入问卷主题。

(六) 编码

编码一般应用于大规模的问卷调查中。因为在大规模问卷调查中,调查资料的统计汇总工作十分繁重,借助于编码技术和计算机,则可大大简化这一工作。

编码是将调查问卷中的调查项目以及备选答案给予统一设计的代码。编码既可以在问卷设计的同时就设计好,也可以等调查工作完成以后再进行。前者称为预编码,后者称为后编码。在实际调查中,经常采用预编码。预编码更方便市场资料的整理工作。

编码的内容包括问卷代码、变量的定义(名称、类型、位数、对应问题等)、取值的定义

(范围、对应含义等)。

小案例

航空公司某调查问卷的编码实例

问卷代码编码为:从左到右的每两位数字分别表示航空公司名、航班次、访问员编号、访问员访问编号。例如,问卷代码"10031102"中从左到右"10""03""11"和"02",分别代表访问的"上海航空公司""658次航班""11"号访问员、第2份问卷。

调查内容中单选的封闭问题的编码基本只涉及一个变量,变量值及选项号,例如:
请问你乘坐的舱位是_____。
(1)头等舱　　　(2)公务舱　　　(3)经济舱
定义此问题变量名为X_1,变量值取值范围为1、2、3、9,其中1=头等舱,2=公务舱,3=经济舱,9=该题无回答。

(七)结束语

结束语一般放在问卷的最后面,用来简短地对被调查者的合作表示感谢,例如,"再次感谢您的热心支持!""访问结束,谢谢您的合作。"也可征询被调查者对问卷设计和问卷调查本身的意见和建议。

(八)作业证明记载

在调查表的最后,附上调查员的姓名、访问日期、时间等,以明确调查人员完成任务。如有必要,还可写上被调查者的姓名、单位或家庭住址、电话等,以便于审核和进一步追踪调查。但对一些涉及被调查者隐私的问卷,上述被调查者情况的内容则不宜列入。

任务二　调查问卷设计原则和程序

调查问卷是市场调查中经常用到的收集市场信息资料的一种调查工具。在实际调查中,由于被调查者的个性、所受教育、理解能力、职业、世界观等方面的不同,可能会造成被调查者不理解、误解、拒绝回答问题等情况的发生,从而给调查带来困难,并影响调查的结果。为了保证问卷的科学性和有效性,应该提高问卷设计水平,需要专业的问卷设计人员遵循正确的原则和科学的程序进行设计。

一、调查问卷设计的原则

一个成功的问卷设计应该具备两个功能:一是能将所要调查的问题明确地传达给被调查者;二是设法取得对方合作,并取得真实、准确的答案。为了克服调查工作中的困难,顺利实现问卷的两个主要功能,问卷设计时应遵循下列原则。

(一)目的性原则

目的性原则是指在设计问卷时,必须与调查主题密切相关,最终选择的问题,目的明确,重点突出,避免可有可无的问题。这就要求问卷设计人员清楚地了解调查主题,并能把主题分解为更详细的细目,即把它分别做成具体的询问供被调查者回答,做到既不遗漏一个问题以致需要的信息资料残缺不全,也不浪费一个问题去取得不需要的信息资料。

(二)可接受性原则

问卷的设计要比较容易让被调查者接受。被调查者由于对是否参加调查有着绝对的自由,调查对其而言是一种额外负担,既可以采取合作的态度,接受调查;也可以采取对抗行为,拒绝回答。因此,问卷说明很重要,问卷说明词要亲切、温和;提问部分要自然,有礼貌和有趣味,必要时可采用一些物质鼓励措施,并代被调查者保密,以消除其某种心理压力,使被调查者自愿参与,认真填好问卷。此外,还应使用适合被调查者身份、水平的用语,尽量避免列入一些会令被调查者尴尬或反感的问题。

小案例

恰 当 提 问

(1)不恰当的语言方式:你家没有购买大屏幕彩电的原因是_____。
    A. 买不起   B. 住房狭小   C. 不会使用
(2)恰当的语言方式:你家没有购买大屏幕彩电的原因是_____。
    A. 价格不合适   B. 住房不允许   C. 用处不大

(三)顺序性原则

一份成功的问卷设计,问题的排列应有一定的逻辑顺序,使得问卷条理清楚,顺理成章,成为一个相对完整的小系统,从而符合被调查者的逻辑习惯,提高被调查者回答问题的效率。问卷中的问题一般可按下列顺序排列。

(1)先安排过滤性问题。避免一些不符合调查条件的调查者回答问题。
(2)容易回答的问题(如基本情况、行为性问题)放在前面;较难回答的问题(如态度性问题)放在中间;敏感性问题(如动机性、涉及隐私等问题)放在后面。
(3)封闭性问题放在前面,开放性问题放在后面。这是由于封闭性问题已由设计者列出备选的全部答案,较易回答,而开放性问题需被调查者花费一些时间考虑,放在前面易使被调查者产生畏难情绪。
(4)先问共性问题,再问个性问题。先问一些共性的问题,取得被调查者的配合之后,再问涉及个人的一些个性问题。
(5)要注意问题的逻辑顺序,可按时间顺序、类别顺序等合理排列。

 小案例

顺 序 提 问

Q1. 你通常每日读几份报纸？_____。
  A. 不读报　　　　B. 1份　　　　C. 2份　　　　D. 3份以上
Q2. 你通常用多长时间读报？_____。
  A. 10分钟以内　B. 半小时左右　C. 1小时　　　D. 1小时以上
Q3. 你经常读的是下面哪一类（或哪几类）报纸？_____。
  A. 综合类　　　　B. 新闻类　　　C. 体育类　　　D. 财经类
  E. 专业类　　　　F. 其他

在以上的几个问题中，由于问题设置紧密相连，因而能够获得比较完整的信息。被调查者也会感到问题集中，提问有章法，否则就会给人随意而不是严谨的感觉。

（四）简明性原则

简明性原则主要体现在三个方面。

（1）调查内容要简明。没有价值或无关紧要的问题不要列入，同时要避免出现重复，力求以最少的项目完成调查所需的全部信息资料。

（2）调查时间要简短，问题和整个问卷都不宜过长。设计问卷时，不能单纯从调查者角度出发，而要为回答者着想。调查内容过多，调查时间过长，都会导致被调查者的反感。

（3）问卷设计的形式要简明易懂，易读。

（五）匹配性原则

匹配性原则是指要使被调查者的回答便于进行检查、数据处理和分析。设计好的问卷在调查完成后，应能够方便地对所采集的信息资料进行检查核对，以辨别其正确性和实用性，同时，也便于调查结果的整理和统计分析。如果不注意这一点，很可能出现调查结束后信息资料获得很多，但是统计处理却无从下手的难堪局面。

拓展阅读

问卷设计的十项标注

（1）问卷中所有的题目都和研究目的相符合，即题目都是测量所要调查的选项。

（2）问卷能显示出和一个重要主题有关，使填答者认为重要，且愿意花时间去填答，题目具有表面效度。

（3）问卷仅在收集由其他方法所无法得到的资料，如调查社区的年龄结构，应直接向户政机关取得，以问卷访问社区居民是无法得到的。

（4）问卷尽可能简短，其长度只要足以获得重要资料即可，问卷太长会影响填答，最好30分钟以内。

(5) 问卷的题目要依照心理的次序安排,由一般性至特殊性,以引导填答者组织其思想,而让填答具有逻辑性。

(6) 问卷题目的设计要符合编题原则,以避免获得不正确的回答。

(7) 问卷所收集的资料,要易于列表和解释。

(8) 问卷的指导语或填答说明要清楚,使填答者不致有错误的反应。

(9) 问卷的编排格式要清楚,翻页要顺手,指示符号要明确,不会有瞻前顾后的麻烦。

(10) 印刷纸张不能太薄,字体不能太小,间隔不能太小,装订不能随便,要能符合精美的原则。

二、调查问卷设计的程序

设计一份调查问卷是一个系统的过程,设计者要根据调查目的构思各种问题的形式,考虑能描述所调查事项的一系列特征,对各种问题的措辞进行仔细的推敲。因此,在制作调查问卷之前,调查人员须将调查内容可能涉及的方方面面列出一个提纲,扎扎实实地为设计一份合格的问卷做好每一步工作。在问卷设计过程中必须遵循符合逻辑的程序,这样才能设计出一份好的调查问卷。

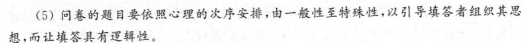

调查问卷设计的程序

调查问卷的设计程序一般包括十个步骤,即确定所需信息、确定问卷的类型、确定问题的内容、确定问题的类型、确定问题的措辞、确定问题的顺序、确定问卷的排版和布局、测试问卷、评价问卷、问卷定稿。

(一) 确定所需信息

确定所需信息是问卷设计的前提。调查者必须在问卷设计之前弄清楚为达到研究目的和验证研究假设所需要的全部信息,并决定所有用于分析使用这些信息的方法。这一阶段的工作与市场调查前期的工作密切相关,因为市场调查的第一步就是明确调查目的,如果调查者开始已经进行深入细致的研究,这一阶段的工作就相对容易很多。做好这一阶段的工作,需要注意以下几个问题。

1. 问卷内容应与调查发起者的需求相一致

调查者应该在调查工作展开之前,积极与调查发起者进行沟通,深入了解其真正意图,这样才可能设计出充分满足调查发起者意图与需求的问卷。

2. 确保调查信息的完整

反复检查或通过预调查分析有无遗漏重要信息,确保调查所需信息的完整性,满足调查发起者的需要。

3. 正确把握调查主题

要把握主题,深入研究具体需要哪些信息,提出正确的理论假设。与分析人员交流要得到这些信息需要分析哪些问题,涉及哪些变量,这样最终确定的问卷才能符合调查目的。

4. 重视获取信息的可行性分析

实践中问卷设计者可能会忽略获取信息的可行性分析。调查发起者和调查设计人员

对所要了解的信息需要明确，否则直到调查实施阶段才意识到问卷所要了解的许多信息都属于商业秘密，不应列入问卷，结果不仅调查无法进行下去，还使被调查者对调查产生了敌意。因而，除删除没有必要询问的信息之外，对被调查者难以理解或者不易回忆起来的问题也要慎重考虑。

5. 信息要精练

调查者可能希望一次调查能尽可能多地获取市场信息。基于这种想法，有些调查发起者将一些与调查目的关系很小甚至无关的问题都列入问卷，结果问卷涵盖内容太广，拖沓冗长，结构松散，增加了调查难度，提高了调查成本，调查误差也会随之增加。在确定所需获得信息时，应剔除与调查目的无关的问题。

（二）确定问卷的类型

前文介绍了经常使用的问卷类型，包括送发式问卷、邮寄式问卷、报刊式问卷、人员访问式问卷、电话访问式问卷和网上访问式问卷六种，到底使用哪一种调查问卷，主要取决于以下几个方面的因素。

1. 信息获取的可行性

所需要的信息要通过适当的问卷来获得。如果选择的问卷类型不恰当，会引起很多不良后果，徒增调查结果误差。例如，调查者既希望设计的问卷内容详细而全面，又想避免增加调查费用，选用了电话访问式问卷来进行，结果适得其反，很难取得调查所需信息。这是因为问卷冗长而复杂正是电话调查的禁忌。显然，如果调查所需信息与问卷类型不匹配，调查结果就不会令人满意。

2. 调查对象的准确性

分析调查对象的各种特征，包括被调查者的社会阶层、行为规范、社会环境的社会特征；文化程度、知识水平、理解能力等的文化特征；需求动机、行为等的心理特征。了解被调查者的特点，以此作为拟订问卷的基础，尽量使被调查者能够迅速、真实地回答问题，避免使被调查者难以回答。

3. 调查费用和调查时间的合理性

尽管调查者希望对一些大公司的销售经理进行深度的访谈，但往往受到差旅费超出预算或者调查时间限制，不得不采用电话访问等费用比较低的调查方式。

总的来说，人员访问式问卷调查数据准确，成功率高，但成本较高且调查时间比较长。邮寄式问卷可用于规模较大、调查内容不复杂的一些项目。电话访问式问卷随着电话普及率的提高，适用面越来越广。网上访问式问卷成本低、速度快，随着网络的广泛普及，使用率越来越高。不同的调查问卷有不同的优缺点，应根据以上因素来选择恰当的问卷类型。

（三）确定问题的内容

确定问题的内容似乎是一个比较简单的问题。然而事实上不然，这其中还涉及一个个体的差异性问题，也许有人认为容易的问题在其他人看来是困难的问题；有人认为熟悉的问题在其他人看来是生疏的问题。因此，确定问题的内容，最好与被调查者联系起来。

分析一下被调查者群体，有时比盲目分析问题的内容效果要好。为使设计的每个问题都获得有用的信息，应注意以下几个方面的问题。

1. 问句内容要准确反映所要表达的含义

认真检查问卷中问句的内容是否准确、有效地反映所要表达的含义。

 小案例

某消费者调查问卷中问句设计的实例

客户需要了解消费者对某种产品的价格和服务质量是否满意的信息，我们在设计问句时，询问消费者："您对这种产品的价格和它的服务质量满意还是不满意？"

该问题实际上包括价格和服务两个方面的问题，结果"对价格满意但对服务不满意""对服务满意但对价格不满意"或者"对价格和服务都不满意"的消费者都有可能回答"不满意"，这样，客户就无法了解到消费者有关的准确信息，我们应该把该问题分为两个问题来设计，即"您对该产品的价格满意吗？"和"您对该产品的服务质量满意吗？"。

2. 探究问题内容的可行性与可靠性

有些问题的内容虽然问卷设计人员很想知道，但对被调查者而言可能要求过高，被调查者根本难以回忆出来或者超出回答问题的能力范围，这样会造成资料缺失太多，数据可信度下降。因此，必须严格把关，剔除以上相关内容的问题。

3. 问卷中问题的数量要适当

问卷中问题的数量要适当，事实表明，过长的问卷会使应答者兴趣下降，无关或者重复的问题会引起应答者的反感、注意力分散，从而增大调查误差。

（四）确定问题的类型

问题的内容要通过一定的形式反映出来，这就是问题的类型。一般而言，在市场调查中，有两种主要的问题类型：开放式问题和封闭式问题。

1. 开放式问题

开放式问题是一种被调查者可以自由地用自己的语言来回答或解释有关想法的问题类型，属于自由回答。开放式问题是一种只提问题，不给具体答案，要求被调查者根据自身实际情况自由作答的问题类型。开放式问题一般应用于以下几种场合：作为调查的介绍；某个问题的答案太多或根本无法预料；由于研究需要，必须在研究报告中原文引用被调查者的原话等。

开放式问题经常采用"追问"的方式进行。追问是访谈员为了能够澄清应答者的回答、获得更详细的资料或使讨论继续下去而对应答者的一种鼓励形式。

 小案例

调查问卷中开放式问题的实例

"请问您对我们这次市场调查有什么看法？"

"你选购家用汽车主要考虑哪些因素?"

开放式问题主要限于探索性调查,在实际的调查问卷中,一张问卷中一般不会包括多个开放式问题。

1) 开放式问题的优点

(1) 可以测出应答者对问题的一般性反应。例如,您为什么喜欢这种品牌的手机呢?应答者一般会根据自己的使用情况说出自己的真实看法。

(2) 能够为研究者提供大量、丰富的信息。应答者根据自己的情况用自己的语言谈观点,这有利于企业设计广告主题和促销活动,使文案创作更贴近消费者的生活。

(3) 能够成为解释封闭式问题的工具。在封闭式问题之后进行这种分析,经常能在动机上或态度上有出乎意料的发现。

2) 开放式问题的缺点

(1) 在编辑和编码方面费时、费力。对开放式回答的编码需要把许多回答归纳为适当的类别并分配给号码,如果使用太多的类别,各种类别的频次可能很少,从而使解释变得很困难;如果类别太少,回答都集中在几个类别上,信息又变得很一般,重要的信息就会丢失。即使使用了适当的类别,编辑人员仍需将给出的记录数据进行归类,工作量很大。

(2) 标准化程度低,调查结果不宜处理,无法深入进行定量分析。

(3) 要求被访问者有一定的文字表达能力,否则无法正常进行调查。

(4) 回答率较低,需占用较多的调查时间。

2. 封闭式问题

1) 封闭式问题的类型

封闭式问题是相对于开放式问题而言的,是指事先设计好备选答案,被调查者从一系列备选答案中选择自己认同的答案。市场调查人员把封闭式问题分为两项选择题、多项选择题、顺位式问答题和比较法问题。

(1) 两项选择题。两项选择题,也称是非题,是多项选择的一个特例,一般只设两个选项,如"是"与"否"、"有"与"没有"等。

小案例

调查问卷中封闭式问题两项选择题的实例

(1) 最近一个月,您使用过某种品牌的牙膏吗?_____。
    A. 有   B. 没有

(2) 您喜欢网上购物吗?_____。
    A. 是   B. 否

(3) 你喝过蒙牛酸奶吗?_____。
    A. 喝过   B. 从来没有喝过

两项选择题的特点是简单明了,便于应答者回答问题。缺点是所获信息量太少,两种极端的回答类型有时往往难以了解和分析被调查者群体中客观存在的不同态度层次。

(2) 多项选择题。多项选择题是从多个备选答案中选择一项或几项,是各种调查问卷中采用最多的一种问题类型。多项选择题不可能包括所有可选择的答案,而且应答者无法详尽地表述答案,这个问题可以通过增加"其他"选项来解决。

调查问卷中封闭式问题多项选择题的实例

(1) 您为什么使用某品牌的护肤品?(选出所有合适的项)_____。
  A. 用于洗面   B. 用于润肤   C. 用于祛斑   D. 用于皮肤清洁
  E. 用于护理干燥皮肤 F. 用于柔软皮肤 G. 用于防晒 H. 使皮肤更光滑

(2) 您为什么喜欢网上购物呢?
  A. 安全   B. 快捷   C. 诚信   D. 品种多样
  E. 价格实惠   F. 时尚   G. 其他(请自填)_____。

多项选择题的优点是便于回答、编码和统计,缺点主要是问题提供答案的排列次序可能引起偏见。这种偏见主要表现在三个方面。

第一,对于没有强烈偏好的被调查者而言,选择第一个答案的可能性大大高于选择其他答案的可能性,解决问题的方法是打乱排列次序,制作多份调查问卷同时进行调查,但这样做的结果是加大了制作成本。

第二,如果被选答案均为数字,没有明显态度的人往往选择中间的数字而不是偏向两端的数字。

第三,要考虑到全部可能出现的结果及答案可能出现的重复和遗漏。答案较多,使回答者无从选择,或产生厌烦,因此,一般这种多项选择答案应控制在 8 个以内,当样本量有限时,多项选择易使结果分散,缺乏说服力。

(3) 顺位式问答题。顺位式问答题又称序列式问答题,是在多项选择的基础上,要求被调查者对问题答案,按自己认为的重要程度和喜欢程度顺位排列。顺位方法主要有两种:一种是对全部答案排序;另一种是只对其中的某些答案排序,究竟采用何种方法,应由调查者来决定。

调查问卷中顺位式问题的实例

您选择空调时主要考虑的因素是(请将所给答案按重要顺序将序号填写在右边的括号中)。
  价格便宜( ) 经久耐用( ) 外形美观( ) 制冷效果好( )
  牌子有名( ) 维修方便( ) 噪声低( )   其他(请注明)( )

顺位法便于被调查者对其意见、动机、感觉等做衡量和比较性的表达,也便于对调查结果加以统计。但调查项目不宜过多,过多则容易分散,很难顺位,同时所询问的排列顺序也可能对被调查者产生某种暗示影响。这种方法适用于要求答案有先后顺序的问题。

(4)比较法问题。比较法是采用对比提问方式,要求被调查者做出肯定回答的方法。比较法适用于对质量和效用等问题做出评价。应用比较法要考虑被调查者对所要回答问题中的商品品牌等项目是否熟悉,否则将会导致空项发生。

 小案例

调查问卷中比较法问题的实例

请比较下列不同品牌的饮料,哪种更好喝(在各项您认为好喝的牌子方格□中画√)。

黄山□	天府□
天府□	百龄□
百龄□	奥林□
奥林□	可口□
可口□	百事□
百事□	黄山□

2)封闭式问题的优点

(1)指向性明确,容易回答,节省时间。封闭式问题是有指向性的问题,被访问者只能按照既定的方向思考。文化程度较低的被调查者也能完成,回答者比较乐于接受这种方式。因而问题的回答率较高,问题回答层次、是非分明。

(2)对于敏感的问题,采用封闭式问题,往往比直接用开放式问题更能获得相对真实的回答。

(3)封闭式问题可以减少误差,因为被调查者只需要在选项上打"√"或画圈,记录下编码或按一下键盘。编码与数据录入过程被大大地简化了,也就相应地减少了这方面可能产生的误差。

3)封闭式问题的缺点

每一种封闭式问题都有缺点。对于两项选择题,研究者发现很多时候应答者的回答不能与其感觉强度相联系。而多项选择题也需要设计人员花尽心思想出一系列可能的答案,尤其应注意的是,应答者一般会优先选择排在前面和最后的答案。

在现实的调查问卷中,往往是几种类型的问题同时存在,单纯采用一种类型问题的问卷并不多见。通过以上的对比,可以发现封闭式问题明显比开放式问题具有更多的优点,因此在问卷设计中,应尽量多地使用封闭式问题,少采用开放式问题。

(五)确定问题的措辞

措辞就是把问题的内容和结构转化为通俗易懂的语言和句子。措辞不当,应答者可能会拒绝或错误地回答问题,从而造成调查结果出现误差,影响数据的质量。为此,在问题的措辞上要遵循以下原则。

(1)用词准确,避免模棱两可的措辞。

 小案例

调查问卷中问题措辞的实例一

某问卷中有一个问题是:"您居住的地方距离这里有10分钟的路程吗?"

这个问题的回答与交通工具有关,但是它表达不准确,究竟是步行10分钟的路程还是乘车10分钟的路程呢?这两者距离差别很大。让应答者无可适从,不知如何回答此问题。正确的提问应该是这样:

您居住的地方距离这里有步行10分钟的路程吗?

或者,您居住的地方距离这里有乘车10分钟的路程吗?

(2)用词合理、清楚、简单,为被调查者所熟悉,用词要适于受调查人群,避免使用专业术语。

 小案例

调查问卷中问题措辞的实例二

某问卷中有一个问题是:"请您谈谈电子商务的优势所在?"

这个问题会让一部分应答者望而却步,因为他们可能不懂得电子商务的准确含义,要求他们来谈电子商务的优势更是奢望。更简单、更好的提问方法是:_____。

您选择网上购物的主要原因是_____。

A. 价格便宜　　B. 购物方便　　C. 产品款式新颖　　D. 其他(请自填)

(3)问题本身不要隐含假设。

 小案例

问卷中问题措辞的实例三

某问卷中有一个问题是:"您经常购买这种高质量的蛋糕吗?"

这样的问题得到的错误答案是显而易见的,我们可以这样来问这个问题:

您经常购买这种品牌的蛋糕吗?

(4)一个问题只涉及一个方面,避免一个句子出现两个问题。

小案例

调查问卷中问题措辞的实例四

某问卷中有一个问题是:"您认为某品牌的服装价格和款式如何?"

一个句子中含有两个问题,这样很不恰当。我们可以把这个句子修改为两个问题。

您认为某品牌的服装价格如何?
您认为某品牌的服装款式如何?

（5）考虑到应答者回答问题的意愿。有些问题应答者不愿意给出真实的答案,或回答问题时故意朝着合乎社会需要的方向倾斜。例如尴尬的、敏感的、有威胁或者有损自我形象的问题,这些问题要么得不到回答,要么答案会朝着符合社会准则的方向倾斜。

拓展阅读

调查问卷中面对一些特殊问题的表达

涉及借钱、个人卫生及犯罪记录等尴尬话题,问题必须小心表达以减少尴尬场面。一种处理尴尬问题的方法是用第三人称方式提问,例如,"许多人的信用卡都透支,你知道是什么原因吗?"通过问其他人而不是应答者自己,调查人员也许能够了解到对有关信贷和债务问题的个人态度。另一种处理尴尬问题的方法是在问这类问题前首先声明这种行为或态度是很平常的,例如,"许多人都患有痔疮,您或您的家人有这方面的问题吗?"通过这种方式使应答者以平常心来讨论尴尬问题。

（六）确定问题的顺序

问卷中的问题应遵循一定的排列次序,问题的排列次序会影响被调查者的兴趣、情绪,进而影响其合作积极性。问题的逻辑顺序,前面已有论述,这里不再重复。

（七）确定问卷的排版和布局

问卷的设计工作基本完成之后,便要着手问卷的排版和布局。问卷排版和布局总的要求是整齐、美观,便于阅读、作答和统计。

1. 版面严肃

避免使用过多的颜色、字体和不必要的插图等,要使应答者感觉这是一次科学的调研活动。但在一些带有娱乐性质的调查中,如出于新闻性的宣传目的而进行的趣味调查,可以设计较为活泼的版面,以使应答者感到轻松有趣。

2. 整齐美观

问卷应使用较大的字体和间距,避免为了节约纸张而将字体和间距过分缩小,因为这样一方面会引起应答者的不悦,另一方面也容易造成访问员和应答者阅读上的错误。

3. 纸张精美

在尽可能的情况下,应当使用较好的纸张。如果应答者感到调查者过于节俭,必然怀疑自己所提供信息的价值,认为调查者并没有重视自己的信息,以至于不愿意在收集资料方面多付出一些成本。

在需要填写文字的地方,应留出足够的空间,方便书写。同一个问题应当在同一个页面上,尤其是应当避免将答案和问题印在不同的页面上。

（八）测试问卷

问卷的初稿设计工作完毕之后，不要急于投入使用。这是因为问卷的初稿很有可能存在一些潜在的问题。因此，有必要做以下工作。

1. 认真反复检查

在正式定稿前一般要经过仔细检查和修改，必要时重复检查上述各个步骤，反复推敲每个问题的词语。要做好这些工作，耐心、严谨和认真的工作态度非常重要。

2. 问卷测试

有必要在正式问卷调查之前，对问卷进行测试。在与正式调查相同的环境中进行调查，观察调查方式是否合适，询问调查者和应答者问卷设计有何问题，对试调查得到的回答进行编码和分析，检查问卷是否能够提供需要的市场信息等。出现问题时应马上修改问卷，必要时删除不能提供所需信息的问题。特别是对于一些大规模的问卷调查，一定要先组织问卷的测试，发现问题，及时修改。如果第一次测试后有很大的改动，可以考虑是否有必要组织第二次测试。

 小案例

试答和修改举例

(1) 请问您每月的工资收入在哪个范围内？

  A. 3 500 元以下 B. 3 500～3 999 元 C. 4 000～4 499 元

  D. 4 500～4 999 元 E. 5 000 元以上

(2) 试调查 200 人的结果如下。

A. 3 500 元以下	38 人
B. 3 500～3 999 元	150 人
C. 4 000～4 499 元	10 人
D. 4 500～4 999 元	2 人
E. 5 000 元以上	0 人

上面的例子中存在两个问题：一是分组范围过大，导致有的组无个案；二是分组不合适，导致有的组个案集中。

(3) 将问题进行修改，调整后，再试调查 200 人的结果如下。

A. 3 400 元以下	20 人
B. 3 400～3 599 元	48 人
C. 3 600～3 799 元	80 人
D. 3 800～3 999 元	40 人
E. 4 000 元以上	12 人

（九）评价问卷

评价问卷实际上是对问卷的设计质量进行一次总体性评估。对问卷进行评价的方法很多,包括专家评价、上级评价、被调查者评价和自我评价。

1. 专家评价

专家评价一般侧重于技术性方面。例如对问卷设计的整体结构、问题的表述、问卷的版式风格等方面进行评价。

2. 上级评价

上级评价侧重于政治性方面。例如在政治方向、舆论导向、可能对群众造成的影响等方面进行评价。

3. 被调查者评价

被调查者评价可以采取两种方式:一种方式是在调查工作完成以后再组织一些被调查者进行事后性评价;另一种方式则是调查工作与评价工作同步进行,即在调查问卷的结束语部分安排几个反馈性题目,例如,"您觉得这份调查表设计得如何?"

4. 自我评价

自我评价是设计者对自己的问卷设计成果的一种肯定或反思。

(十) 问卷定稿

当问卷的测试工作完成,确定没有必要再进一步修改后,可以考虑定稿,具体涉及制表、打印、印刷三个环节。然后,正式投入使用。

问卷设计程序包括以上10个步骤,但在不同的调查中,各个步骤的内容会有些差异。有时几个步骤可能合并在一起,无法截然分开;而在多次性的调查场合中,由于有过去的经验,有些步骤可以省略。

 小案例

文创产品的接受程度与消费状况调查

为深入了解文创产品的接受程度与消费状况的相关情况,现向您做一份问卷调查,不涉及隐私,请您积极配合,非常感谢!

填写要求:

(1) 请您在所选择答案的框内打钩。

(2) 对单项选择题只能选择一个答案,对多项选择题可选择多个答案,请在您认为合适的答案上打钩。

(3) 需填写的答案在留出的横线上填写。

(4) 对注明要求您自己填写的内容,请在规定的地方填写您的意见。

1. 您的性别(单项选择题)

□男 □女

2. 您的受教育程度(单项选择题)

□初中及以下 □高中 □本科 □本科以上

3. 您对文创产品是否了解?(单项选择题)

□完全不了解 □有了解 □很了解

4. 您一般通过什么渠道了解文创产品?(多项选择题)
   □ 网络媒体(微信公众号、微博)
   □ 实体店(博物馆、文创区、文创产业园、景点文创店)
   □ 他人推荐
   □ 不了解
5. 您愿意消费一些文创产品吗?(单项选择题)
   □ 愿意   □ 不愿意
6. 您近一年购买文创产品消费大概为多少?(单项选择题)
   □ 0~199元   □ 200~499元   □ 500~1 000元   □ 1 000元以上
7. 哪些价位的文创产品您能够接受?(单项选择题)
   □ 100元以下   □ 100~199元   □ 200~499元   □ 500元以上
8. 您更愿意购买哪类文创产品?(单项选择题)
   □ 家具类   □ 文具类   □ 首饰类   □ 工艺类
9. 您购买文创产品的途径是什么?(单项选择题)
   □ 网购   □ 实体店   □ 其他
10. 您更喜欢哪类文创产品风格?(单项选择题)
    □ 个性   □ 可爱   □ 简约   □ 复古
11. 您所了解的文创品牌有什么?(多项选择题)
    □ 故宫文创   □ 泡泡玛特   □ 人间值得文创   □ 其他
12. 您希望未来文创产品能增加哪些元素?(多项选择题)
    □ 文学   □ 美术
    □ 戏剧   □ 非物质文化遗产技术
13. 如果让您选购文创产品,您更倾向于(单项选择题)
    □ 单件购买   □ 成套购买
14. 您认为目前文创产品有哪些不足?(请列举)
    (1)_____ (2)_____ (3)_____
15. 您希望文创产品具有什么特点或作用?
    _____

感谢您的支持和配合!

任务三 避免问卷设计中常见的错误

如何通过问卷调查活动获取准确、全面而又有价值和符合要求的资料,关键在于能否设计出一份高质量的调查问卷表。然而,问卷设计需要很高的技巧,它是一门科学,也是一种艺术。缺乏理论和经验往往不能设计出完美的调查问卷,从而使调查无法收集到准确而全面的资料,不能正确地分析和说明市场的变化情况。下文归纳调查问卷设计中经

调查问卷设计的技巧

常出现的错误,并提出相应的对策。

一、问题定义不准确

一个问题对于每个被调查者而言,应该代表同一主题,只有一种解释。定义不清的问题会产生很多歧义,使被调查者无所适从。

小案例

调查问卷中问题定义不准确的实例一

某一调查问卷中问题为:"您经常购买哪个品牌的洗衣液",这个问题表面上有一个清楚的主题,但仔细分析会发现很多地方含糊不清。问题中"经常"指的时间维度是多久呢?是一周?一个月?一个季度?还是一年?甚至更长时间?此外,假如被调查者使用过一个以上的洗衣液品牌,则其回答很容易受到主观因素的影响而存在四种可能性:第一种回答是最近最喜欢用的洗衣液品牌;第二种回答是最常用的洗衣液品牌(最常用但并不一定是最喜欢用的,例如受支付能力的影响,喜欢某种品牌的洗衣液但因无购买力而改买其他便宜的品牌);第三种回答是最近在用的洗衣液品牌;第四种回答是此刻最先想到的洗发液品牌。这样的问题显然无法收集到准确的资料。

明确定义问卷中的问题极其重要。总结以下几条注意事项,会对解决这一问题有所帮助。

1. 采用六要素明确法

采取六要素明确法,即在问题中尽量明确"什么人、什么时间、什么地点、做什么、为什么做、如何做"六要素。问题的含糊往往是对某个容易产生歧义的要素,缺乏限定或限定不清引起的。因此在设计问题或在检查问题时,可以参照这六要素进行。如上的问题明确几个要素后改为:"在过去的一年中,您经常购买什么品牌的洗衣液?如果超过一个,请列出其他的品牌名称。"这样定义的问题显然明确多了,也不会产生歧义。

2. 避免用词含糊不清

避免使用含糊的形容词、副词,特别是在描述时间、数量、频率、价格等情况时。像"有时、经常、偶尔、很少、很多、相当多、几乎"这样的词,不同的人有不同的理解。因此,这些词应当用定量描述代替,以做到统一标准。

小案例

调查问卷中问题定义不准确的实例二

通常一个月中,你到百货商店的采购情况如何?

(1) A. 从不　　　　B. 偶尔　　　　C. 经常　　　　D. 定期

(2) A. 少于一次　　B. 1到2次　　　C. 3到4次　　　D. 超过4次

在上面这个例子中,(2)显然比(1)精确得多。

3. 避免问题中含有隐藏的选择和选择后果

避免问题中含有隐藏的选择和选择后果,使隐藏的选择和选择后果明晰化。无论是两项选择问题还是多项选择式问题,都是在几个备选选项中做出选择,因此必须使被调查者清楚所有的备选选项及其后果,否则不能全面地收集信息。

调查问卷中问题定义不准确的实例三

一家航空公司想分析旅客对短途飞机旅行的需求量的调查问题。

(1) "在做 300 公里以内的短途旅行时,您喜欢乘飞机吗?"

(2) "在做 300 公里以内的短途旅行时,您喜欢乘飞机,还是喜欢坐汽车或者其他方式?"

在上面这个例子,(2)显然比(1)好得多。

二、问题形式不妥当

问题的形式多种多样,可分为开放式、是非式、选择式、排序式、评分式、联想式等。问题形式的选择很重要,合理的形式选择与处理应使被调查者愿意,并且以最小的努力就能提供客观真实的答案。不恰当的形式选择会导致被调查者不愿意或不能够提供问题所要求的信息。

调查问卷中问题形式不妥当实例

(1) 请问您家每人平均每年的食品支出是多少?

(2) 请问您个人每月的工资收入是多少?

(3) 人们都说 A 牌电视机比 B 牌电视机好,您是不是也这样认为?

这 3 个问题都存在形式运用不当的问题。第一个问题要求被调查者付出额外的努力,进行复杂的计算:首先把每月的食品支出估算出来,然后乘以 12,最后除以家庭成员数以得出结果。这样烦琐的计算可能使被调查者单方面结束访问。第二个问题涉及敏感的个人隐私,直接提问容易遭拒绝。第三个问题则带有引导性倾向,会影响被调查者的选择。

问题形式的选择应注意以下几点。

1. 避免问题中包含过多的计算

问题的设计应着眼于取得最基本的信息,计算应在数据处理阶段通过计算机程序进行,这样可以减少被调查者的负担。例如,上面第一个问题可以改为"请问您家每月食品支出大概是多少"和"请问您家有几口人"两个小问题。取得这两个数据后,计算人均年食品支出也就容易多了。

2. 避免单纯依靠被调查者的记忆回答问题

在当今信息过剩的时代，遗忘和记忆的差错导致被调查者无法提供全面和准确的资料。例如，很多人都不能直接回答"你在网站上看到了哪个品牌洗发液的广告？"这个问题，但是如果有提供可供选择的选项，应答者回答问题就容易并准确得多了。因此，这类问题应采用选择式，而非填空式。

3. 避免直接提问敏感性问题

敏感性问题指应答者不愿在调查问卷中回答的某些问题，如私人问题，不为一般社会道德所接纳的行为或态度，或有碍声誉的问题。这类问题直接提问往往会遭拒绝，因此应改为采用非直接、联想式提问。如上面第二个问题，可以提供几个收入区间："2 000 元以下、2 001～5 000 元、5 001～10 000 元、10 000 元以上"作为选项，在一定程度上会降低敏感性。此外，还可通过说明信息的正当用途，降低被调查者的抵触心理。

4. 避免出现诱导性倾向

问卷作为一项测量工具，应该具有客观性，所以提问尽量客观。问题的提法和语言不能使被调查者感觉到应该填什么，或者感觉到调查者希望填什么。因此，提问应保持中立的提问方式，使用中性的语言，避免诱导性倾向。如上面第三个问题，带有暗示 A 牌优于 B 牌的意思，因此结果会夸大 A 牌比 B 牌好的比例。将提法改为"您认为 A 牌和 B 牌电视机哪个更好"，这样更为客观。

此外，在问题中引用某些权威人士的话，或者运用贬义或褒义的词语，都会使问题带有倾向性，都会对回答者形成诱导，应避免使用。

◆ 思政小课堂

背景与情境：小李接到了主管安排的市场调研项目，要分析预测一下该地区夏季空调的市场销售趋势。因其了解目前市场现状，他列出了近五十个问题，但根据自己的理解和意愿使很多调查的问题带有倾向性。小张还很自豪地说：这问题简单，保证一周完成任务。

问题：请分析小李的做法中有何不妥？谈谈你的看法。

分析提示：调查了解情况设计的问题既不能不敏感，也不能太冗长。被调查者自愿贡献了他们的时间，不应该对他们索求过多的信息而使其负担过重。过于冗长的调查设计对被调查者来说非常麻烦，而且对回答的质量也有不利的影响。另外，市场调查人员在设计问卷的过程中负有道义上的责任，应使所需的信息数据以一种无偏见的方式获得，故意地使收集的资料和信息向一个想要的方向上倾斜，特别是通过诱导而获得信息的做法是不能被原谅的。因此，在调查问题确立后，在现场工作开始之前，经过认真的模拟工作，使其最便捷，又最合适，才是符合职业道德要求的。

三、问题顺序不正确

问题顺序的安排有一定的规律可循。正确的排序应该合乎问题之间的逻辑，前后连贯，先易后难。如果问题顺序排列不当，会导致访问很难继续或者被调查者敷衍了事。为避免此类问题发生,在进行问题顺序安排时应注意以下几点。

1. 先问基本信息

调查信息主要包括3种信息类型:第一类是基本信息,是达到研究目标所必带的信息。如对产品、价格、分销、促销信息的调查;第二类是分类资料,即将被调查人按年龄、性别、职业等予以分组归类的资料;第三类是鉴别性信息,如被调查者的姓名、住址等。一般来说,应将最主要问题(基本信息)置于最前面,然后列举后两类问题,只要前面的问题得到回答,那么后面的问题被调查者如果不愿回答或因事中止也就无关大局了。

2. 先易后难

容易、直观、清楚的问题置前,困难、复杂、敏感、窘迫的问题置后。一般包括以下具体原则。

1)先一般后特殊

把能引起被调查者兴趣的问题放在前面,把容易引起其紧张或产生顾虑的问题放在后面。

2)先行为后态度

先问行为方面的问题,涉及的只是客观的、具体的事实,因此往往比较好回答。而态度、意见、看法方面的问题则涉及回答者的主观因素,多为回答者思想上的东西,内心深处的东西,更不容易在陌生人面前表露,这样也同样会引起戒备情绪和反感情绪。这样的问题后问。随着调查的进行,调查人员与被调查者交流的深入,被调查者可能降低或消除原有的戒备心理,愿意回答一些复杂、敏感的问题,从而使调查获得尽可能多的信息。

3)先封闭后开放

回答开放式的问题比回答封闭式的问题需要更多的思考和书写,无论把它放在开头或是中间部分,都会影响回答者填完问卷的信心和情绪。而将开放或问题放在结尾处,由于仅剩这一两个问题了,绝大多数回答者是能够完完整整填完的。退一步说,即使被调查者不愿意填答开放式问题,放弃了回答,也不会影响到前面的问题和答案。

3. 总括性问题应先于特定性问题

总括性问题指对某个事物总体特征的提问。例如:①"在选择冰箱时,哪些因素会影响你的选择",就是一个总括性的问题。特定性问题指对事物某个要素或某个方面的提问。②"您在选择冰箱时,耗电量处于一个什么样的重要程度"。总括性问题应置于特定性问题之前,否则会影响总括性问题的回答。如把②放在①的前面,则②的答案中"耗电量"选择会偏大。

四、问题取舍不合理

问题的数量必须合理,应该既能保证收集到全面的资料,又尽量保持问卷的简短,同时也尽力使问卷整体连贯、和谐、生动,能调动被调查者的积极性。有的问卷过于冗长,其中充斥着一些与调查主题毫无相关的问题;有的虽然短小,却不能全面收集所需资料,而且过于严肃、死板,全文贯穿一问一答的形式,压抑被调查者的主动性。问题的取舍应注意以下两点。

1. 应围绕调查主题设计问题

按调查主题组织问题，每个问题都应有益于调查信息的取得。首先要明确调查的主题是什么，这是整个调查的基础，也是问卷设计的灵魂和核心所在。应绝对避免为节省调查费用而附带调查主题之外的问题。问题东拉西扯，会使被调查者产生调查组织不严密的印象，影响其答卷态度。

2. 注意过滤性问题的设计

为节省调查时间，保证被调查者符合调查对象的标准，可以在问卷开始设置一个过滤性问题，检查被调查者的合格性。如想调查现有平板电脑的不足之处，则必然要调查平板电脑的使用者。可以在问卷开始提问"您使用过平板电脑吗"，这样就可检查被调查者是否合格，及时"过滤"不合格者。

五、排版装订不雅观

问卷的排版装订也是问卷设计的重要内容。排版应做到简洁、明快、便于阅读，装订应整齐、雅观、便于携带和保存。一些调查问卷，卷面排版凌乱，使卷面显得异常复杂和冗长，容易使被调查者产生反感情绪；有些问卷用纸粗糙低劣，装订混乱，类似街头小广告，也易遭拒绝。问卷的排版装订可参考以下几点。

（1）应避免为节省用纸而挤压卷面空间。如多项选择题的选项，应采用竖排形式。竖排虽占用一定的空间，但能使卷面简洁明快，一目了然，便于阅读和理解。

小案例

调查问卷中排版问题的实例

"您的月工资收入是（　　）"，可对选项的两种排版方式进行比较。

横排方式：

A. 2 000 元以下　　B. 2 001～5 000 元　　C. 5 001～10 000 元　　D. 10 000 元以上

竖排形式：

A. 2 000 元以下

B. 2 001～5 000 元

C. 5 001～10 000 元

D. 10 000 元以上

显然竖排形式比横排方式更为直观、明快。多题累加之后，此点更为明显。

（2）同一个问题，应排版在同一页。避免翻页对照的麻烦和漏题的现象。

（3）问卷的问题按信息的性质可分为几个部分，每个部分中间以标题相分，如第一、第二、第三、第四部分形式。这样可以使整个问卷更为清楚，也便于后期阶段的数据整理与统计。

（4）调查问卷用纸尽量精良。超过一定的页数，应把它们装订成小册，配上封皮，而不应仅仅用订书钉订在一起。这样既可利用纸的双面进行排版，节省用纸，还便于携带和保存；更可使问卷显得庄重、专业，使被调查者以更认真的态度对待调查。

课堂讨论案例

汽车销售外展调查问卷

填写要求：
(1) 请您在所选择答案的框内打钩。
(2) 单项选择题只能选择一个答案，多项选择题可选择多个答案，请在所选答案上打钩。
(3) 需填写的答案在留出的横线上填写。
(4) 对注明要求您自己填写的内容，请在规定的地方填写上您的意见。

1. 您的年龄是（单项选择题）
   □18 岁以下　　　□18～30 岁　　　□30～40 岁　　　□40 岁以上

2. 您是否拥有自己的汽车？（单项选择题）
   □是　　　□否

3. 您的月收入是（单项选择题）
   □2 000 元以下　　　　　　　□2 001～5 000 元
   □5 001～10 000 元　　　　　□10 000 元以上

4. 您一般通过何种方式了解汽车的相关信息？（多项选择题）
   □朋友介绍　　　□广告　　　□报纸杂志　　　□网络
   □其他

5. 您若更换汽车，原因是（多项选择题）
   □质量问题　　　□外观问题　　　□样式陈旧　　　□功能太少
   □其他

6. 您会选择哪一类型的汽车？（扩展单项选择题）
   □微型车　　　□小型车　　　□紧凑型车　　　□中型车
   □中大型车　　□其他

7. 如果您更换汽车，预期价位是（单项选择题）
   □5 万元左右　　□10 万～20 万元　　□30 万～50 万元　　□50 万元以上

8. 您一般会选择（单项选择题）
   □合资汽车　　　□国产汽车　　　□进口汽车　　　□随意

9. 您最喜欢的汽车品牌是（单项选择题）
   □广州本田　　　□上海大众　　　□一汽轿车　　　□东风雪铁龙
   □北京现代　　　□其他

10. 您在选购汽车的时候，注重哪些元素？（多项选择题）
    □型号　　　□颜色　　　□造型　　　□功能
    □品牌　　　□其他

11. 您认为，国产汽车现有的性能上有哪些方面需要改进？（多项选择题）
    □舒适性　　　□速度　　　□造型　　　□耗油量
    □其他

12. 请问您的受教育程度
    没受过正式教育…………□

　　　　小学、初中 ·················· □
　　　　高中、职高、中专、技校 ········ □
　　　　大专、大学及以上 ············· □
　13. 请问您的职业和职位是
　　　　普通职员、工人 ··············· □
　　　　部门经理/高级管理人员 ········ □
　　　　公司老板、厂长、总经理 ········ □
　　　　专业人员 ····················· □
　　　　个体户、自营职业 ············· □
　　　　失业、待业 ··················· □
　　　　学生 ························· □
　　　　离退休人员 ··················· □
　　　　其他 ························· □
　14. 您对这次调查有何建议？

阅读以上资料，回答以下问题。
（1）问卷中问题的排序有无不当之处？
（2）问卷中一些问题的措辞有无不当之处？怎样修改？

任务四　问卷设计中的常用量表

　　在问卷调查中，需要对被调查者的态度、意见或感觉等心理活动进行判别和测定，如对下属工作能力的评价、对工作的态度、对企业评价等，都要借助各种数量方法加以测定。因此，利用某种特殊的态度测量技术是完全必要的，量表作为态度测量的重要工具应运而生。其主要作用是将定性的数据转化为量化数据，以便于信息整理分析。

一、量表的概念

　　量表是一系列结构化的符号或数字，用来按照特定的规则分配给适用于量表的个人试图把主观的、抽象的、概念化的特性进行定量化的测量。
　　量表设计包括两个步骤：第一步，设定规则，并根据这些规则为不同的态度特性分配不同的数字；第二步，将这些数字排列或组成一个序列，根据受访者的不同态度，将其在这个序列上进行定位。

二、量表的具体形式

　　量表的具体形式有很多，以下介绍比较典型的形式。

（一）列举评比量表

列举评比量表是对提出的问题，以两种对立的态度为两端点，在两端点中间按程度顺序排列不同的态度；由被调查者从中选择一种适合自己的态度表现。

列举评比量表是一种在市场调查中运用十分广泛的顺序量表。调查者拟订出调查项目顺序排列的答案，量表两端设计为极端答案，中间的答案可以根据调查项目要求的深度和评价程度提出，被调查者可以根据情况自由选择答案。一般可以划分为3～7个等级，不超过10个。

常用的消费者对某种产品的喜好程度的评价有两种表达方式。

(1) 完全不满意、不很满意、不满意、无所谓、满意、很满意、非常满意。

例如：　　　　　　常见的产品测试的量表尺度的形式

质量：非常好　　比较好　　一般　　比较差　　非常差
式样：非常时尚　比较时尚　一般　　不时尚　　很不时尚
价格：非常贵　　比较贵　　一般　　不太贵　　很便宜
满意度：非常满意　比较满意　一般满意　不太满意　很不满意
耐用性：非常好　　比较好　　一般　　比较差　　非常差
可靠性：完全可靠　比较可靠　一般　　不太可靠　非常不可靠

(2) 在平均水平之下、在平均水平之上、稍好、甚好、最好。

这两种评比量表的平均数的大小可以代表被调查者态度的强弱，并可以计算出回答者的百分比，作为评比的基础。其中，第二种是非平衡量表，测量被调查者偏向肯定的倾向性。

小案例

下面列举一些白酒品牌，请您告诉我您认为该品牌的电视广告怎么样？

	茅台	五粮液	泸州老窖	天之蓝	水井坊
非常差	□	□	□	□	□
差	□	□	□	□	□
一般	□	□	□	□	□
好	□	□	□	□	□
非常好	□	□	□	□	□

（二）图示评比量表

以计量水准为依据，在评价性的询问语句下，用一个有两个固定端点的图示连续谱来刻画备选答案或差距的量表。这种量表可分辨出受访者微小的差别。属性水准和数量水准都可采用这种量表的设计形式。

小案例

图示评比量表实例

您认为B品牌沙发的舒服度怎样？请在下列尺度中标出您的评价结果。

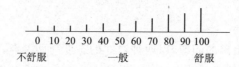

0 10 20 30 40 50 60 70 80 90 100
不舒服　　　　　一般　　　　　舒服

（三）语义差别量表

语义差别量表就是一种常用的测量事物形象的方法。语义差别量表可用于测量人们对商品、品牌、门店、事物、明星等的印象。在设计语义差别量表时，首先要确定和测量对象相关的一系列属性，对于每个属性选择一对意义相对的形容词，分别放在量表的两端，中间划分为5~7个连续的等级。要求被调查者根据其对被测量对象的看法评价每一个属性，并在合适的等级位置上做下标记。

这种量表可使被调查者在计量尺度中标出每个测量项目的评价定位，也有利于调查者事后统计出全部被调查者的平均值，以便对测量项目进行定位和排序。

小案例

语义差别量表实例

请您对某品牌汽车的不同项目的特性做出评价定位。

式样新颖	7	6	5	4	3	2	1	式样落后
马力强劲	7	6	5	4	3	2	1	马力太小
车身耐磨	7	6	5	4	3	2	1	车身不耐磨
配置齐备	7	6	5	4	3	2	1	配置不齐
舒适度好	7	6	5	4	3	2	1	舒适度差
色彩度好	7	6	5	4	3	2	1	色彩度差
平稳性强	7	6	5	4	3	2	1	平稳性差

（四）固定总数量表

固定总数量表是根据各个特性的重要程度将一个给定的分数（通常为100分），由被调查者根据自己的看法在两个或多个特性间进行分数分配。被调查者分给每个选项的分数能表明其认可的相对等级。这也有利于调研者事后统计出全部被调查者对每个选项的平均分值，以便对测量项目进行定位和排序。

小案例

固定总数量表实例

请您对男性运动鞋的7个特性的相对重要程度进行分数分配，最重要的特性项目的分数应高一些，不太重要的特性项目的分数应低一些，全部特性项目的分数加总起来应为100分。

运动鞋的 7 个特性	分数
穿着舒适	_____
耐用	_____
知名品牌	_____
透气性好	_____
款式新颖	_____
适于运动	_____
产品价格	_____
分数合计	100

（五）李克特量表

李克特量表是美国心理学家李克特（Likert）于 1932 年提出的。李克特量表是一种间接量表，也称为加总量表，调研者事先拟订与态度测量有关的若干正负态度的语句，并对每条语句规定不同状态的回答选项和记分标准。根据被调查者对各道题回答分数可得出一个总分，这个总分能说明被调查者态度强弱或其在这一量表上的不同状态。通过对全部被调查者回答的分类汇总就可以描述样本总体或子总体的态度测量的分布状态，从而得出调研结论。

这种量表也可用于探测性市场调研，可为正式调研提供依据或指明方向。

 小案例

李克特量表实例

请您对下列电视广告的提法的等级做出自己的判断和选择，用"√"表示您认可的语句等级。

电视广告态度测量表

项目	非常同意	同意	不一定	不同意	非常不同意
多数电视广告都有趣味性	1	2	3	4	5
多数电视广告枯燥乏味	1	2	3	4	5
多数电视广告具有真实性	1	2	3	4	5
多数电视广告具有欺骗性	1	2	3	4	5
电视广告能帮助厂商促销	1	2	3	4	5
电视广告有助消费者选择产品	1	2	3	4	5
电视广告可有可无	1	2	3	4	5
我对电视广告没有特别的看法	1	2	3	4	5
看电视广告是一种享受	1	2	3	4	5
看电视广告完全是浪费时间	1	2	3	4	5

项目小结

调查问卷又称调查表,是以书面的形式系统地记载调查内容,了解调查对象的反应和看法,以此获得资料和信息的一种载体。根据市场调查中使用问卷方法的不同,可将调查问卷分成自填式问卷和访问式问卷两大类。其中,自填式问卷分为送发式问卷、邮寄式问卷、报刊式问卷,访问式问卷则分为人员访问式问卷、电话访问式问卷和网上访问式问卷。一份完整的问卷调查表一般包括问卷标题、问卷说明、填写要求、调查甄别内容、调查主体内容、编码、结束语、作业证明记载等内容。

调查问卷设计是依据市场调查目的列出所需了解的项目,并以一定的格式,将其有序地排列组合成调查表的活动过程。问卷设计应遵循目的性原则、可接受性原则、顺序性原则、简明性原则和匹配性原则。

调查问卷的设计程序一般包括十个步骤,即确定所需信息、确定问卷的类型、确定问题的内容、确定问题的类型、确定问题的措辞、确定问题的顺序、确定问卷的排版和布局、测试问卷、评价问卷、问卷定稿。

调查问卷设计中经常出现的错误有:问题定义不准确、问题形式不妥当、问题顺序不正确、问题取舍不合理、排版装订不雅观等。针对这些存在的问题,要用相应的解决对策,设计出符合要求的调查问卷。

量表是通过一套事先拟订的用语、记号和数目来测定人们心理感受等调查项的度量工具。其主要作用是将定性的数据转化为量化数据,以便于信息整理分析。量表的具体形式有列举评比量表、图示评比量表、语义差别量表、固定总数量表、李克特量表等。

思考练习

一、选择题

1. 在下列部分中,( )不是问卷开头的组成部分。
   A. 问候语　　　　B. 填表说明　　　　C. 问卷编号　　　　D. 引言
2. 属于开放式问题的是( )。
   A. 二项选择题　　B. 多项选择题　　　C. 填空题　　　　　D. 排序题
3. 问卷是开展市场调查的( )。
   A. 报告　　　　　B. 过程设计　　　　C. 内容　　　　　　D. 工具
4. "先易后难"符合问卷设计的( )。
   A. 目的性原则　　B. 可接受性原则　　C. 顺序性原则　　　D. 简明性原则
5. 自填式问卷不包括( )。
   A. 送发式问卷　　　　　　　　　　　B. 邮寄式问卷
   C. 报刊式问卷　　　　　　　　　　　D. 电话访问式问卷
6. 问卷中"请问您使用什么牌子的牙膏",这一提问的不当之处是( )。
   A. 用词不够确切　　　　　　　　　　B. 含有诱导性问题

C. 包含了多项内容　　　　　　　　D. 采用了否定形式的提问

7. "您觉得这种电冰箱的质量怎么样?"这一提问的问题是(　　)。

　　A. 包含的内容过多　　　　　　　　B. 问题不清楚

　　C. 内容过于笼统　　　　　　　　　D. 问题具有诱导性

8. 邮寄式问卷的优点有(　　)。

　　A. 回复率高　　　B. 回答质量较高　　C. 调查范围较广　　D. 投入人力较少

9. 态度测量表是测定人们心理活动的工具,在测量表中不会使用(　　)。

　　A. 询问用语　　　B. 一手资料　　　　C. 调查记号　　　　D. 数字

10. (　　)是根据各个特性的重要程度将一个给定的分数(通常为 100 分),由受访者根据自己的看法在两个或多个特性间进行分数分配。

　　A. 列举评比量表　　　　　　　　　B. 图示评比量表

　　C. 固定总数量表　　　　　　　　　D. 李克特量表

二、简答题

1. 调查问卷有哪些基本类型？基本结构包括哪些部分？
2. 概括市场调查问卷设计的程序。
3. 列举开放式问题和封闭式问题各自的优缺点。
4. 调查问卷设计应遵循哪些原则？
5. 常见的量表包括哪些？

三、材料分析题

　　某房地产公司的总经理一直在考虑如何扩展自己的业务范围,在一次与朋友的交谈中,他发现潜力无限的新业务就在自己的手中,只是过去从来没有关注过,这就是给购买自己公司房产的用户提供装修服务和物业管理服务。房地产公司一般为用户提供的只是毛坯房,用户拿到新房钥匙后,自己负责装修。这样做可以使用户按照自己的爱好和意愿装扮新居,也使房地产公司免去了很多的麻烦。但是由于装修市场鱼龙混杂,用户常常会碰到一些不负责任的装修公司或个体装修者,不但装修效果不满意,还可能受到经济损失。如果房地产公司直接给用户提供装修服务,就可以解决用户装修的苦恼,同时又开辟了一个新的市场。该经理决定进入这一市场。为了能够为用户提供满意的装修,他希望通过市场调查获得以下问题的答案:用户对自己装修的看法是什么？有多少用户希望房地产公司提供装修服务？用户需要哪些服务？用户能够承担多大的装修费用范围？

　　通过调查,总经理希望能够实现以下目的。

　　(1) 确定用户接受房地产公司装修服务的可能性。

　　(2) 确定哪些用户希望获得装修服务。

　　(3) 确定装修服务的内容和费用预算范围。

　　(4) 用户对装修服务的要求。

　　总经理决定在签订购房合同的用户中进行全面调查,调查由本公司推销员利用访问用户的机会进行。根据总经理的要求,公司营销部设计了调查问卷。问卷初稿如下。

各位先生/女士：

为了更好地满足各位住房需求，本公司特别开展此项调查，以了解广大客户对购房装修的需求，以及对我公司房地产经营活动的期望和意见，以便于我们改进工作，提高服务水平。请您就下列问题，提供宝贵的答案。

为了维护您的隐私，本问卷采用不记名方式，请您如实填写答案。

非常感谢您的合作。

基本资料如下。

(1) 性别：① 男　② 女
(2) 年龄：① 30岁以下　② 30~45岁　③ 46~55岁　④ 55岁以上
(3) 职业：_____
(4) 家庭人数：① 单身　② 2~3人　③ 4人及以上
(5) 家庭年收入：① 15 000~20 000元　② 20 001~35 000元
　　　　　　　③ 35 001~45 000元　④ 45 001~60 000元
　　　　　　　⑤ 60 001~75 000元　⑥ 75 001元以上

意见调查如下。

(1) 到目前为止，您对自己的购房选择满意吗？
　　① 满意　　　　② 不满意　　　③ 一般
(2) 如果满意，请问您最满意的是(　　)。
　　① 房屋质量　　② 物有所值　　③ 可享受其他服务
(3) 如果不满意，请问您最不满意的是(　　)。
　　① 质量未达到合同标准　　　② 配套服务不全面
　　③ 价不符实　　　　　　　　④ 其他
(4) 您为什么选择本公司房产？
　　① 地理位置比较理想　　　② 价格适中
　　③ 户型结构合理　　　　　④ 物业管理水平高
(5) 房地产能否提供家装相关服务，对您的购房选择有无影响？
　　① 有　　　　　　　　　　② 无
(6) 购房后您是否担忧室内装修问题？
　　① 是　　　　　　　　　　② 否
(7) 您最可能选择的装修方式是(　　)(请只选一项)。
　　① 自己设计，自己施工　　　② 自己设计请熟人施工
　　③ 请装修公司全包　　　　　④ 专业人员设计，自己施工
　　⑤ 装修公司负责设计施工，房地产公司统一管理
(8) 您的装修费用预算是(　　)。
　　① 20 001~40 000元　　　② 40 001~60 000元
　　③ 60 001~90 000元　　　④ 90 000元以上
(9) 您希望装修公司提供装修服务吗？
　　① 是　　　　　　　　　　② 否

(10) 如果房地产公司提供相关装修中介服务,您希望该服务包括哪些项目?
　　① 室内装修设计
　　② 提供装修材料和装修公司的有关信息
　　③ 提供装修监理公司的有关信息
　　④ 解决装修纠纷的法律中介服务
　　⑤ 提供装修过程的统一管理
　　⑥ 提供配套家具的选择方案及有关信息
　　⑦ 其他

(11) 您希望以什么方式获取装修设计方案?
　　① 自己设计方案　　　　　　　② 由装修公司设计

(12) 您认为装修材料信息服务应包括下面哪些内容?
　　① 价格、产地、材质　　　　　② 购买地点
　　③ 流行趋势　　　　　　　　　④ 售后服务项目

(13) 您需要了解装修公司的哪些信息?
　　① 企业实力　　② 企业声誉　　③ 设计水平　　④ 施工水平
　　⑤ 收费标准　　⑥ 售后服务

(14) 您需要知道装修监理公司的哪些信息?
　　① 监理人员的资信　　　　　　② 监理人员的从业时间
　　③ 监理人员的个人情况　　　　④ 监理收费情况

(15) 您希望知道法律中介服务包括下面哪些内容?
　　① 介绍律师　　　　　　　　　② 提供律师的从业背景资料
　　③ 律师的收费标准　　　　　　④ 其他

(16) 如果本公司提供装修中介服务,您认为:
　　① 求之不得　　　　　　　　　② 是一种推销手段
　　③ 为用户办了一件好事　　　　④ 不必要

(17) 作为本公司用户,您认为我们应增加哪些服务项目?

问题:
(1) 问卷初稿设计是否符合调研目的?
(2) 问卷的内容和语句还有哪些需要进一步修改?
(3) 在调查态度和购买动机方面现有问题形式是否效果最好?你认为应采用哪一些提问方式?

四、实践训练

1. 活动内容

从以下选题中选择一个主题,进行问卷设计。在班级内发放问卷进行调查,找出问卷中的错误与不足,并尝试以回收问卷为样本进行分析。

(1) 高职学院学生网购情况调查问卷。
(2) 高职学院学生月消费支出状况调查问卷。

（3）高职学院学生学情调查问卷。

2. 活动组织

对学生按照 3~4 人分组。每个学习小组通过集体讨论，分析调查主题的相关指标，熟悉调查问卷的设计方法和流程，完成问卷。课堂分组展示结果，每一个小组选一位代表课堂发言。教师讲评，最后提交书面报告。

> 学习心得

学 习 评 价

题目					
班级		姓名		学号	

学习成果检测报告
自选调查主题，确定本次问卷设计的方法和工具，完成调查问卷设计。分享设计成果并讨论问卷设计中的收获和不足。

考核评价（按 10 分制）		
教师评语：	态度分数	
	工作量分数	
考 评 规 则		
(1) 问卷内容紧扣调查主题； (2) 调查问卷问题条理清晰、逻辑性强； (3) 问卷工具使用规范合理		

运用市场调查方法

课程思政

- 培养理论知识综合运用能力、解决问题能力。
- 培养敏锐的洞察力与精准的判断力。
- 培养认真负责、实事求是、一丝不苟的科学精神。

知识目标

- 认识文案调查法的特点。
- 明确访问调查法的概念和类型。
- 了解电话调查的优缺点。
- 掌握邮寄调查的优缺点。
- 认识观察调查法和实验调查法。

技能目标

- 能够运用文案调查方法。
- 能够运用入户访问的操作技巧。
- 能够运用小组座谈会的操作技巧。
- 能够运用深度访问技术。
- 能够进行电话调查的实际操作。
- 能够运用邮寄调查的方法与技巧。
- 初步学会网络调查的操作。
- 能够运用观察调查法。
- 能够运用实验调查法。

案例导入

多样化的调查实施方法

在实际的市场调查工作中,经常将各种调查方法结合起来,根据不同的调查目的和调查对象,采取不同的调查方法。例如,"零点调查"根据项目需要,开发多元化的数据收集方法,将定性研究与定量研究结合起来,为客户量身定做,以寻求规范的研究方法。在具体的调查实施方法中,采取的策略是:40%入户访问,26%电话访问,15%焦点座谈,10%定点拦截,5%深度访谈,还有4%的调查为参与观察、调查实验、网络调查和点面检测。"零点调查"这种以访谈为主(访谈法占96%)、形式多样(有五种具体访谈方法,还结合了观察法、实验法、网络调查法和点面检测法)的调查方法,有利于调查人员从不同角度和渠道获得市场需求变化的资料,为高质量地完成研究课题提供前期保障。

问题:在市场调查中为什么需要运用多种调查方法呢?这些方法该如何具体操作?

任务一 运用文案调查法

文案调查法又称资料查阅寻找法、间接调查法、资料分析法或室内研究法,是收集、利用企业内部和外部现有的各种历史和现实的信息、情报资料,从中摘取与市场调查主题有关的内容,从而达到对调查内容进行分析研究的一种调查方法。文案调查不直接与研究对象打交道,而是间接地通过查阅各种文献获得信息,即二手资料。二手资料是指经过他人收集、记录、整理所积累的各种数据和资料,如年鉴、报告、文件、期刊、文集、数据库、报表等。它与实地调查法、观察法等收集原始资料的方法是相互依存、相互补充的。

二手资料调查法

在市场调查活动中,调研人员一般是先考虑收集二手资料,因实地调研法虽有利于企业获得客观性、准确性较高的资料,但其周期往往较长,成本较高。而二手资料调研则可以以较快的速度和较低的费用得到信息。因此,二手资料调研一般是市场调研必不可少的基础和前道工序。只有当资料调研不能充分满足资料需要时,才应考虑采用实地调研法。随着我国信息市场的完善和统计法规的健全,以及出版印刷行业的发展,文案调查法的应用将会更加广泛,其重要性也会更加明显。文案调查法已越来越受到调查研究单位和委托调查单位的重视。

一、文案调查法的功能

在调查中,文案调查法有着特殊地位。它作为对信息收集的重要手段,一直得到世界各国的重视,文案调查法的功能表现在以下几个方面。

(1)文案调查法可以发现问题并为决策者提供重要参考。根据调查的实践经验,文案调查常被作为调查的首选方式。几乎所有的调查都可始于收集现有资料,只有当现有资料不能提供足够的证据时,才进行实地调查。

(2)文案调查法可以为实地调查创造条件。通过文案调查,可以初步了解调查的性质、范围、内容和重点等,并能提供实地调查无法或难以取得的市场环境等宏观条件信息,便于进一步开展和组织实地调查。文案调查所收集的资料还可用来考证各种调查假设,

即通过对以往类似调查资料的研究来指导实地调查的设计,用文案调查资料与实地调查资料进行对比,鉴别和估算实地调查结果的准确性和可靠性。文案调查资料可以用来帮助探讨引起现象发生的各种原因并进行说明。如有必要进行实地调查,文案调查法可为实地调查提供经验和大量背景资料。

(3)文案调查法可用于经常性的调查。实地调查更费时费力,操作起来比较困难,而文案调查法具有较强的灵活性,能随时根据需要,收集、整理和分析各种调查信息。

(4)文案调查法有助于调研项目的总体设计。通过对二手资料的分析,有助于深刻理解调研项目的背景和特点,提出较为切合实际的调研方案,避免设计失误和时间与经费的浪费。

(5)文案调查法有助于正确理解和使用原始资料。对于实地调研所得的原始资料,如果仅靠调研者的经验来解释,就可能被曲解,特别是当调研者对本调研领域不熟悉时更有可能如此。这时,与调研课题近似、相关的二手资料可以对原始资料起到解释、验证的作用。

二、文案调查法的步骤

收集的二手资料往往内容很多,常使调研者感到无从下手。因此,有必要遵循合理的调查步骤。以下基本程序是调研人员应该遵循的。

(一)辨别所需的信息

资料收集过程的第一步一般都是辨别能达到研究目的的信息类型。在信息爆炸的时代,调研人员案头放着的资料可能很多,但关键是能根据特殊需要对现有资料进行判别,找出符合要求的资料。辨别资料的标准大致如下。

(1)资料内容是否全面、可靠,是否精确地满足课题的要求。

(2)资料的专业深度够不够。

(3)资料是否与课题的重点有关。

(4)资料是否可信,与第一手资料的接近程度如何。

(5)资料能否既迅速又低成本地获得。

(二)寻找信息源

一旦辨别出所需信息,具体的查找工作就要开始。开始查找时要假设在某个信息源(如政府资料)里已经存在很多所需的信息。尽管研究者不可能发现所有与研究主题有关的资料,但其应当能有效地使用各种检索工具,如索引、指南、摘要等,以减少查找时间,并且扩大信息量,提高信息价值。

(三)收集二手资料

在确定信息源后,研究者要开始收集所需资料。在记录资料时,一定要记录下资料的详细来源信息(作者、文献名、刊号或出版时间、页码等),以便在以后要检查资料的正确性时,研究者或其他人也能准确地查到其来源。

（四）筛选二手资料

调研者应将收集起来的零乱资料进行分类整理。必要时可制成图表来分析比较、检验资料的真伪。对同一数据资料可能有两个以上的出处时，更要做比较和筛选。资料整理后，调研人员应根据调查课题的需要，剔除与课题无关的资料及不完整的资料，并分析不完整资料对调研结果预测、决策的影响程度。

（五）整理二手资料

文案调查法所涉及的资料种类、格式一般较多，对其整理分析是一项核心工作。基本要求是紧密围绕调查目的，依据事先制订的分析计划，选择正确的统计方法和指标。这与其他调查方式获得资料的分析方法是基本一致的。

（六）提出调查报告

调查报告是所有调查工作的过程和调查成果赖以表述的工具。文案调查报告类似于其他形式的调查报告，但文案调查报告应注意以下几点。

(1) 简单明了。将资料编成统计图表，方便阅读者了解分析结果并能看出与研究假设的关系。

(2) 吸引力强。用新闻标题的方式书写引人注意的题目，以提高阅读者的关注和兴趣。

(3) 结论明确。如果没有明确的结论和建议事项，该调查报告就失去其意义和价值。

三、文案调查法的途径和方法

（一）文案调查法的途径

1. 通过查看企业的内部资料获取二手资料

(1) 如果企业想掌握本企业所生产和经营商品的供应情况，分地区、分用户的需求变化情况，就可以通过查看企业发货单、订货合同、发票、销售记录、原材料订货单、销售记录、业务员访问报告、顾客反馈信息等资料获取。

(2) 如果企业想初步掌握不同阶段或季度企业经营活动数量特征即规律性，可以查看企业生产、销售、库存记录，各类统计资料的分析报告等资料，并分析统计资料。

(3) 如果企业想掌握一定时期的经济效益，为企业以后的经营决策提供财务依据，可以通过分析企业的各种财务报表、会计核算和分析资料、成本资料、销售利润、税金资料来获得信息。

(4) 如果企业想掌握产品在市场上的销售状况，可以查看不同时期产品在各个营业场所、分销渠道的销售记录和市场报告，特别是不同产品的销售量、普及率、市场占有率、购买频率、广告促销费用等资料。

(5) 如果想知道顾客对本企业产品的反应，可以查看顾客档案、产品退货、服务记录和顾客来电来信等资料。例如，企业经常通过分析顾客对企业经营、商品质量和售后服务

的意见资料,为企业今后进一步改进提供决策依据。

(6) 企业还可以通过分析企业积累的各种调查报告、经验总结,各种建议记录、竞争对手的综合资料及有关照片、录像带等资料,为企业做实地调查提供一定的参照。

2. 通过互联网获取二手资料

网上二手资料的收集主要通过搜索引擎搜索所需信息的站点的网址,然后访问要查找信息的网站或网页。如果事先知道载有所需信息的网站名,只要在浏览器的查询框中键入网站名即可查找到需要的信息。

通过网络收集二手资料速度快、信息容量大,足不出户可以收集到世界各地各方面的资料。与传统的二手资料的收集过程相比,网上市场调查能够有效地缩短过程、提高调查活动的实效性。目前传统的市场调查中二手资料的收集也越来越多地通过网络来进行。

3. 通过行业协会和商会获取二手资料

一般在前期调查中,调研员经常需要了解一个行业的整体发展状况或行业中处于领先地位企业的经营情况,如想了解行业集中度、行业中企业的市场占有率,以及未来的发展趋势或行业中企业产品的质量、价格、性能、产量等资料,可以通过查阅行业组织定期或不定期地通过内部刊物发布的各种资料,包括行业法规、市场信息、经验总结、形势综述、统计资料汇编、会员经营状况和发展水平等资料获得。

4. 通过研究机构和调查公司获取二手资料

不少经济、工商业研究所和调查咨询公司经常发表有关市场调查报告和专题评论文章,这些都能提供大量的背景材料。

5. 通过综合性或专业性图书馆获取二手资料

各类综合性或专业性图书馆,尤其是经贸部门的图书馆,大都可以提供有关市场贸易的具体数据和某些市场的基本经济情况等方面的资料。另外,图书馆有着丰富的资源和服务,如文献索引、计算机检索服务、图书馆综合目录、业务精通的图书馆管理员等。

6. 通过各类会议获取二手资料

各种博览会、展销会、交易会、订货会等促销会议,以及专业性、学术性经验交流会上会发放文件和材料,如有关企业的产品目录、商品说明书、价格单、经销商名单、年度报告、财务报表或其他资料。对于调查人员来说,如果想得到有关竞争对手的资料或可能成为竞争对手的资料,各种会议不失为一种很重要的途径。

7. 通过新闻媒体获取二手资料

一般刊物的出版者以及广播网和电视网每天都会扩散出大量的正规信息资料,这也是重要的资料来源。

课堂讨论案例

捷达公司的文案调查

背景资料:捷达公司原来是一家自行车生产厂家,近年来开始转向电动自行车的生产,并具备一定的研发能力和生产能力。为了降低经营风险,提高竞争力,在进入某地区市场前,捷达公司在对消费者和经销商调查前,首先通过文案调查法摸清该地区电动自行车的市场规模、市场容量、市场增长潜力、竞争对手情况等信息。

任务：你认为捷达公司应通过文案调查法调查哪些信息，这些信息的获取渠道是什么？

任务分析：文案调查法是重要的信息来源，为制定营销决策奠定基础，常被作为市场调查的首选方式，几乎所有的市场调查工作都开始于二手资料的收集。

在本案中与调查主题相关的内容可以通过文案调查法收集的内容如下。

(1) 该地区经济发展趋势和基本情况，居民可支配收入情况。

(2) 该地区社会发展趋势。年龄结构、婚姻状况、职业分布、城市发展和市中心向外迁徙等方面呈现的趋势。

(3) 该地区有关机动车和非机动车行业发展政策、对电动自行车安全性方面的规定、电动自行车经营惯例。

(4) 电动自行车的主要技术指标、生产要求、能够满足消费者需求的主要方式。

(5) 该地区市政道路基本情况、城市公共交通状况。

(6) 该地区市场的总体规模、市场潜量和市场增长率。

(7) 该地区人口分布的基本情况和市内几个区的人口分布情况。

(8) 该地区市场摩托车、燃油助力车、自行车、汽车的保有量情况。

(9) 该地区市场电动自行车生产企业和主要产品情况。

在本案中，捷达公司调查人员首先在企业的各个业务部门（销售部门、市场部、财务部、仓库、代理商等处）查找捷达公司内部的资料。

(1) 捷达公司的业务资料：客户订货单、进货单、合同文本、发票、销售记录、应收应付款、产品利润结构和地区利润结构等。

(2) 捷达公司的统计资料：公司的各种统计报表、生产、销售、库存等各种数据资料、统计分析资料。

(3) 捷达公司的财务资料：财务部门提供的各种财务、会计核算和分析资料，包括成本、价格、经营利润等。

(4) 捷达公司积累的其他资料：公司的各种调查报告、总结、顾客意见与建议、简报、录像等。

另外，调查人员应积极查找外部的资料。

(1) 查找该地区统计局、财政局、市计委、工商局、税务局、各大银行公布的信息资料，并登录相关网站，获取最新数据。

(2) 在该地区各大媒体上（报纸、杂志、电台、广播、网络）关注电动自行车市场信息栏目和商业评论栏目。

(3) 该地区及周边市场的各种市场调查机构提供的市场信息。

(4) 该地区图书馆、档案存档的各种电动自行车的商情资料、技术发展资料、研究机构的各种调查报告、论文集等。

(5) 在该地区企业名录中查找电动自行车生产和零部件供应商企业。

(6) 通过"该地区电动自行车协会"了解近几年自行车行业的发展状况，行业的行规、惯例等。尽可能查询更多的信息资料，如年销售量等。

(7) 通过近几年的《本地区市政府工作报告》及《本地区统计公报》了解该地区近几年

的经济发展状况,特别是与自行车生产相关的制造业数据。在《统计年鉴》中查询该地区电动自行车年产量、产值等。

(8) 在互联网上查找电动自行车企业,了解各企业生产规模、技术力量、产品类型等。

(9) 通过"中国质量技术监督局"网站了解电动自行车质量技术标准。重点了解电动自行车的车速、发动机、车架组合的抗震动强度、制动距离标准部分。

问题:在实际的调研项目中,文案调查法应该如何实施呢?

(二) 文案调查法的方法

1. 查找

查找是获取二手资料的基本方法。从操作的次序看,首先要注意在企业部门内部查找。一般来说,从自身的信息资料库中查找最为快速方便。此外,还应从企业各有关部门查找。只要信息基础工作做得好,从企业内部查找可以获得大量反映企业本身状况的时间序列信息,还可以获得有关客户、市场等方面的资料。在内部查找的基础上,还需到企业外部查找,主要是到一些公共机构查找,如图书馆、资料室、信息中心等。为提高查找的效率,应注意熟悉检索系统和资料目录,在可能的情况下,要尽量争取这些机构工作人员的帮助。

2. 索讨

索讨就是向占有信息资料的单位或个人无代价地索要。由于索讨属于不付出代价的,这种方法的效果在很大程度上取决于对方的态度,因此,向那些已有某种联系的单位和个人索讨或由熟人介绍向那些尚未有联系的单位和个人索讨,常能取得较好的效果。

3. 购买

购买即付出一定的代价,从有关单位获得资料。随着信息的商品化,许多专业信息公司贮存的信息资源有价转让,大多数信息出版物也是有价的,购买将成为收集资料的重要办法。当然,企业订阅有关的信息杂志、报纸等从本质上说也属于购买。

4. 交换

交换是指与一些信息机构或单位之间进行对等的信息交流。当然,这种交换不同于商品买卖之间的以物换物,而是一种信息共享的协作关系,交换的双方都有向对方无偿提供资料的义务和获得对方无偿提供资料的权利。

5. 接收

接收是指主动接纳外界免费提供的信息资料。随着现代营销观念的确立,越来越多的企业和单位,为宣传自身及其产品的和服务,扩大知名度,树立社会形象,主动向社会传递各种信息,包括广告产品说明书、宣传材料等。

四、文案调查法的优缺点

(一) 文案调查法的优点

1. 迅速便捷和低成本

文案调查法比实地调查法更省时、省力,组织起来也比较容易,某些资料只需简单的加工，同时也为实地调查打下基础。

2. 可以克服时空条件的限制

文案调查法收集既可以获得现实资料，还可以获得实地调查所无法取得的历史资料；既能获得本地范围内的资料，还可以借助于报纸、杂志及互联网等，收集其他地区的资料。尤其是在做国际市场调查时，由于地域遥远、市场条件各异，采用二手资料收集非常方便。

3. 受到各种影响因素影响

文案调查法收集既不会受调查者的主观情感判断的影响，也不会出现实地调查中，因被调查者的阅历参差不齐、情绪不佳等造成的错误结果。

(二) 文案调查法的缺点

1. 加工、审核工作较难

文案调查法依据的主要是历史资料，过时资料比较多，需要一定的加工过程。需要调查者对其历史背景进行分析，并依据当前的情况进行调整，但许多资料经人多次传抄引证，已经成为第三手、第四手资料，使用时难以考察其时代背景；有的被人故意扭曲事实，其真实性、可靠性令人怀疑。

2. 滞后性和残缺性

文案调查法收集所获得的资料总会或多或少地落后于现实，特别是印刷文献资料；而且进行文献调查往往很难把所需的文献资料找齐全。

3. 对调查者的专业知识、实践经验和技巧要求较高

文案调查法收集要求调查人员有较广的理论知识、较深的专业知识及技能，否则难以加工出令人满意的信息。

任务二 运用访问调查法

在市场调查的一般流程中，当定义了市场调查问题、制订了市场调查方案以后就要根据方案的要求进行资料的收集工作。在资料收集的过程中就涉及各种市场调查方法的运用。

一、访问调查法的含义与特点

访问调查法是指调查者直接访问被调查者，取得所需市场调查资料的一种方法。采用该方法有以下优势。

(1) 可以进行深入调查，可以提出许多不同的问题，甚至很复杂的问题。

(2) 可以采用图片、表格、产品演示等来激发被调查者。

(3) 准确性较强，可以获得较多而真实的资料。

(4) 拒答率低并有观察的机会。

该种方法的局限性是访问成本高、时间长、管理困难、对访问员要求较高。访问调查

法主要包括面谈调查法、电话调查法、邮寄调查法和网络调查法。在实际选用时,应相互配合补充使用,彼此取长补短。调研人员也可将这些方法组合使用。

二、运用面谈调查法

(一)运用入户访问法

入户访问法

入户访问法是访问员按照抽样方案中的要求,到抽中的家庭或单位中,按事先规定的方法选取适当的被访者,再依照问卷或调查提纲,进行面对面的直接访问的一种方法。

1. 入户访问法的实施过程

(1)确定到哪些户(单位)去访问调查。

(2)找到受访户之后,访问员要想方设法登门。

(3)若受访户接受调查,访问员应按照抽样要求抽取家中的被访者。

(4)访问员按照问卷中题目的次序向被访者询问并做记录。

(5)受访者回答完所有问题后,访问员要当场检查一下答案,看是否有遗漏或其他问题。若有疑问要及时解决。

(6)访问结束时访问员要向被访者及其家人致谢,并送上小礼品。

2. 入户访问法的操作技巧

1)接触被访者的技巧

(1)初步接触。作为一个市场调查员,接触被访者是做好访问的第一步,直接关系到调查的成败。好的开端是成功的一半,第一次同用户接触非常重要。门口不是谈话的场所,为此进门前通常应简短地自我介绍,只要能让你进入室内就足够了。在门口调查人员不要直接要求准许访问,而应暗示受访者合作。此外,调查人员还要注意应在受访者不太忙时去访问,以便接触受访者后便可立即进行访问。若受访者建议你下次再访,应务必安排更方便的时间重访。

(2)确定访问者。经过入室的初步交谈后,接下来要确定想要访问的对象。大多数抽样调查中,需要访问的对象可能规定是家庭中的特定成员(如家庭主妇);或者是家庭中属于特定类型的成员(如拥有私车者);或者是家庭中的成年成员。

(3)安排和组织访问。初次接触时,受访者可能确实太忙而无暇接受访问,这时不要试图说服其勉强接受,而应约一个更合适的时间回访,届时受访者会从容而专心地接受访问。一旦约定了回访时间,应保证按时赴约。另外,应尽可能耐心地对待失约的受访者。约会日期安排也要与日程安排相一致。

如果拒绝受访者的建议时间,可能会使受访者认为调查人员对访问不太重视。受访者知道是专程回访时,通常是乐意协助配合的。

(4)访问场合。访问时,没有第三者在场最理想。但是,受访者的家里常常有许多人,这时,若没有适合的房间专门用于访问,调查人员可选择比较安静、方便的角落进行访问,确保受访者专心回答问题。

(5) 营造和睦气氛。首先了解受访者,注意满足受访者的心理需要。访谈前,最好对受访者有一个基本的了解,了解其优点特长。尽量通过语言、声音、语调、表情和动作,传达对受访者友好、尊重的感情,当受访者心理满足时,就会感到与你交谈是愉快的,会愿意配合你的工作。

提问前,与受访者谈些双方熟悉的话题。例如,近来大家共同关心的热点问题、某场体育比赛等。有共同语言之后,就会使访谈在一种平等的倾心交谈的气氛中进行,受访者会向你吐露心声。一般人都喜欢别人发现自己的优点。当你诚恳地对受访者的优点表示赞扬时,其会对你产生兴趣和好感。这是与受访者建立和睦关系的有效途径。但是,一定要运用自然,态度诚恳,不要勉强。

2) 访问过程中的控制技巧

(1) 提问的控制技巧。提问是访谈中主要的活动,提什么样的问题、如何提问,决定着能够获得什么样的信息和访谈的质量。提问应按照事先拟订的访问提纲逐项进行;如果采用问卷调查,则可以按照问卷所列的问题的先后顺序提问。调查人员应能准确判断不同文化背景下的调查对象回答的真正含义;问话的语气、用词、方式应与调查对象的身份一致协调(如访问儿童应以浅显的词句、亲切的语气;对工程师则可使用工程方面的术语等)。每个问题的内容要单一,避免多重含义;问题的表述语言要简短、通俗、准确;直接提问与间接提问要相结合;问题的表达要具体,并且不涉及太多的专业知识。

调查人员应认真听取调查对象的口头回答,积极主动地捕捉一切有用的信息,包括各种语言信息和非语言信息;能正确理解捕捉到的信息,及时做出判断或评价;有正确的态度,认真地听、虚心地听、有感情地听。

(2) 追问的技巧。在访问过程中,调查人员要做必要的追问。追问应当是中性的,不应当有任何提示或诱导,目的是鼓励调查对象积极回答。调查对象的回答不真实、不具体,没有准确、完整地说明问题时,调查人员就要追问,可以直接指出内容不真实、不具体、不准确、不完整的地方,请对方补充回答;也可以调换一个侧面、一个角度、一个提法来追问相同的问题。要注意的是,追问一定要适时、适度,调查人员不能引导,也不要用新的词汇追问。一般有经验的调查人员能帮助调查对象充分表达自己的意见。

(3) 记录答案的技巧。记录有两种方式,即当场记录和事后追记。无论是详记还是简记,在记录内容上都应抓住要点、特点、疑点、易忘点、主要感受点。要详细记录调查对象所说的内容、调查人员所看到的场景、调查对象的表情等;同时还要记录调查人员使用的方法、调查人员的个人因素对访谈可能产生的影响,以及访谈过程中的个人感受和心得。

3) 结束访问的技巧

(1) 要让受访者有良好的感觉。调查人员应感谢受访者抽出时间给予合作,并使受访者感觉出自己对这项调查做出了贡献。

(2) 离开访问现场前要仔细核查。已完成的问卷是否填写完整和一致;问题答案是否有前后不一致的地方;问题的答案处有无空白,确保正确地圈出答案;是否有需要受访者澄清的含糊答案。

3. 入户访问法的优缺点

1) 入户访问法的优点

问卷回答的完整率高,避免有意漏答题目的现象;访问员在询问过程中可以观察被访

者的表情、姿态等非语言行为,可借此判断受访者回答的真实性;由于调查时间长,可以获得较多资料;易于回访复核,检验访问的真实性。

2) 入户访问法的缺点

调查费用高;对访问过程的控制较为困难;拒访率高。

(二)运用街头拦截访问法

1. 街头拦截访问法的含义与方式

街头拦截访问法是指由访问员于适当的地点,如商场入口处等拦住适当的受访者进行访问调查的一种方法。通常是在调查对象具有一定特殊性或总体抽样框难以建立的情况下采用的。很多调查公司把街头拦截访问作为入户访谈的替代方式。

根据拦截地点不同,可分为街头流动拦截访问和街头定点拦截访问两种方法。街头流动拦截访问是由经过培训的访问员在事先选定的若干地点,如交通路口、户外广告牌前、商城或购物中心内外、展览会内外等,按照一定的程序和要求,选取访问对象,征得其同意后,在现场按照问卷进行简短的面访调查。这种方式常用于需要快速完成的小样本的探索性研究。街头定点拦截访问也称中心地调查或厅堂测试,是在事先选定的若干场所内,租借好访问专用的房间或厅堂,根据研究的要求,可能还要摆放若干供被访者观看、品尝或试用的物品,然后按照一定的程序和要求,在事先选定的若干场所附近,拦截访问对象,征得其同意后,带到专用的房间或厅堂内进行面访调查。

街头拦截访问法常用在商业性的消费者行为及态度研究中,例如调查消费者购买洗护用品的偏好、购买习惯、决策方式等。

2. 街头拦截访问法的操作技巧

由于街头拦截访问是在户外进行,环境较为嘈杂,所以必须掌握以下操作技巧。

1) 准确寻找调查对象

调查者要环顾四周,寻找出可能会接受调查的目标对象。街头人群具体分两种:行走人群和留步人群。留步人群比较好处理,找那些单个在一边休息或似乎在等人的对象,径直走上前去询问他们。如果被拒绝,也要很有礼貌地说:"对不起,打扰您了"。

对于能否准确找到调查目标,主要是观察对方是否是单人行走,步履的缓急,手中是否提有过多的物品,神色是否松弛等再决定是否访问。

2) 上前询问,注意姿态

如果判断路人可以作为调查对象时,就应积极地上前询问。上前询问的短短几步也是有讲究的,起步应该缓步侧面迎上。整个行走过程,目光应对准被调查者。当决定开口询问时,应在被调查者右前方或左前方一步停下。

3) 开口询问,积极应对

良好的开始是成功的一半,开口的第一句话很重要。在这句话中,要有准确的称呼、致歉词和目的说明。你可以说:"对不起先生,能打扰你几分钟做一个调查吗?"这时良好的心态、微笑的魅力、语言表达都要协调地配合在一起。

对于询问,调查对象会有许多种反应。第一种是不理睬你,这说明他对街头拦截调查极度拒绝,如果是这样,向他致歉就可以结束了。第二种是有礼貌地拒绝,这时应当针对对方的借口进行回应,例如对方说没时间,可以应对说只需一点点时间。最好还能让对方看看调查问卷,以求调动兴趣。第三种可能是对方流露出一些兴趣,问你是什么调查。这时要把握住机会,让对方看看调查问卷,并向他解释调查的内容,及时地递上笔。只要让对方接过问卷,一般就能够让对方接受你的调查。第四种情况较为少见,对方一口答应接受调查。这是最理想的情况。

4) 随步询问,灵活处理

在应对行走人群时,让对方自动停下脚步是一个不错的切入点,说明对方对你有兴趣。如果对方不愿停下脚步,这就需要跟随对方走几步,同时用话语力争引起对方的兴趣。切记不可直截了当地要求对方停下脚步。经验表明,跟随对方走出十米依然无法让对方停步,就应当停止跟随。

5) 被调查者信息收集须加小心

对于被调查者的信息资料,如姓名、年龄、住址、电话等,有时也需要在街头拦截调查中得知。甚至有时调查的目的就是要了解被调查者的基本信息,以利于有针对性地开展营销活动。

这一内容的调查要小心处理。在调查中要尊重被调查者的权利,千万不能强求。在调查开始时,先要诚实地将自己的真实身份、调研的目的、为何要了解其基本资料的原因告知被调查者。同时向其告知我们的义务,询问其是否愿意告知。只要处理得当,一般在这样的情况下,被调查者都会愿意留下个人的信息资料。

3. 街头拦截访问法的优缺点

1) 街头拦截访问法的优点

效率高,与入户访问相比可以明显地节省时间及人力;所需费用低;便于对访问员进行监控。在拦截访问过程中可以安排督导员现场督导、监控,以保证调查的质量。

2) 街头拦截访问法的缺点

事后回访较难实现。访问质量只能在调查过程中进行控制;被调查者的选取受访问员的影响较大,会影响样本的代表性和调查的精确度;户外访问环境较混乱,因此访问过程易中止。

(三) 运用小组座谈会法

小组座谈会法又称为焦点访谈法。就是采用小型座谈会的形式,挑选一组具有代表性的消费者或客户,在一个装有单面镜或录音录像设备的房间内,在训练有素的主持人的组织下,就某个专题进行讨论,从而获得对有关问题深入了解的一种方法。小组座谈会的特点在于,所访问的不是独立的被调查者,而是同时访问若干个被调查者,通过与其集体座谈来收集信息。小组座谈会法是定性调查中常用的方法之一。

小组座谈会法

1. 小组座谈会法的实施过程

1) 明确座谈目的,设计调查提纲

座谈会的主题应该是与会者共同关心和了解的问题。这样才能使座谈始终围绕主题进行讨论。调查提纲的设计是一项十分重要而又需要技巧的工作。它既要求围绕座谈主

题,又要求能达到座谈目的,同时还要能调节座谈气氛。在调查提纲里,要列出小组要讨论的所有主题,还要对主题讨论的顺序做出合理的安排,以配合座谈会的顺利进行。

课堂讨论案例

西式快餐店调查座谈提纲

引入相关话题:
- 预热话题和发言规则(10分钟);
- 小组成员相互介绍(3~5分钟),一般从主持人开始,顺时针进行;
- 到餐厅吃饭的态度和消费行为描述(15分钟);
- 对快餐的态度、情感和消费行为描述(15分钟);
- 对西式快餐的态度、情感和消费行为描述(20分钟)。

针对没有西式快餐店用餐经历的小组:
- 测试对西式快餐店的态度和认知(20分钟);
- 对西式快餐店服务的期望(10分钟);
- 对西式快餐店内部装饰的期望(10分钟)。

针对有西式快餐店用餐经历的小组:
- 了解在西式快餐店的消费行为细节和对用餐经历的评价(30分钟);
- 对西式快餐店用餐服务的评价(10分钟);
- 对西式快餐店内部装饰的认知和评价(10分钟);
- 概念一测试(出示概念板,10分钟);
- 概念二测试(出示概念板,10分钟);
- 谢谢参与,结束座谈。

问题:如何结合实际调研问题设计访谈提纲?

2) 选择座谈会的参加者

座谈会参加者的数量一般为8~12人。每项主题可能需要进行3~4轮的座谈。对参加者的分组,一般以某个参数是否同质为准,同质同组。这样做的目的在于减少参加者之间的抵触,提升认同感,避免因为枝节问题所导致的冲突。

另外,参加者应该尽量普通一点,如非特别必要,应该把有"专家"行为倾向的人排除在外,包括一些特殊职业(如律师、记者等)的消费者,因为他们很容易凭借自己的"健谈"占用过多发言时间,并且影响其他参加者,同时也会增加主持人的控制难度。曾经参加过焦点访谈的人也不是合适的参加者。同时参加者中还应该避免有亲友、同事关系,因为这种关系会影响发言和讨论。

3) 确定会议的主持人

小组座谈会过程是主持人与多个被调查者相互影响、相互作用的过程。因此要求主持人必须与参加者和睦相处,并推动讨论的进程,鼓励被调查者发表看法。由于主持人还在分析与解释数据时起着重要的作用,因此,作为主持人应当有技巧、有经验,对所讨论的问题有一定的认识,并理解小组互动的实质。拥有合格的受访者和一个优秀的主持人是小组座谈会法成功的关键。

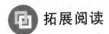 拓展阅读

对座谈会主持人关键能力的要求

- 和蔼、坚定。为了产生必要互动效应,主持人必须将适度的超然与热情结合起来。
- 宽容。主持人必须对小组采取宽容的态度,但应对瓦解小组热情的迹象保持警觉。
- 参与。主持人必须鼓励并激起被调查者强烈的个人参与感。
- 不完全理解。主持人必须表现出不完全理解来鼓励被调查者将泛泛的评论具体化。
- 鼓励。主持人应鼓励不响应的被调查者参与讨论。
- 灵活性。主持人必须能在小组讨论出现偏差时修改原定提纲,并当即拟订新的提纲。
- 敏感性。主持人必须足够敏感,将小组讨论引导在既具理智又有激情的水平上。

问题:结合以上要求分析如何才能成为一名优秀的主持人?

4)选择和布置座谈会场所

选择座谈会的场所很关键。要营造出一个轻松的、非正式的气氛才能鼓励参加者自由、充分地发表意见。传统意义上的焦点访谈场所和普通会议室大致差不多。不同的是在一面墙上会安装单面镜,在隐蔽的地方安装麦克风和摄像头。单面镜的另一边是观察室,配备有各种控制仪器,便于客户观察整个会议进程。同时还应配备1~2名工作人员,负责操作仪器设施,协助座谈的实施。

5)实施座谈

在座谈会实施的过程中,主持人发挥的作用至关重要。因此主持人必须做到:第一,与参与者建立良好的关系;第二,讨论前交代小组互动的规则;第三,设定目标;第四,追问并就有关领域促成热烈的讨论;第五,努力对小组的发言加以总结,以确定达成共识。

总之,在实施座谈过程中,如何深入挖掘参加者的信念、感受、想法、态度和观点是重点。

6)分析总结资料,撰写调查报告

座谈会数据及资料分析要求主持人和分析人员共同参与,必须重新观看录像,不仅要听取参与者的发言内容,而且要观察发言者的面部表情和身体语言。好的做法是,在小组座谈结束后,让主持人、参与座谈的工作人员、营销专家每人都递交一份分析报告,然后集中到研究人员手中。由研究人员召集项目组人员举行头脑风暴会议,对每个人的独到见解再进行剖析和发散,最后由研究人员撰写正式报告。

拓展阅读

小组座谈会的其他形式

(1)双向焦点小组。这种方法是让一个目标群体听取另一个相关群体的看法,并从中学习。例如,关节炎患者组成一个焦点小组,讨论期望得到的治疗;医生们则在观察这

个小组的讨论后再组成一个焦点小组进行讨论。在这一过程中,患者组的讨论对医生组的讨论影响很大。

(2)主持人争辩焦点小组。这种方法是在焦点小组座谈中安排两个主持人。这两个主持人故意对所讨论的问题持相左的观点。这就允许研究人员探索有争议问题的两个方面。

(3)被调查者与主持人焦点小组。在这类焦点小组座谈中,让所选择的被调查者暂时扮演主持人的角色来提高小组的活力。

(4)客户参与小组。允许部分客户方的人员参加焦点小组讨论,主要作用是澄清一些问题,从而使小组讨论更加有效。

(5)在线焦点小组。通过在线填写筛选问卷来挑选合格的被访者,邀请其在网络聊天室参与在线访谈的一种方法。这种形式越来越成为焦点小组座谈的一种重要形式。

2. 小组座谈会法的优缺点

1) 小组座谈会法的优点

资料收集快,效率高,节省时间;取得的资料较为广泛和深入;在覆盖的主题和深度方面较为灵活;能将调查与讨论结合在一起。

2) 小组座谈会法的缺点

对主持人的素质要求较高;样本代表性较差,容易受被调查者的影响出现偏差;回答结果散乱,后期对资料的分析和解释较为困难;受时间限制,难以进行深入细致交流。

(四)运用深度访问法

在市场调查中,常需要对某个专题进行全面、深入的了解,同时希望通过访问发现一些深层次信息。要达到这个目的,仅靠表面的观察和一般的访谈难以实现,这时就需要采用深度访问法。

深度访问法是一种无结构的、直接的、一对一执行的访问方法,即调查者按照拟订好的调查提纲或腹稿,对受访者进行个别询问,以获取有关信息,从而揭示调查者对某一问题的潜在动机、态度和情感。

1. 深度访问法的适用场合

与小组座谈法相似,深度访问法是为了得到关于问题的观点与理解的探索性研究。在解决以下问题的时候经常使用。

(1)对被调查者的细节追问(如汽车的购买)。

(2)对于秘密、敏感或者尴尬话题的讨论(如个人财政状况)。

(3)对复杂行为的更详细的理解(如光顾百货商店)。

(4)面访专业人士(如行业营销研究)。

(5)产品消费经历是感性的时候(如对香水、沐浴液的消费)。

2. 深度访问法的优缺点

1) 深度访问法的优点

深入发掘消费者内心的动机态度;能更自由地交换信息,常能取得一些意外资料;便于对一些保密、敏感问题进行调查。

2）深度访问法的缺点

调查的无结构性使得调查质量更多地依赖调查员素质的高低；获得的资料难以进行解释和分析，样本的代表性差；访问时间长，所需经费较多。

（五）运用投射技术法

小组座谈会法和深度访问法都是直接调查法，即在调查中明确向被调查者表露调查目的，但是当需要对态度、动机、情感等方面提问时，直接提问法很难得到正确的答案。此时，研究者就要借助于间接的调查方法。其中最有效的方法之一就是投射技术法。

投射技术法是指穿透人们的心理防御机制，使真正的态度和情感浮现出来的一种方法。它采用一种无结构的、非直接的询问形式，可以鼓励被调查者将其对所关心问题的潜在动机、信仰、态度或感情投射出来。一般使用结构松散、刺激模糊的材料测试被调查者，然后根据被调查者的反应得出调查结论。投射技术法尤其适合于敏感性问题的调查。

1. 投射技术法的类型

1）联想法

联想法是利用人们的心理联想活动或在事物之间建立的某种联系，向被调查者提及某种事物或词语，询问被调查者想到什么，以获取被调查者对调查问题的看法、动机、态度和情感。最常用的是词语联想法。访谈员根据调查问题读一个词给被调查者，然后要求被调查者说出脑海中出现的第一种事物。例如，调查者说出"啤酒"一词，要求被调查者马上说出或写出所能联想到的品牌，如"青岛""燕京"等。

2）完成法

完成法要求被调查者完成一个不完整的刺激场景。在营销研究中，普通的完成法包括句子完成法和故事完成法

比起词语联想法，完成法可以提供给被调查者一个更直接的刺激。也能提供更多的关于研究对象感受的信息。故事完成法是只给被调查者故事的一部分，仅仅引导其注意到某一特定主题但猜不出结尾，要求被调查者用自己的语言给出结尾。故事的完成将揭示其情感与情绪。

3）构筑法

构筑法要求被调查者以故事、对话或绘图的形式构造一种情景。两种常见的构筑法是图片法和漫画测试法。

图片法是给被调查者看一张图片，要求其讲一个故事来描述图片，利用回答来评价其对于主题的态度并对其进行描述。

在漫画测试法中，漫画的人物是在一个与问题相关的特定场景中出现的。要求被调查者说明一个漫画人物对另一个漫画人物的评论有什么看法。回答可以揭示被调查者对于场景的感受、信仰、态度。

4）表达法

表达法是给被调查者提供一种文字的或形象化的情景，请其将其他人的感情和态度与该情景联系起来。被调查者表达的不是自己的感受或态度，而是别人的感受或态度。两个主要的表达法是角色扮演法和第三者技法。

角色扮演要求被调查者扮演某一角色或者采取某人的行为,研究人员假设被调查者会把自己的感受投射在角色中,通过分析回答来揭示其感受。例如在百货商店顾客光顾情况的调查中,要求被调查者扮演负责处理顾客抱怨和意见的经理的角色。被调查者如何处理顾客意见表现了其对购物的感情和态度。

第三者技法是给被调查者提供一个语言的或视觉的情景。询问被调查者有关第三者的信念与态度,而不是直接表达个人的信念与态度。这个第三者可以是朋友、邻居、同事等。研究人员假设被调查者在描述第三者反应时,将揭示个人的信仰与态度。

课堂讨论案例

邻居会说什么

为了了解为什么有些人不乘坐飞机,某航空公司委托开展了一项研究。当询问被调查者"你是否害怕乘飞机时",很少有人回答"是"。所说的不乘飞机的理由是费用高、不方便和由于天气原因造成的延误。但是研究人员怀疑这些回答受到了提供社会认可的答案的需求的影响。因此,进行了一项后续研究。在后续研究中,询问被调查者:"你认为你的邻居害怕乘飞机吗?"调查结果表明,多数用其他交通工具旅行的"邻居"害怕乘飞机。

9·11事件后,人们对乘飞机的恐惧增加了。购票乘机的旅客人数大大下降。但是大陆航空公司通过强调安全措施的加强和机舱舒适度的提高来抵消人们对飞行的恐惧,其乘客人数的下降要少得多。

问题:直接提问"你害怕乘飞机吗",为什么没有引出真实的回答?

2. 投射法的优缺点

(1) 优点:有助于揭示被调查者真实的意见和情感,对了解那些秘密、敏感问题尤为有效。

(2) 缺点:需要专门的、训练有素的调查员来进行;通常会花费较高的费用;可能会出现严重的解释偏差。

三、运用电话调查法

(一) 电话调查法的含义

电话调查法是由调查人员通过电话,依据调查提纲或问卷,向被调查者询问以获得信息的一种调查方法,包括传统的电话调查方法和计算机辅助电话调查方法(computer-assisted telephone interview,CATI)。传统的电话调查方法使用的工具是普通的电话,访问员在电话室内,按照调查设计所规定的随机拨号方法确定拨打的电话号码,如拨通则筛选被访者,并逐项提问,同时加以记录。计算机辅助电话调查方法是在一个装备有CATI设备的场所进行,整套系统软件包括自动随机拨号系统、自动访问管理系统(实时监听系统、双向录音系统)和简单统计系统等。访问员只需戴上耳机,等待计算机自动甩号,根据筛选条件甄别被访对象,然后按照问卷上的问题进行访问,以保证质量监控及操作规范。

电话调查法是由调查员通过电话与被调查者交谈，获取资料的一种方法。

（二）电话调查法的优点

（1）可迅速获取当时的市场信息，对于一些急需的资料，电话访问最简单、及时。如调查广告效果等。

（2）电话访问易被人接受，有些家庭不愿意陌生人进入，电话访问可消除心理上的恐慌，能畅所欲言。

（3）省时、省力、费用少。

（三）电话调查法的缺点

（1）电话调查中，不宜调查复杂问题，不易深入探讨。

（2）存在条件局限性，只能在电信条件好的地方进行。

（3）可靠性方面比当面询问差。

电话调查主要应用于民意测验和一些较为简单的市场调查项目。

四、运用邮寄调查法

邮寄调查法是由调查人员将设计好的问卷，通过邮寄的方式送达被调查者手中，请其填好答案后寄回，以获取信息资料的方法。有些征订单、征询意见表及评比选票等，也属于调查表，因而也被看作是邮寄调查形式。

（一）邮寄调查法的操作

邮寄调查因调查题目的大小、难易程度及要求不同，可有两种不同的操作：一种是直接调查，即将设计好的问卷直接寄给被调查者，进行正式调查，再将问卷按规定时间收回，并对问卷进行整理分析；另一种是先试验再进行正式调查，即为了验证问卷是否存在问题，可先在小范围进行试验调查，经验证可行后再进行正式调查。

（二）邮寄调查法的优点

邮寄调查的应用区域广泛，只要邮政所达之地，就可以找到被调查者而使用邮寄调查；而且调查费用也较少，只需问卷印刷费和邮寄费。就被调查者而言，不受时间、场合限制，有充裕的时间去回答问题，如果有必要还可以查阅有关资料，以便深入全面准确地回答有关问题。

（三）邮寄调查法的缺点

邮寄调查的回收率一般比较低，一般回收率在 $10\%\sim30\%$；由于调查人员不在场，被调查者往往忽视问题实质，甚至可能误解问卷原意，还有信息反馈时间长的局限性。

经验表明，为使收信人乐于合作，可采用以下方法和技巧。

（1）信封的称呼要与被调查者的称呼相同。

(2) 回答问题当男女有别时要分别设计。

(3) 为提高邮寄回收率,在发出的信件中要附有贴好邮票的信封。

(4) 有的预先声明在规定的时间内回信将给予少量的报酬和纪念品,或有抽奖机会。

(5) 将邮件寄出后,还应该发一张明信片去催促,也可以打电话通知一下,请对方及时给予答复。

(6) 增加问卷的趣味性。

(7) 最好由知名度较高且受人尊敬的机构主办,如大学、政府机构。

五、运用网络调查法

(一) 网络调查法的含义

网络调查法

网络调查是指在互联网上针对调查问题进行调查设计、收集资料及分析咨询等活动。网络调查主要有两种方式。一种是利用互联网直接进行问卷调查,收集第一手资料,可称为网上直接调查;按所采用调查方法的不同,分为网络试卷调查法、网络实验法及网络观察法;按采用技术的不同,分为网络访谈法、邮件调查法、站点法、委托合作市场调查法及随机IP法。另一种是利用互联网的媒体功能,从互联网收集第二手资料,称为网络间接调查。

(二) 网络调查法的操作方法

1. 网络访谈法

1) 确定调查对象

调查人员根据消费者的资料,甄选符合调查要求的对象,并按照既定的条件筛选可以作为访谈调查受访者的名单,建立一个潜在受访者的数据库。然后向受访者发送电子邮件,邀请其在约定的时间接受访谈,最终确定能够接受访问的对象名单。

2) 事先公布访谈内容

事先告知受访对象访谈的方式、内容、要求及注意事项,有利于访谈对象事先做好准备。

3) 进行访谈

访谈主持人在约定的时间打开网站迎接受访者,讲解问题并再一次明确讨论要求,然后与其进行轻松的交流,营造一个轻松的交流氛围。主持人通过在网络上输入讨论的问题来控制访谈进程。

4) 整理资料,撰写报告

访谈结束后,调查人员可以根据此次调查结果,利用相关处理工具对数据进行处理分析并撰写调查报告。

2. 邮件调查法

邮件调查法也称电子邮件法,是指利用计算机网络和调查对象的电子信箱进行问卷发送及回收的市场调查方法。调查主持者在自己的终端机上制作调查问卷后,按照

E-mail 网址发出问卷(电子调查邮件),或者直接发布在网站上。受访者在自己的信箱中或者网络上看到问卷后,直接把答案寄回调查者的信箱,或者立即进行点击回答。邮件调查法的缺点是问卷的交互性很差,数据的处理会很麻烦,因为每份问卷的答案都以邮件形式发回,必须重新导入数据库进行处理。

3. 站点法

站点法是一种将问卷放置在一个或多个站点上,网络浏览者自愿填写的方法。它是一种被动调查的方法,特点是网络浏览者看到调查问卷后,自由选择是否参与调查。网络浏览者答完问卷后,系统自动进行数据处理。

4. BBS 在线访谈法

BBS(bulletin board system)在线访谈法是指网络调查员利用网上聊天室或 BBS 等与不相识的网友交谈、讨论问题、寻找帮助、获取有关信息。在线访谈法与传统的访问调查法类似,不同之处在于调查员与被调查者无须见面,可以消除彼此顾虑,自由发表意见。适用于探测性调查,对有关问题进行定性分析。可以采取网上个别访问或者组织网上座谈会等形式。

5. 搜索引擎法

搜索引擎法属于网络间接调查法,是指利用互联网收集与企业营销相关的市场、供需、竞争者及宏观环境等信息的方法,主要收集第二手资料。不同于网络直接调查法,网络间接调查法适用于特定问题的专线调查。采用网络间接调查法收集的调查信息广泛,跨越时间段长,深受企业的欢迎。网上二手资料内容丰富,有企业网站、学校网站、服务机构网站、政府机关网站等。这些网站上有大量市场、政策、教育等有价值信息,通过收集,再进行加工处理,同样可以成为企业获取外部信息的重要途径。

企业可以利用上述方法直接进行网上调查,还可以委托市场调查机构开展网络调查,主要是针对企业及其产品的调查。调查内容通常包括:网络浏览者对企业的了解情况;网络浏览者对企业产品的款式、性能、质量、价格等的满意程度;网络浏览者对企业的售后服务的满意程度;网络浏览者对企业产品的意见和建议。

拓展阅读

网络调查小知识

网络调查成功的关键因素如下。

第一,认真设计在线调查问卷。网上调查的问卷应注意突出重点,语言简洁,提问方式尽量规范,灵活使用图表、色彩及语气,使调查气氛活跃;调查问题要简短,因为多张短页的效果好于单张长页的效果;可以使用一些小技巧,给调查对象以舒适、宽松的感觉,如加强调查的针对性、将页面做得简洁美观等。

第二,注重保护个人信息。在调查过程中应尊重个人隐私,如提前声明各类信息仅供调查使用,不会泄露任何调查对象的私人信息等;采取自愿参加调查的原则,调查对象可以有选择地填写调查选项,有利于保护个人重要的信息。

第三,吸引尽可能多的网民参与调查。吸引尽可能多的网民参与调查对被动问卷调

查尤为重要,调查人员可以提供物质或非物质奖励,以补偿被调查者的时间损失,也可以通过普遍感兴趣的话题来吸引更多网民等。

第四,采用最优组合模式。由于每种具体的网上调查方法都有缺点,仅采用一种调查方法不一定能达到理想的效果,所以需要采用调查方法组合模式,如选择合适的抽样方法、根据不同调查人群设计不同的调查方法等。

(三)网络调查法的优缺点

1. 网络调查法的优点

(1)网络调查能够设计出多媒体调查问卷,可以直观地通过文字、图形和其他丰富多彩的表现形式做出选择和回答。

(2)可以通过视听技术,使网络调查人员与网上受访者进行自由交流与沟通,获得更加全面和可靠的信息资料。

(3)为被访问者提供了调查的便利,被访问者可自行决定时间、地点回答问题。

(4)调查范围广,调研费用低。

2. 网络调查法的缺点

网络调查的优势使其越来越受到重视,有人称,网络调查必将取代传统的调查方式,这是调查业发展的趋势和方向。但是,互联网调查的客观性,即网络调查的结果究竟在多大的程度上是可信的,依然是当前备受争议的问题。统计数据的可信程度,更直观的表示就是统计数据的误差问题。网络调查的可信度问题主要表现在以下方面。

(1)网络调查研究的总体问题即覆盖误差问题。覆盖范围误差指的是个体被抽样框所忽略的情况。覆盖范围的误差通常被视作网络调查的最大误差源,指的是目标总体与抽样框之间的差距。由于调查是在网上进行,因此在网上接受调查的是网民,那么网络调查研究的总体应当是网民。但是网民并不是人口的全部。因此,网络调查的对象是很有限的。例如在"城镇居民对银行卡收费的态度调查"中,调查的总体应该更广,并不仅限于网民,因此网络调查的结果无法代表真实的大众观点和态度。

(2)样本的代表性误差问题即抽样误差问题。如将全体网民作为全及总体,将参与调查的网民作为样本总体,那么在这两者之间存在一个代表性问题。以网上问卷为例,若把问卷放在网站上,由访问者自愿填写,会产生许多问题,例如,是否能吸引到足够多的人填写问卷,填写问卷的人是否符合要求,是否有人多次填写同一问卷,以及如何估计无回答误差等,这些问题都是调查人员无法控制的。例如,每次网上选评优秀电影、优秀电视剧和优秀节目主持人结果就难以尽如人意,难以杜绝假票的问题。若用 E-mail 发送问卷,则必须有足够多的邮件地址,以便从中挑选被调查者,否则不具代表性,它的回馈率也不会很高。

要有效解决以上这些问题,可以运用一些技术手段尽量减少这些问题的影响,具体如下。

第一,检验网上用户身份。在采集调查信息时,为了尽可能消除因同一个被调查者多次填写问卷给调查结果带来的代表性偏差,可以利用 IP+若干特征标志的办法作为判断被调查者填表次数唯一性的检验条件。在设计指标体系时,所有可以肯定的逻辑关系和数量关系都应充分利用，并被列入调查质量检验程序，以实现网上用户身份的唯一性，排除干扰。

第二，结合 E-mail+Web。在采用电子邮件邀请和在线调查相结合的方法时，调查者给被调查者提供一个含有密码的链接，每一个被调查者的密码都不一样，而且只能使用一次。当被调查者点击链接时，程序会读取密码并与数据库核对，这样可避免不合乎标准的人填写问卷，防止被调查者多次填写。

第三，利用随机 IP 自动拨叫技术。可以用这种技术进行主动的网上抽样调查。通过一个随机 IP 地址发出软件产生一批随机 IP，再由一个 IP 自动拨叫软件向这些 IP 发出呼叫，传送一个请被调查者参加调查的信息。收到该信息的网上用户可以按照意愿决定是否参加调查。

第四，利用特征标志作为过滤器。根据具体调查问题选取有效的指标，如年龄、性别、学历、职业、职务、地区以及其他品质标志和数量标志等作为特征标志，通过特征标志将调查表中代表性差的样本过滤出去。

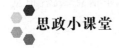

思政小课堂

互联网调查的道德规范

企业对消费者个人信息的收集是十分重要的。这些个人信息包括消费者的邮件地址、收入、职业和个人喜好等多个方面。个人信息可以从是否是私人秘密信息和是否对大众公开等维度进行划分，分为四种情况：一是对大众公开的非私人秘密信息；二是不对大众公开的非私人秘密信息；三是对大众公开的私人秘密信息；四是不对大众公开的私人秘密信息。在网络中，消费者的很多信息都是不对大众公开的私人秘密信息，特别是在网上购物过程中，购物者提供给购物网站的注册信息，对购物者个人来说是"不对大众公开的私人秘密信息"。由于互联网内容数字化的特点，获得和使用信息变得相对容易。企业因在网上收集和使用消费者个人信息而违反道德的行为主要表现在两个方面。一是在收集信息的过程中侵犯消费者的知情权。传统营销中消费者个人信息主要通过市场营销调查来获得，这些信息的获得是经过消费者许可的，没有消费者的许可是很难获得这些信息的。随着网络技术和网络软件的发展，企业在网上收集消费者的个人信息变得越来越容易、越来越隐蔽。很多情况下，消费者的个人信息在不知不觉中就已经被收集。如很多网站用软件"cookie"来收集网上消费者的个人信息，让这种"cookie"文件存在于网上消费者自己的硬盘上，记录着该网上消费者的一些个人信息，如上网的时间、偏好等，而目前在多大程度上可以使用"cookie"，并没有法律限制。二是在使用信息的过程中违背收集信息的初衷。企业网站以注册名义通过网络消费者登记来收集信息是一种正常的手段。在注册的过程中，企业通常都会提出使用和保密方面的协议，可是在实际使用过程中，有的企业则违背收集信息的初衷，除了自己使用这些信息外，还出卖它来赚钱。这些都是违反职业道德和法律的行为。

任务三 运用观察调查法与实验调查法

一、运用观察调查法

(一) 观察调查法的概念

观察调查法

观察调查法就是在现场直接观察或利用各种仪器观察被调查者行为或现场事实,以取得市场资料信息的方法,也可称为实地研究方法。

与访问调查法不同的是,观察调查法主要观察人们的行为、态度和情感。它是不通过提问或者交流而系统地记录被观察者的行为模式的过程。当事件发生时,运用观察技巧的市场研究员应见证并记录信息,或者根据以前的记录编辑整理证据。

课堂讨论案例

垃圾研究

某超级商场委托一名教授对垃圾进行研究。教授和他的助手在每次垃圾收集日的垃圾堆中挑选数袋,把垃圾的内容依照其原产品的名称、重量、数量、包装形式等予以分类,如此反复地进行了近一年的垃圾收集和研究分析。教授说:"垃圾袋绝不会说谎和弄虚作假,什么样的人就丢什么样的垃圾,查看人们所丢弃的垃圾,是一种更有效的研究方法。"他通过对某市垃圾进行研究,获得了有关当地食品消费情况的信息,得出以下结论。

(1) 低收入阶层所喝的进口啤酒比高收入阶层多,所喝的各品牌啤酒有一定的比例关系。

(2) 中等收入阶层人士比其他阶层消费的食物更多,因为双职工都要上班,以致没有时间处理剩余的食物,依照垃圾的分类重量计算,所浪费的食物中,有15%是还可以吃的食品。

(3) 了解到人们消费各种食物的情况,得知减肥类清凉饮料和压榨的果汁属高收入阶层人士喜爱的消费品。

问题:该公司采用的是哪种类型的调查方法?该公司根据这些资料将采用哪些决策行动?

(二) 观察调查法的种类

对某一个特定调查问题,从成本和数据质量的角度出发,需要选择适合的观察方法。通常采用的观察方法包括以下两类。

1. 人员观察法

人员观察法是调查人员直接到现场观看以收集有关资料。例如调查者到零售商店观察产品的货架,了解不同品牌产品的陈列、数量、价格、广告张贴等,企业可根据这些资料决定广告产品在市场的位置。

2. 机器观察法

机器观察法就是利用录音机、录像机、照相机、监视器、扫描仪等进行调查,主要包括电气反射实验、透视研究法、瞳孔计测验、机体反应测定、节目分析法、UPC 法、瞬间显露测验、视向测验、记忆鼓测验等。在某些情况下,用机器观察取代人员观察是可能的,而且是希望实现的。因为在一些特定的环境中,机器可能比人员更便宜、更精确和更容易完成工作。

(三)观察调查法的使用范围

1. 观察顾客的行为

了解顾客行为,可促使企业有针对性地采取恰当的促销方式。所以,调查者要经常观察或者摄录顾客在商场、销售大厅内的活动情况,如顾客在购买商品之前,主要观察什么,是商品价格、商品质量还是商品款式等;顾客对商场的服务态度有何议论等。

2. 观察顾客流量

观察顾客流量对商场改善经营、提高服务质量有很大好处。例如,观察一天内各个时间进出商店的顾客数量,可以合理地安排营业员工作的时间,更好地为顾客服务;又如,为新商店选择地址或研究市区商业网点的布局,也需要对客流量进行观察。

3. 观察产品使用现场

调查人员到产品用户使用地观察调查,了解产品质量、性能及用户反映等情况,实地了解使用产品的条件和技术要求,从中发现产品更新换代的前景和趋势。

4. 观察商店柜台及橱窗布置

为了提高服务质量,调查人员要观察商店内柜台布局是否合理,顾客选购、付款是否方便,柜台商品是否丰富,顾客到台率与成交率及营业员的服务态度如何等。

5. 交通流量观察

为了更合理地定位某一街道、路段的商业价值或提出可行的交通规划方案,常需要调查某一街道的车流量、行人流量及其方向。调查时可由调查人员或用仪器记录该街道在某一时间内所通过的车辆、行人数量及方向,并测定该街道车辆和行人的高峰和平峰的规律,供营销决策参考。

观察法不适宜用来做大面积的调查,也难以收集到被调查者的主观意识方面的资料,因而观察法适用于小范围探索或辅助研究,适于用作为其他调查方法的辅助方法。

拓展阅读

观察法的应用

- 一家博物馆根据以更换频率为指标的瓷砖的选择性。
- 磨损情况来确定展品的相对受欢迎程度。
- 一页纸上不同指纹的数目被用来衡量一本杂志中不同广告的读者人数。

项目六 运用市场调查方法

- 汽车中电台调频指针的位置被用来估计不同广播电台的听众份额,广告商用估计的数字来决定在哪些电台播放广告。
- 一个停车场内的汽车的年龄和车况被用来评价顾客的富裕程度。
- 人们为慈善事业捐赠的杂志被用来确认人们所喜爱的杂志。
- 因特网的访问者留下了踪迹,可分析这些踪迹以检查浏览和使用行为。

(四) 观察调查法的运用实例——神秘顾客调查法

神秘顾客法是指由一些身份特殊的顾客以普通消费者的身份,通过实地体验,了解被调查者的服务和管理等方面情况,然后将收集到的信息资料整理成报告,递交给被调查者。被调查者根据这些信息,分析出存在的问题并做出适当的改进,以提高企业的服务水平,取得更好的业绩。这种方式之所以被企业的管理者所采用,原因就是神秘顾客在购买商品或消费服务时,观察到的是服务人员无意识的表现。从心理和行为学角度,人在无意识时的表现是最真实的。神秘顾客在消费的同时,也和其他消费者一样,对商品和服务进行评价,对于发现的问题与其他消费者有同样的感受。根据上述服务质量的特性,神秘顾客法弥补了管理过程中的一些不足,其作用体现在以下几个方面。

(1) 神秘顾客的观察对象不仅是本企业,也可以是竞争对手。通过长时间连续的观察,就可以对本企业和竞争对手的优势和薄弱环节有正确的认识,并且发现增强企业竞争力的机会。

(2) "神秘顾客"为激励员工提高服务水平和奖励员工提供了依据。

(3) "神秘顾客"在与服务人员接触的过程中,可以听到员工对企业的不满和建议,帮助管理者及时发现和解决管理中的问题,拉近员工与管理者之间的距离,增强企业的凝聚力。

企业应积极地宣传开展"神秘顾客"活动,让员工充分了解到这只是希望能发现其优质服务,并予以奖励和推广,而并非只是希望发现其错误。出发点不同,员工的心态也会不同。另外,"神秘顾客"本身必须经过严格的挑选和培训。为了省钱、省事,不设计正规的调查记录表,随便就招聘几个人去当"神秘顾客"的做法,会由于"神秘顾客"缺乏经验,只能得到表面信息,接触不到问题的实质。

(五) 观察调查法的优缺点

1. 观察调查法的优点

(1) 可以实际记录市场现象的发生,能够获得直接具体的生动材料,对市场现象的实际过程和当时的环境气氛都可以了解,这是其他方法不能比拟的。

(2) 观察法不要求被调查者具有配合调查的语言表达能力或文字表达能力,因此适用性也比较强。

(3) 观察法还有资料可靠性高、简便易行、灵活性强等优点。

2. 观察调查法的缺点

(1) 只能观察到人的外部行为,不能说明其内在动机。

(2) 观察活动受时间和空间的限制,被观察者有时难免受到一定程度的干扰而不完全处于自然状态等。

二、运用实验调查法

（一）实验调查法的概念

实验调查法也称试验调查法，是指市场实验者有目的、有意识地通过改变或控制一个或几个市场影响因素的实践活动来观察市场现象在这些因素发生变化时的变动情况，由此认识市场现象及其发展变化规律的方法。实验法可以深入研究事物之间的因果关系。

根据选择实验场所的不同，实验调查法可以分为：①实验室实验，指市场调查人员人为地模拟一个场景，分析没有导入变量和导入变量之后经济效果的变化情况。它主要应用于新产品、包装和广告设计及其他调查的初始测试；②市场试销，指企业的某种产品进入某一特定地区进行试验性销售。目的是收集有关市场活动的信息和经验，预测市场活动计划在应用于全部目标市场时的结果。

小案例

产品实验展览

某企业为了了解自己生产的哪种产品受消费者欢迎，以便为企业的营销决策提供依据，举办了产品试验展览会。在展览期间，全部产品在展览大厅内分类陈列，并有计划、有组织地邀请当地各类型的消费者进场参观评议，并在每位消费者对产品现场评议后，再由其挑选自己较为喜爱的产品，由大会免费"赠送试用"，要求其在试用一周时间后，详细填写一份预先印好的调查问卷交到展会有关主管部门。然后将全部问卷集中，汇总分析，从中得出结论。

（二）实验调查法的使用范围

实验调查法常用于调查什么样的产品质量、包装、式样等受顾客喜欢（产品试验）和不同的产品包装、价格、促销策略对销售量影响（销售试验）。

1. 产品试验

如果对产品质量、性能、式样、包装等方面的情况做市场调查，了解什么样的产品受市场的欢迎，为企业的各项决策提供依据，就可以采用产品试验。

2. 销售试验

销售试验是将少量产品投放到某些具有代表性的市场上进行试销，从中了解组织大量销售时可能获取的经济效益。

（三）实验调查法的一般程序

（1）以实验假设为起点设计实验方案。

（2）选择实验对象和实验环境。

（3）对实验对象进行前检测。

(4) 通过实验改变实验对象所处的社会环境。

(5) 对实验对象进行后检测。

(6) 通过对前检测和后检测的对比得出实验结论。

(四) 运用实验调查法的步骤

1. 准备工作

1) 选择实验对象，根据调查目的确定实验变量

确定实验对象和实验变量，是实验法的第一步工作。实验对象就是要进行实验的具体产品；实验变量根据调查目的来确定，比如想知道不同的广告策略对方便面销售量的影响，那么实验对象就是方便面，实验变量就为广告策略；同样，如果想知道超市里不同的陈列方法对销售量的影响，那么实验变量就是商品的陈列方法。

2) 确定实验场所

实验法调查可以在实验室进行，例如，在一个模拟商场中，试验一种新的商品陈列和购买方式，可以邀请一些目标顾客在这个模拟的商场参观购物，然后调查销售效果。

一般的实验调查在销售现场进行。它是在自然的市场环境中实施的，需要注意的是选择的实验环境应该是两个相当的商场、城市或地区。这种方法的优点是在自然环境下实施，其调查结果会比较接近实际。

3) 确定实验组与对比组（单一实验除外）

实验组与对比组在实验者选出的几个相当的商场、城市或地区中的实验对象中确定，选择若干实验对象为实验组，同时选择若干与实验对象相同或相似的调查对象为控制组，并使实验组与控制组处于相同的实验环境之中。实验者只对实验组进行实验活动，对控制组不进行实验活动，根据实验组与控制组的对比得出实验结论。

必须注意的是：实验组与对比组两者要具有可比性，即两者的业绩、规模、类型、地理位置、管理水平等各种条件应大致相同。只有这样，实验结果才具有较强的说服力。

4) 选择实验方法

具体说明见实验进行中的详细介绍。

5) 制作实验表格

根据实验方法的选择，制作相应的实验表格。

6) 测量实验前实验组和控制组的销售量（单一实验除外）

如果实验者采用的是实验前后对比的方法，就必须先测出实验前的销售量，并填入表格。

2. 实验调查法的具体操作

1) 事前事后无控制对比实验

事前事后无控制对比实验又称为单一实验组前后对比实验法，是在同一市场内，先在正常情况下进行测量，收集一定时期必要数据，然后进行现场实验，经过同等时间的实验期后，收集实验过程中的数据资料，从而进行事前事后对比，通过对比观察，研究分析实验变量的结果。这是最简单的一种实验调查法。如果 X_1 代表实验前的测量值，X_2 代表实验后的测量值，则

$$实验的效果 = X_1 - X_2$$

小案例

某饮料公司为了增加瓶装饮料的销售量,经过对市场的初步分析,认为应该改变饮料的外包装。但对于新包装设计效果如何、能否增加销量、扩大市场占有率等问题,没有切实的把握。于是,企业决定采用实验事前事后无控制对比实验对市场进行一次实验调查。该厂将其生产的 3 种瓶装饮料 A、B、C 作为实验对象。实验期定为 1 个月。实验过程中,首先统计汇总未改变包装前 1 个月 3 种饮料的市场销售额,然后改变包装,经过在同一市场销售 1 个月后,再统计汇总新包装饮料的市场销售额。经过实验调查结果如表 6-1 所示。

表 6-1 某饮料公司 3 种产品市场销售额事前事后无控制对比实验数据　　单位:瓶

饮料的样式	实验前销售额 X_1	实验后销售额 X_2	实验变动
A	1 300	1 650	+350
B	2 100	2 540	+340
C	2 100	2 500	+400
合计	5 500	6 690	+1 090

从实验前后测量的瓶装饮料销售数据变化可以看出,实验前(旧包装)3 种饮料销售总量 $X_1 = 5 500$ 瓶,实验后(新包装)3 种瓶装饮料销售总量 $X_2 = 6 690$ 瓶。实验效果为 1 090 瓶。这说明,改变饮料的包装对其销售影响较大,因此根据实验调查,该公司可以对饮料进行新包装,以扩大销售,提高市场竞争力。

事前事后无控制对比实验也可以调查商品款式变化、品质变化、价格变化等措施是否有利于扩大销量,增加利润。实验前后对比实验应用简单,但因没有考虑对比时间和季节等因素的影响,而在实际中往往由于市场形势的发展、商品购买力变化,以及价格、消费心理、季节等不同程度地影响到实验效果,所以结果欠精确,实际运用中要综合其他因素来决策。

2) 事后有控制对比实验

事后有控制对比实验是在市场调研中选择两组条件相当的调查对象,一组为实验组,另一组为控制组,改变实验组的自变量(如花色、价格等),控制组仍保持原样。实验后,对实验组的结果与控制组的结果进行比较。

控制组是指非实验单位,实验组是指实验单位。控制组和实验组对比实验是指在同一时间内用非实验单位与实验单位进行对比的一种实验调查法。在同一实验时期内,实验单位按一定的实验条件进行试验销售,非实验单位按原有条件进行销售,用来同实验单位进行对比,以测定实验的结果。在客观环境和主观经营能力大体相同的条件下,两种类型单位销售量的差别就可以比较正确地反映出实验的效果。如果 X_2 代表实验组的事后测量值,Y_2 代表控制组的事后测量值,则

$$实验效果 = X_2 - Y_2$$

 **小案例**

某品牌服装为了了解促销活动是否对消费者购物产生影响,选择了A、B、C 3个专卖店为实验组,再选择与之条件相似的D、E、F 3个专卖店为控制组进行观察。在实验组中,店内开展多项促销活动,而控制组则没有类似的活动。实验为期一个月,其检测结果如表6-2所示。

表6-2　某产品销售额事后有控制对比实验数据　　　　　　　　　　单位:件

控制组(无现场促销活动)		实验组(有现场促销活动)	
店名	销售量 Y_2	店名	销售量 X_2
A	900	D	1 400
B	700	E	950
C	1 500	F	1 800
合计	3 100	合计	4 150

从表6-2中的数据可以看出,作为实验组的D、E、F 3个店由于开展现场促销活动,一个月服装销售量为4 150件,作为控制组的A、B、C 3个店没有开展现场促销活动一个月的服装销售量为3 100件。而原先A、B、C与D、E、F销售量差不多。现在由于D、E、F店开展现场促销活动,服装销售量增加了1 050件。通过控制组和实验组对比实验的调查,说明了现场促销活动能增加服装销售量。

通过以上分析可以发现:实验组和控制组可以在同一时间内进行对比,这样就可以排除由于对比时间不同而可能出现外来变数的影响。但是,控制组与实验组之间的可比性,包括两组所处的客观环境和各种主客观经营能力等,从理论上说,这些条件应完全一样才能对比,但事实上很难找到完全符合上述条件的两个组。

3) 事前事后有控制对比实验

事前事后有控制对比实验又称为实验组与控制组对比实验,这是最复杂也是最科学的一种实验调查法,是指控制组事前事后实验结果同实验组事前事后实验结果之间进行对比的一种实验调查方法。具体做法是在同一时间周期里,选择两组条件相似的实验单位,一组作为实验组,另一组作为控制组,在实验前后分别对这两组进行比较。在这里,实验组与控制组的可比性非常重要。若是企业,应选择在类型、规模、渠道等方面都大致相同,以保证两者无论是整体结构还是内部结构都有高度的可比性。

实验原理:用 X_1、X_2 分别代表实验组事前、事后的测量值,用 Y_1、Y_2 分别代表控制组事前、事后的测量值,则

实验结果=实验组变动量−控制组变动量=$(X_2-X_1)-(Y_2-Y_1)$

实验效果=$\left(\dfrac{X_2-X_1}{X_1}-\dfrac{Y_2-Y_1}{Y_1}\right)\times 100\%$

 **小案例**

某酒厂要调查瓶装酒新包装的效果,选择A、B两家超市。其中,A超市为实验组销

售新包装瓶装酒,B超市为控制组销售旧包装瓶装酒(A、B两家超市原来瓶装酒销售量大致相等),实验期为一个月,有关数据如表6-3所示。

表6-3　某酒厂在两家超市中销售的事前事后有控制对比实验数据　　单位:瓶

组　　别	实验前1个月的销量	实验后1个月的销量	变动量
实验组(A超市)	$X_1 = 2\,000$	$X_2 = 2\,850$	+850
控制组(B超市)	$Y_1 = 2\,000$	$Y_2 = 2\,150$	+150

从表6-3中可以看出实验组和控制组在实验前的瓶装酒销售量均为2 000瓶,实验组在实验后的销售量为2 850瓶,控制组在实验后的销售量为2 150瓶。实验结果=$(X_2 - X_1) - (Y_2 - Y_1) = 850 - 150 = 700$(瓶);实验效果=$\frac{700}{2\,000} \times 100\% = 35\%$。

通过控制组和实验组事前事后对比实验调查,说明改变瓶装酒的外包装,可以促进瓶装酒的销售,仅甲超市一个月销售量就增加了700瓶。

通过以上分析可以发现:应用控制组和实验组事前事后对比实验,因为排除了自变量以外的其他非控制因素的影响,仅仅只有实验因素对实验结果产生影响,提高了实验的准确性,是一种更为先进的方法。

实验法的应用范围十分广泛,主要应用在某种环境改变或商品在诸多方面的改变。如整体产品中的品种、包装、设计外观、价格、广告、陈列方法等,在判断上述因素改变是否有效果时,都可以采用实验调查法。在实施过程中应该一方面要注意实验对象和实验环境的选择;另一方面还应加强对实验激发及非实验因素的控制;同时,对实验效果进行科学的检测与评价。

(五)实验调查法的优缺点

1. 实验调查法的优点

可以探索不明确的因果关系;实验结论在其他市场不一定可行或可推广;有说服力;有较强的主动性与可控性。

2. 实验调查法的缺点

实验结果不可能像自然科学那样准确无误;实验结论费时、成本高、管理控制困难;保密性差。

项目小结

在市场调查中,调查资料的获取应该以收集二手资料为工作起点。文案调查是指特定的调查者按照原来的目的收集、整理的各种现成的资料,又称次级资料、文献资料,如年鉴、报告、文件、期刊、文集、数据库、报表等。作为二手资料获取的一种重要技术方法,该方法在实际工作中的应用非常广泛,但是由于客观条件的限制,二手资料不易获取,而且在有些时候二手资料的利用价值较低,只能通过获取一手资料的方式进行资料的收集。

一手资料获取技术又称为实地调查法,包括访问调查法、观察调查法和实验调查法,各种方法都有其各自的特点和适用范围。访问调查法就是调查者直接访问被调查者,取得所需市场调查资料的一种方法,包括面谈调查法、电话调查法、邮寄调查法、网络调查法。观察调查法就是在现场直接观察或利用各种仪器观察被调查者行为或现场事实,以取得市场资料信息的方法。实验调查法就是实验者按照一定实验假设,通过改变一个或几个影响因素,来观察市场现象在这些因素影响下的变动情况,认识实验对象的本质及其发展规律的调查方法。

在实际调查时,应相互配合补充使用,彼此取长补短。一手资料的获取应该以特定目的为方针,遵循一定的原则、选择恰当的方法、围绕确定的项目制定调查方案,加以组织实施、收集资料、得出调查结论,才能为企业进行营销决策提供依据。

思考练习

一、选择题

1. 可以提出许多不同的问题和很复杂的问题的访问调查是（　　）。
   A. 电话调查法　　B. 邮寄调查法　　C. 面谈调查法　　D. 网络调查法
2. 电话调查的缺点是（　　）。
   A. 成本高　　　　　　　　　　　B. 回收率低
   C. 时间长　　　　　　　　　　　D. 不宜调查复杂问题
3. 下列调查方法中能够实现即时反馈的包括（　　）。
   A. 邮寄调查法　　　　　　　　　B. 面谈调查法
   C. 留置问卷调查法　　　　　　　D. 网络调查法
4. 下列调查方法中能够探索不明确的因果关系的是（　　）。
   A. 邮寄调查法　　B. 观察调查法　　C. 实验调查法　　D. 网络调查法
5. 实验数据属于（　　）。
   A. 原始资料　　　B. 二手资料　　　C. 现成资料　　　D. 次级信息
6. 原始资料的优点之一为（　　）。
   A. 来源多　　　　B. 针对性强　　　C. 成本低　　　　D. 客观性强
7. 文案调查法的特点之一是（　　）。
   A. 受时间限制　　　　　　　　　B. 受空间限制
   C. 不受时间和空间限制　　　　　D. 比实地调查更加费时
8. 在产品订货会、展览会场合,收集企业介绍、产品介绍、产品目录以及其他宣传资料等信息资料收集的方法是（　　）。
   A. 索取法　　　　B. 查找法　　　　C. 接受法　　　　D. 交换法
9. 网络调查得以进行的基础是（　　）。
   A. 计算机技术　　B. 通信技术　　　C. 局域网技术　　D. 互联网技术
10. 邮寄调查法的优点之一是（　　）。
    A. 费用低　　　　B. 回收率高　　　C. 省时　　　　　D. 结果易控制

11. 观察调查法获取的是( )。
    A. 文献资料   B. 环境资料   C. 一手资料   D. 二手资料
12. 在商品销售现场对消费者购买商品情况进行观察是( )观察分析。
    A. 商品需求   B. 商品库存   C. 商品质量   D. 广告效果
13. 由调查人员通过查看顾客所关注的食品橱窗,记录顾客所购买食品的品牌、数量和品种,来收集家庭食品的购买和消费资料。这一观察方式属于( )。
    A. 直接观察   B. 间接观察   C. 环境观察   D. 都不是
14. 观察调查法的优点之一是( )。
    A. 费用低   B. 对调查人员要求低
    C. 真实性高   D. 不受时空限制
15. 实验调查法一般程序的第一环节是( )。
    A. 选择实验对象   B. 进行实验设计
    C. 提出实验假设   D. 实施实验调查
16. 采取双重对比的实验设计方法是( )。
    A. 无控制组的事前事后实验   B. 有对比组的事后实验
    C. 有控制组的事前事后对比实验 D. 都不是
17. 能够主动地引起市场因素的变化,并通过控制其变化来研究该因素对市场产生的影响的调查方法是( )。
    A. 观察调查法   B. 实验调查法
    C. 面谈访问法   D. 文案调查法
18. 如果企业拥有自己的网站和相对固定的访问者,则进行网络调查发布调查问卷可以( )。
    A. 在相应的讨论组中发布   B. 通过邮件发布
    C. 利用本企业网站发布   D. 借助其他网站发布

二、简答题

1. 什么是面谈调查法?它可分为哪些类型?
2. 如何成为优秀的小组座谈会主持人?
3. 深度访问法主要适用于哪些调查项目?
4. 邮寄调查法有什么优缺点?
5. 电话调查法的实际操作中应注意什么问题?
6. 比较面谈访问、电话询问、邮寄访问、拦截访问的优缺点。
7. 简述网络调查法的操作步骤。
8. 二手资料收集有哪些要求?

三、材料分析题

某公司准备改进咖啡杯的设计,为此进行了市场实验。首先,进行咖啡杯选型调查,设计了多种咖啡杯子,让500个家庭主妇进行观摩评选,研究主妇们用干手拿杯子时,哪

种形状好;用湿手拿杯子时,哪一种不易滑落。调查研究结果,选用四方长腰果型杯子。然后对产品名称、图案等也同样进行造型调查。接着利用各种颜色会使人产生不同感觉的特点,通过调查实验,选择了颜色最合适的咖啡杯子。具体的方法是,首先请了30多人,让每人各喝4杯相同浓度的咖啡,但是咖啡杯的颜色,则分别为咖啡色、青色、黄色和红色4种。试饮的结果,使用咖啡色杯子认为"太浓了"的人占2/3,使用青色杯子的人都异口同声地说"太淡了",使用黄色杯子的人都说"不浓,正好"。而使用红色杯子的10人中,有9个说"太浓了"。根据这一调查,公司咖啡店里的杯子以后一律改用红色杯子。该店借助于颜色,既可以节约咖啡原料,又能使绝大多数顾客感到满意。结果这种咖啡杯投入市场后,与市场上的通用公司的产品开展激烈竞争,以销售量比对方多两倍的优势取得了胜利。

问题:

(1) 本案例中应用的是什么调查方法?这种方法有什么优缺点?

(2) 这个调查结果可信吗?

(3) 如果让你设计调查方案,你有什么好建议?

四、实践训练

(一)安徽省白酒行业文案调查

1. 活动内容

熟练运用文案调查法收集所需有效资料,学习使用互联网开展文案调研,对安徽省白酒市场现状有所了解。

2. 活动组织

以小组为单位讨论,合作完成文案调研;各小组选派1~2名同学报告调研结果;老师点评。(操作提示:收集资料的途径很多,要特别关注统计机关发布的统计报告;对收集到的资料要标明来源;对资料进行适当分类;对没有收集到的资料要说明。)

(二)小组座谈会调查法模拟训练

1. 活动内容

学习组织小组座谈会及通过座谈会收集信息的技巧。

2. 活动组织

由教师划定小组座谈人员8~10人,指定主持人。要求主持人引导同组学生对下列主题分别进行座谈。

(1) 我院学生的节能环保意识(1组)。

(2) 我院学生的升本意识与行为(2组)。

1组座谈结束后,学生代表和教师对主持人和座谈主题的深度进行点评,然后进行2组的座谈、点评。

(三)观察调查法模拟训练

1. 活动内容

熟练运用观察法进行市场调查。

2. 活动组织

在学生食堂应用观察法对大学生就餐情况进行调查。自行设计观察表格,根据观察情况填写后,总结分析并写出观察报告。

(四)实验调查法模拟训练

1. 活动内容

设计一个具体的实验调查方案。某酸奶制造商想了解广告投入对销售量的影响程度,请为该企业设计一个有控制组的事前事后对比实验方案,并绘出相关表格。

2. 活动组织

为该企业设计一个有控制组的事前事后对比实验方案(文字说明),绘出实验方案的相关表格,每个学生在班上交流自己的实验方案,指导老师评分。

 学习心得

学 习 评 价

题目					
班级		姓名		学号	

学习成果检测报告
根据前面的市场调查选题,为所承担的市场调查任务选择合适的调查方法,根据所选择的方法编写一份访问员操作手册并上台汇报任务完成情况。

考核评价(按10分制)			
教师评语:		态度分数	
		工作量分数	

考 评 规 则
(1) 市场调查方法选择合理,符合当前调查主题的要求;
(2) 访问员操作手册可实施性强;
(3) 访问员操作手册内容翔实。

整理分析市场调查资料

项目七
Xiangmu 7

课程思政

- 关注市场调查分析工作中的细节。
- 耐心细致地分析市场调查资料。
- 养成实事求是、认真严谨的工作作风。

知识目标

- 了解市场调查资料整理的意义。
- 掌握市场调查资料整理的一般程序及方法。
- 了解在市场营销工作中如何正确使用市场调查资料的分析方法。

技能目标

- 能够运用市场调查资料整理的具体方法。
- 具备对收集的资料进行审核和编辑的能力。
- 能够对市场调查资料进行分组和编码。
- 能够对市场调查资料进行表格分析和图形分析。

案例导入

一家拥有百余家分店的购物中心需要更多地了解顾客的满意程度。该购物中心的市场调查负责人为此收集了大量调查资料,汽车的后备厢中堆满了1 000多份调查问卷。她仔细看了许多问卷,发现很多问题的回答五花八门。

起初,该负责人试图凭直觉了解每个问题的一般答案,但后来她想比较顾客的年龄、收入和来到购物中心的次数,以便更好地找出不同人群的特征。虽然他急着想将这些调查问卷进行分类和计算,但没有时间做。一个人整理这些资料并记录下正确数据需要一两周的时间。

怎样才能把这些信息变为可供分析的详细摘要表呢?最笨的办法是调查人员阅读所有的问卷,记下笔记,并从中得出结论,这显然不是上策。专业调查人员不用这种不正规且效率低的方法,而是遵循一个程序进行资料的处理与分析。

问题:市场调查资料整理和分析的意义是什么？到底应该如何进行整理和分析？

任务一 市场调查资料的整理

市场调查
资料的整理

收集市场信息后,各种数据资料是零散的、不系统的,为了使大量的、零散的资料实现有序化、综合化,并进而获得准确有用的信息,必须对调查资料进行科学的整理。调查资料的整理包括商务调研中介于调研展开阶段与成果形成阶段之间的过渡步骤的若干工作。调查资料的整理既是市场调查的继续和深入,又是市场分析的基础和前提。

一、调查资料整理概述

（一）调查资料整理的概念

调查资料整理是指运用科学的方法,将调查所得的原始资料按调查目的进行审核、汇总与初步加工,使之系统化和条理化,并以集中、简明的方式反映调查对象总体情况的过程,该任务目的在于揭示和描述调查现象的特征、问题和原因,为进一步的分析研究准备数据。

（二）调查资料整理的意义

1. 调查资料整理是市场调查与预测中必不可少的环节

通过各种途径收集到的各类信息资源,无论是一手资料还是二手资料,要么大多处于无序的状态,要么无法完全匹配对应的调查主题,很难直接应用,只有经过必要的加工整理,使其统一化、系统化、实用化,才能方便使用。

2. 调查资料整理能够提高信息资料的价值

未经整理的资料使用价值有限,资料整理能大大提高市场信息的浓缩度、清晰度和准确度,达到去粗取精、去伪存真、由此及彼、由表及里的作用,使得信息资料的价值得到提高。

3. 调查资料整理过程中产生的新信息为下一步分析工作奠定了基础

在信息资料的整理过程中,通过调研人员的智力劳动和创造性思维,使已有的信息资料发生交合作用,从而有可能产生一些新的信息资料,并且通过整理可以对数据资料进行长期保存和研究,继而将这些资料用于推测和估计市场的未来状态。

4. 调查资料整理有利于发现工作中的不足

在市场调研与预测工作中,由于对市场调研与预测问题的定义可能并不全面;又或者对市场调研与预测的设计忽视了某些方面;以及信息资料的收集可能存在遗漏、收集方法的欠缺等原因,从而导致偏差问题的出现。这些问题有可能在实施过程中,通过检查、监督、总结等活动被发现,并得到纠正。

二、调查资料整理的具体内容

(一)确认数据

确认数据是指对原始数据或二手资料进行审核,查找问题,采取补救措施,确保数据质量。

(二)处理数据

处理数据是指对问卷或调查表提供的原始数据进行分类和汇总,或者对二手数据进行再分类和调整。

(三)展示数据

展示数据是指对加工整理后的数据用统计表、统计图、数据库、数据报告等形式表现出来。

三、调查资料整理的基本程序

调查资料整理的基本程序如图 7-1 所示。

图 7-1　调查资料整理的基本程序

(一)设计调查资料整理方案

适配的方案是调查资料整理工作顺利开展的重要前提和保障。在整理工作开始之前,第一步就是要制定资料整理方案,其具体内容应包括以下几个。

(1)选择资料汇总方式,包括手工汇总方式和计算机汇总方式(集中汇总或逐级汇总)。

(2)做好组织工作和时间进度的具体安排。

(3)确定资料验收与编辑的内容和方法。选定资料验收与编辑的方法,确定对资料进行哪些检查,从而形成完整的质量控制方案。

(4)确定与历史资料衔接的方法。如果有历史资料可供对比分析,要注意调查对比汇总的资料与历史资料的衔接问题。

(二)资料的验收

资料的验收是从大的方面对问卷进行总体检查,以便发现资料中是否出现重大问题

及最终是否使用此份问卷。

(三) 资料的整理

资料的整理是在资料验收的基础上,对问卷进行细致的检查,发现资料中是否出现具体的错误或疏漏,因为只有当所获得的资料是真实的,问卷是完整的,调查才是有意义的。这一步工作的好坏,直接影响到数据的质量,最终影响分析结果的准确性。

(四) 资料的分组与编码

1. 资料的分组

根据市场研究的需要,按照一定的标志,将研究总体划分为若干个组成部分,这种资料整理的方法,称为分组。通过分组,使得同一组内的各单位在分组标志上具有同质性,不同组之间的单位具有差异性,以便进一步对其进行分析。

2. 资料的编码

资料的编码即将问卷中的信息数字化,就是使用一个规定的数字或符号代表一类回答。对资料进行编码便于进行统计,方便计算机存储和分析。资料编码本质上是一种信息代换的过程,其最终结果是将资料转化为数字,这些数字代表了变量的不同特性。编码的成功与否极大影响着市场分析和解释工作的结果。

(五) 资料的转换

资料的转换是指将经过编码的资料输入并储存于计算机中,并通过计算机进行分析的过程。在这个工作中,最常见的是使用计算机键盘直接输入,也可以使用计算机卡、光电扫描仪等设备输入。

(六) 基础数据分析

基础数据分析是对资料进行有效的表述,使之能够清晰明了地反映出调查的成果,有助于后续的分析与预测等工作。

任务二 市场调查资料的验收与编辑

一、市场调查资料的验收

(一) 市场调查资料验收的内容

1. 齐备性

检查收回的问卷或调查表的份数是否齐全,是否符合样本量的要求。

2. 完整性

检查审核问卷或调查表填答的项目是否完整，并视不同情形进行处理。大量问项无回答应作废卷处理；个别问项无回答，归入"暂未决定"或"其他答案"中；个别问句大量无回答，可作删除此项处理。

3. 准确性

检查问卷或调查表中的项目是否存在填答错误。逻辑性错误答案，用电话核实或按"不详值"对待；答非所问的答案，用电话询问或按"不详"对待。

4. 时效性

检查调查访问时间和数据的时效性。若延迟访问对调查结果无影响，则问卷有效；若延迟访问有影响，则废弃此问卷。

5. 真伪性

检验问卷或调查表的真实性。检查抽样复检访问员是否到访，若访问员伪造问卷应作废弃处理，并派访问员重访。

课堂讨论案例

A公司调研小组某成员在调查执行过程中存在误导行为。调研期间，该成员佩戴了公司统一发放的领带，领带上有本公司的标志，其标志足以让被访问者猜测出调研的主办方；其次，该成员在调查过程中，把选项的记录板（无提示问题）向被访问者出示，而本企业的名字处在候选题板的第一位。以上两个细节，向被访问者泄露了调研的主办方信息，影响了消费者的客观选择。如果按照该成员的数据，A公司要增加一倍的生产计划，最后的损失恐怕不止千万元。

问题：通过上述案例讨论为什么市场调查资料验收很重要？

（二）市场调查资料验收的方式

由于问卷设计或者调查方式及被调查者态度原因，资料中总会出现各种问题，而验收就是为了发现并处理这些问题，在验收过程中，对不同资料的处理方法如下。

1. 接受

经过初步筛选以后，将总体上没有问题的问卷留下来，进入下一步更为详细的检查。一般大部分的问卷都能通过验收。

2. 作废

超过调查规定时间、不属于调查范围的人员填写、前后答案没有变化的此类问卷，以及问题较多的资料予以作废。

3. 补救

退回不满意的问卷，让调查人员重新调查原来的被调查对象。当调查规模较小、被调查者很容易找到时，适宜采取这种处理方法。但是这种方式也存在缺陷，因为调查的时间不同，调查的方式不同（第一次是面谈调查，第二次只是电话询问），都可能影响二次调查的数据。

拓展阅读

二手资料的验收

二手资料也即次级资料,这个说法是对应一手资料即初级资料而言的。包括各行政机关部门已收集的资料以及企业内部其他单位已掌握的记录。对二手资料的验收包括以下内容。

1. 对著述性文献的审核

弄清楚作者或编纂者的身份和背景,对那些客观性相对较差的文献要持保留态度,应该尽可能引用客观性较强的文献。注意文献的编写时间,文献编写日期离事件发生时间越近,其具体内容就越可靠。

2. 对引用统计资料的审核

用现成的统计资料之前,要注意它们的指标口径和资料分组问题。

对于二手资料,可以根据其来源出处再划分成直接整理的资料和多次整理的资料。确定为直接整理的次级资料可以直接为调查所用,而对于多次整理的次级资料只能是间接参考,即顺着它的来源去寻求直接整理的次级资料。

二、市场调查资料的编辑

对问卷进行细致的检查,以发现资料中是否出现错误或疏漏,从而保证资料的正确性和完整性的过程,就是调查资料的编辑。

(一) 资料编辑的方法

1. 计算检查法

对数据进行计算性的检查,如分量相加是否等于小计,小计相加是否等于合计,数据之间该平衡的是否平衡,各项数据在计算方法、计算口径、计量单位、时间属性等方面是否有误等,是在资料编辑中经常遇到的问题。此外,还应特别注意对于缺失数据的处理。

2. 经验判断法

经验判断法是指根据已有的经验,判断数据的真实性和准确性。例如,如果被调查者的年龄填写为 200 岁,填写肯定有误。又如,在家电市场的调查中,询问电视机的拥有状况,在回收的问卷中,有被调查者回答所购买的电视机是某品牌,但在市场上实际根本无该品牌,此资料显然是错误的。

3. 逻辑性检查法

逻辑性检查法是指根据调查项目之间的内在联系和实际情况,对数据资料进行逻辑判断,看是否有不合情理或前后矛盾的情况,并加以纠正。例如,某调查者的年龄填写为 10 岁,而婚姻状况却填写"离异",其中必有一项是错误的。

（二）不合格问卷的处理

1. 返回现场工作

回答不合格的问卷可以返回给现场，由访谈人员重新联系被调查者。企业或行业的市场营销调查，因为样本容量通常比较小，被调查者也比较容易确认，所以特别适用于该方法。

2. 填补缺失值

如果无法把问卷返回调查现场，编辑人员也可以考虑填补不合格问卷中的缺失值。这种方法适用于以下三种情况。

（1）缺失值较少的问卷。

（2）每份有缺失值的问卷中的缺失值所占比例较小。

（3）有缺失值的变量不是关键变量。

3. 丢弃不合格问卷

这种方法适用于以下五种情形。

（1）不合格问卷比例很小时（不超过10%）。

（2）抽样数量很大时。

（3）不合格问卷与合格问卷没有表现出明显的差别（比如调查对象的人口特征、产品使用特性）。

（4）每份不合格问卷中不合格答案占较大比重。

（5）关键变量值缺失。

思政小课堂

背景与情境：小张是某企业的市场调查人员，他目前正在收集资料，要预测网上开店的未来市场前景。他对收集到的信息资料进行整理分析时，发现有的被调查者填写数据的随意性很大，小张事前未考虑到这些特殊情况，也未对这些可能有问题的问卷进行筛选。由于调查人员在进行数据分析前没有检查可能存在的不合格数据，导致研究结果与预期相差很大。这时小张才想到检查数据质量，当删除这些不合格的数据再进行分析时，获得了预测的结果。然后，小张未向上司说明详细数据整理过程就将此结果作为预测结果报告了上司。

问题：小张作为市场调查人员，事先对不合格数据处理没有明确办法，发现与预期目标不一致，才着手去掉不合格数据。这种做法符合职业道德和营销伦理吗？

分析提示：市场调查人员在市场调查和预测过程中，也要关注职业道德问题，一是在对数据进行检查、筛选和清理时，必须关注数据的质量。要做到在数据分析之前，对在数据准备过程中的有问题数据的处理做出明确规定。二是要如实说明不合格数据处理的过程和删除的数量，否则是违反职业道德的。

任务三 市场调查资料的分组与编码

一、市场调查资料的分组

(一) 市场调查资料分组的含义

1. 市场调查资料分组的概念

市场调查资料的分组,就是根据市场研究的需要,按照一定的标志,将研究总体划分为若干个组成部分的资料整理方法。

2. 市场调查资料分组的意义

资料的分组使得同一组内的各单位在分组标志上具有同质性,不同组之间的单位具有差异性。因此,通过分组可以区分市场现象的类型,反映市场现象总体的内部结构,分析市场现象之间的依存关系。

(二) 市场调查资料分组标志的选择

1. 应根据研究问题的目的和任务选择分组标志

每一个总体都可以按照许多个标志来进行分组,具体按什么标志分组,主要取决于调查研究的目的和任务。例如,研究某地区人口的年龄构成时,就应该按"年龄"进行分组;研究某种商品的消费结构时,则应当选择居民的收入水平作为分组标志。根据不同的研究目的,选择合适的分组标志,才能使分组资料更好地满足研究的需要。

2. 在若干个同类标志中,应选择能反映问题本质的标志进行分组

有时可能有几个分组标志似乎都可以达到同一研究目的,这种情况下,应该进行深入分析,选择主要的、能反映问题本质的标志进行分组。例如,在研究投资收益时,对简单劳动密集型企业的规模分组标志应当选用职工人数,而不能选用固定资产原值进行分组。

3. 结合所研究现象所处的具体历史条件,采用具体问题具体分析的方法来选择分组标志

事物都处于不断地发展和变化之中,在不同阶段研究对象所表现出的性质和特征都会有所不同。因此,在进行分组时,必须用动态的观点选择分组标志。有的标志在当时能反映问题的本质,但后来由于社会经济的发展变化,可能已经时过境迁,此时就要选择新的分组标志来进行分组。此外,在将调查资料与历史资料进行对比时,应注意可比性问题。尤其在改变分组标志时,必须注意选择与历史资料可比的分组标志。

(三) 市场调查资料分组的方法

根据分组标志的不同,市场调查资料分组的方法有两种,分别是品质标志分组和数量标志分组。

1. 品质标志分组

品质标志分组是指选择反映事物属性差异的标志进行分组。按品质标志分组能直接反映事物间质的差别，给人以明确、具体的概念。例如，按居民文化程度标志分组，划分为硕士及以上、本科、专科、高中（中专）、初中、小学、文盲和半文盲等；企业按所有制划分为国有、集体、联营、股份合作、其他等；按照企业进行产品宣传的媒体标志分组，划分为招贴、报纸杂志、广播、电视、互联网等。

2. 数量标志分组

数量标志分组是指选择反映事物数量差异的标志进行分组。按数量标志分组的目的并不是单纯确定各组在数量上的差别，而是要通过数量上的变化来区分各组的不同类型和性质。例如，研究居民的生活水平，按照居民家庭的恩格尔系数这一标志，把恩格尔系数在60%以上的居民家庭归为贫困家庭；在50%~60%的家庭归为温饱家庭；在40%~50%的家庭归为小康家庭；在40%以下的家庭归为富裕家庭。又如，儿童按年龄分组分为不满1岁、1~2岁、3~4岁、5~9岁、10~14岁。

（四）市场调查资料分组的方式

按照所用的分组标志的多少及组合形式的不同，市场调查资料分组可以分为简单分组、复合分组和分组体系。

1. 简单分组

当研究目的只是为了反映总体在某一方面的情况时，可采用简单分组的方式。这种方式下使用的分组标志只有一个。例如，被调查者按人均收入分组分为5 000元以下、5 000~10 000元、10 000元以上，这样的分组就是简单分组。

2. 复合分组

当既需要反映总体的多个方面的情况，又需要知道这些方面相互交错形成的复杂情况时，可以采用复合分组的方式。即将总体按照两个或两个以上分组标志进行的资料分组，首先按照一个标志分组，然后在已划分的各组内按照另一个分组标志或几个分组标志再进行细分组。

3. 分组体系

资料分组是为了从不同角度、不同方面对同一研究对象进行分项说明，使人们对事物的认识有一个全面的总体印象，也可以采用分组体系的方式。分组体系是采用罗列式分组的方式，即利用一系列相互联系、相互补充的并列分组标志对总体进行分类。采用分组体系的方式，各个分组之间不存在交叉层叠，且随着分组标志数量增加分组的表现效果会更好。

二、市场调查资料的编码

资料的编码是把原始资料转化成为统一设计的计算机可以识别的符号或数字，通过编码将资料输入计算机进行数据处理。编码是对调查资料进行计算机录入的前提，也是使用计算机对资料进行整理的手段。编码与分组有密切的关系，只有选择和确定了分组

标志和相应的标志表现,才可以为每一种标志表现指定数值符号。当完成了编码的数码转换工作,并将这些数码输入计算机存储器内形成资料文件后,计算机的资料整理软件即可对所输入的数据进行分组和汇总工作。编码分为事前编码和事后编码。

课堂讨论案例

　　海伦是悉尼 PD 调查公司的数据录入员。多年来,在管理项目数据录入方面积累了丰富的经验,她认为要在客户预算允许的范围内如期完成调研工作,重要的是避免问卷中出现过多的开放性问题,这些问题的答案不能直接输入数字代码,解决的办法是根据项目分类设计编码,或将反馈内容原样录入计算机。莫勒说:"编码是数据录入过程中耗资最大且最主要的部分。""我们读同一文本,对它的编码可能不同……如果有太多的答案需要编码,分析过程就会令人厌烦,而且理解详尽答案的花费将是非常之高的。"

　　问题:通过上述案例讨论市场调查资料的编码的重要性。

(一)事前编码

1. 事前编码的含义

　　一般来说,调查问卷中的多数问题都是封闭性的,预先已经设计出可供选择的答案。为了方便计算机处理,在设计问卷时就预先给这些答案设计了编码,这种编码方式称为事前编码,也称为预编码。对于大型问卷调查来说,由于调查的范围、对象、所调查的内容、问题形式等都比较复杂,为了便于统一处理,一般会对某些问题答案进行预编码。

2. 事前编码的安排

　　预编码印在问卷每页的右侧,用纵线将其与问题及答案隔开。例如,一份人力资源基本信息调查的问卷中问题与相应的编码安排如表 7-1 所示。

表 7-1　事前编码安排表

问　　题	选　　项	预编码
A. 员工的性别	1. 男　　2. 女	1
B. 员工的工龄	年	2～3
C. 员工的文化程度	1. 大学　2. 大专 3. 高中　4. 初中 5. 小学　6. 其他	4

(二)事后编码

1. 事后编码的含义

　　事后编码是整理开放式问题答案并对其进行编码的有效方法。对开放式问题的答案进行整理和编码,不是机械性的作业,依据的不应该仅是答案的文字,更重要的是这些文字所能反映出来的被调查者的思想、认识和心理。如何从各种角度、依据不同标准在给出的叙述性和评论性文字答案中,整理出按同一尺度计量的单一系列答案编码,是开放式问题的答案进行整理和编码工作中的难点。正因为这种编码只能是在对答案进行整理归纳之后进行,所以叫作事后编码。

提出开放式问题,是补充封闭式问题的不足,为追问被调查者对待特定问题的一些深层次看法而设计的。因为,调研设计者事先对问题不可能预见到所有可能的答案,无法在问卷中给出数目不太多,又能互斥、穷举的一组供选择答案。对这类问题所给的答案进行编码时,首先最好是阅读全部回答,记录和分析出包括多少类别,这些类别应该是相互独立和穷尽所有可能的,然后对这些类别编码。

2. 事后编码的安排

事后编码的程序如下。

1) 初步研判

挑选少量具有代表性的答卷,对答案进行全面的阅读和初步分类,以便初步判断答案的分布状况(通常会从全部问卷数中抽取20%来完成这一步工作)。

2) 将所有有效的答案列成频数分布表

频数分布表又称次数分布表,是一种统计学数表,是用来表示样本数据频率分布规律的一种表格,制作频率分布表的步骤如下。

(1) 求全距(又称为极差)。从数据中找出最大值 M 和最小值 L,并求出它们的差。如果最大值 $M=100$,最小值 $L=42$,故全距为 $M-L=100-42=58$。求全距是为了初步了解数据的差异幅度,也为决定组距与组数提供了依据。

(2) 决定组距 D 与组数 K。组数 D 和组距 K 之间有关系。

(3) 决定组限。组限就是表明每组界限的两个数值,其中每组的起点数值称为下限,终点数值称为上限。为了避免样本数据落在分点上,会将上一组的下限减去0.1作为下一组的上限,如第二组的下限为45,则第一组的上限为 $45-0.1=44.9$,依次类推。

(4) 列频率分布表。落在各个小组内的数据个数即为频数(或称次数),常用 f 表示。每一小组的频数与样本容量的比值即为频率,如表7-2所示。

表7-2 频数分布表

成绩分组	频数	频率	频率/组距
[40,50)	2	0.04	0.004
[50,60)	3	0.06	0.006
[60,70)	10	0.2	0.02
[70,80)	15	0.3	0.03
[80,90)	12	0.24	0.024
[90,100)	8	0.16	0.016
合计	50	1	0.1

(5) 累积频率。将各组的频率由下往上逐一相加,称为向上累积频率;同样,若是由上往下逐一相加,则称为向下累积频率。频率分布表中的统计项目可以根据需要有所取舍,例如有的表中还设计了组中值、累积频数、组中值与频数的乘积等。

3) 确定分组,进行归并

在不影响调查目的的前提下,保留频数多的答案,然后把频数分布较少的答案尽可能

归并成意义相近的几组。对那些含义相距甚远，或者虽然含义相近但合起来频数仍然不够多的，一律并入"其他"一组。

4）制定编码规则

为所确定的分组选择正式的分组标志，并根据分组结果为数据制定编码规则。

5）统一编码

对全部回收问卷（开放式问题答案）进行编码。

拓展阅读

编码说明书

编码说明书是一份说明问卷中各个问题（即变量）及其答案与数据文件中的编码值之间——对应关系的文件。可以用下面的案例来展示这种对应关系。

在编制编码说明书时，要注意以下几个问题。

第一，所有的资料都必须转换成数值，不允许使用字母或其他字符。

第二，使编码的内容保持一致性，通常的操作技巧是，用固定的数字顺序表示回答项的次序。例如，对所有测量等级、程序内容的项目答案，都以从小到大的原则分派编码。比如："1"表示最不喜欢；"2"表示不太喜欢；"3"表示喜欢等。

第三，每一个数值码占据一列。要为每个变量留出足够的码位。

第四，对无信息的答案赋予标准代码。例如，可以用"0"表示"不知道"；"9"表示"无回答"；"0"表示"不适合"。

第五，尽可能用真实的数字作为编码，例如，对于年龄、分数、收入等在调查时获得的数据，在编码时，就以原数据作为编码。如59岁，编码就为"59"；98分，编码就为"98"；2000元，编码就为"2000"。这样可以保持数据库的原始资料性质。

最后，制定编码方案是组建数据库的关键一步，其质量决定着今后计算机处理的效率和速度。要依据编码方案，编制出编码说明书，以准确的语言和清晰的格式说明每一个问题、每一种回答的编码是什么，含义是什么。

任务四 市场调查资料的统计与分析

一、市场调查数据的统计

（一）常见的统计方法

在市场调查的实践中，资料的统计汇总方法一般有两类。

1. 计算机统计方法

（1）选用或开发合适的数据处理软件。

(2) 进行编码。

(3) 数据录入。一般由数据录入员根据编码的规则(编码明细单)将数据从调查问卷上直接录入计算机数据录入软件系统中,系统会自动进行记录和存储。

(4) 逻辑检查。运用事先设计的计算机逻辑错误检查程序进行检查,以防止录入的逻辑错误产生。

(5) 汇总制表。利用设定的计算机汇总与制表程序,自动生成各种分组表。

2. 手工统计方法

1) 问卷分类法

按照问项设计的顺序和分组处理的要求,将全部问卷的问项答案进行分类,分别清点有关问卷的份数,即可得到各个问题答案的选答次数。

2) 折叠法

折叠法是指所有调查表中需要汇总的同一行或纵行预先折好,按顺序一张一张地叠在一起,进行总计算,然后将汇总结果填入正式统计汇总表中的方法。

3) 画记法

事先设计好空白的分组统计表,然后对所有问卷中的相同问项的不同答案一份一份地进行查看,并用画记法(常画"正"),待全部问卷查看与画记完毕,即可统计出相同问项下的不同答案的次数,最后记录到正式的分组统计表上。

4) 卡片法

利用摘录卡片作为记录工具,对开放式问题的回答或深层访谈的回答进行记录,然后依据这些卡片进行"意见归纳处理"。

(二) 常用的统计分析软件

目前国际上流行的常用统计分析软件有 Excel、SPSS、SAS 等。这些统计分析的软件可以帮助调查机构从数据录入工作开始,执行后续工作,大大提高了数据处理与分析的效率。

1. Excel 软件

1) 软件介绍

Excel 不仅具有强大的电子表格处理功能,而且带有内容丰富的统计函数,可以进行数据计算、排序、检索、筛选、管理等数据处理,而且还具有自动绘制数据统计图表,带有一个几乎囊括所有统计数据分析方法,包括描述统计和推断统计在内的分析工具宏,通过菜单管理形式直接进行各种统计数据的处理分析,能用最直观的方式给出分析结果的统计量。

2) 软件功能

Excel 是市场调研人员进行市场定量分析预测的有效工具,调研人员可以通过该软件将数据转换成各种图形,让调查分析工作更加直观。

3) 软件特点

Excel 是 Microsoft Office 的一个组件,不需要单独安装,所有安装有 Microsoft Windows 操作系统正在使用的计算机都能直接调用,只要懂得使用 Excel,再稍加一些统计学方面

的知识,就可以进行统计数据处理分析工作。

2. SPSS 软件

1)软件介绍

SPSS 是 statistical package for the social science(社会科学统计软件包)的简称,普遍应用于自然科学、技术科学、社会科学的各个领域,分布于通信、医疗、银行、证券、保险、制造、商业、市场研究、科研教育等多个领域和行业,是应用非常广泛的专业统计软件。

2)基本功能

SPSS 的基本功能包括数据管理、统计分析、图表分析、输出管理等。SPSS 统计分析过程包括描述性统计、均值比较、一般线性模型、相关分析、回归分析、对数线性模型、聚类分析、数据简化、生存分析、时间序列分析、多重响应等几大类,每类中又分好几个统计过程,还有专门的绘图系统,可以根据数据绘制各种图形。

3)软件特点

和其他的统计专业软件比较,SPSS 软件的特点如下。

(1)操作简单。除了数据录入及部分命令程序等少数输入工作需要键盘键入外,大多数操作可通过"菜单""按钮"和"对话框"来完成。

(2)无须编程。只要了解统计分析的原理,无须通晓统计方法的各种算法,即可得到需要的统计分析结果。

(3)数据接口方便。能够读取及输出多种格式的文件。比如由 dBase、FoxBase、FoxPro 产生的 *.dbf 文件,文本编辑器软件生成的 ASCII 数据文件,Excel 的 *.xls 文件等均可转换成可供分析的 SPSS 数据文件。能够把 SPSS 的图形转换为七种图形文件。

(4)应用范围广。世界上许多有影响的报纸杂志纷纷就 SPSS 的自动统计绘图、数据的深入分析、使用方便、功能齐全等方面给予了高度的评价与称赞。在国际学术界有条不成文的规定,即在国际学术交流中,凡是用 SPSS 软件完成的计算和统计分析,可以不必说明算法,由此可见其影响之大和信誉之高。

3. SAS 软件

1)软件介绍

SAS 是 statistics analysis system(统计分析系统)的简称,是用于决策支持的大型集成信息系统。

2)基本功能

SAS 是数据管理和统计分析功能十分强大的统计软件,被誉为国际上的标准软件系统。能熟练使用 SAS 进行统计分析是许多公司和科研机构选材的条件之一。

3)软件特点

由于 SAS 系统是从大型机上的系统发展而来,在设计上也是完全针对专业用户的,其操作至今仍以编程为主,这使得初学者在使用 SAS 时必须要学习 SAS 语言,入门比较困难;并且人机对话界面不太友好,在编程操作时需要用户对所使用的统计方法有较清楚的了解,非统计专业人员掌握起来较为困难。

二、市场调查资料的分析

市场调查资料的分析包括表格分析和图形分析。

（一）表格分析

针对原始资料，可以采取简单分组处理分析、平行分组处理分析、交叉分组处理分析和开放式问题处理分析进行表格分析。

1. 简单分组处理分析

简单分组处理分析是指对总体各单位或样本各单位只按一个标志或标准进行分组处理的分析，包括品质属性分布数列和数量属性分布数列。

1）品质属性分布数列

该数列是以被调查者的性别、年龄、职业、所属行业、文化程度、职业等品质属性作为分组标志而形成的简单品质数列，如表 7-3 所示。

表 7-3　某市居民家庭电冰箱拥有量品牌分布

项　目	品　牌							合计
	A	B	C	D	E	F	G	
拥有量/台	369	665	775	444	406	261	230	3 150
比重/%	11.7	21.1	24.6	14.1	12.9	8.3	7.3	100.0

2）数量属性分布数列

数量属性分布数列是以被调查者的年龄、收入、消费支出、家庭人口、就业人口等数量属性作为分组标志形成的变量数列，有以下两种形式。

（1）单项式变量数列。该数列适应于离散型变量（如家庭人口、就业人口、耐用品拥有量、需求量等）的分组处理，即直接以变量的不同取值作为组别而编制的变量数列，如表 7-4 所示。

表 7-4　某市居民家庭笔记本拥有台数分布

拥有量/台	0	1	2	3	4	>5 台	合计
家庭数/户	300	708	646	274	52	20	2 000
比重/%	15.0	35.4	32.3	13.7	2.6	1.0	100.0

（2）组距式变量数列。该数列适应于连续变量（如年龄、收入、消费支出等）的分组处理，即以变量的不同取值区间作为分组的组别而编制的变量数列，如表 7-5 所示。

表 7-5　某市居民家庭人均年收入分布

组　别	样本户数/户	比重/%
1 万元以下	180	9.0
[1 万元,2 万元)	220	11.0

续表

组别	样本户数/户	比重/%
[2万元,3万元)	320	16.0
[3万元,4万元)	500	25.0
[4万元,5万元)	360	18.0
[5万元,10万元)	260	13.0
10万元以上	160	8.0
合计	2 000	100.0

2. 平行分组处理分析

平行分组处理分析是对总体各单位或样本各单位同时采用两个或两个以上的标志或标准进行平行排列的分组处理分析，所编制的分组数列称为平行分组数列。

1) 两变量平行分组数列

该数列将两个有联系的调查项目按相同选项分组的结果并列在一起而编制的平行分组数列，如表7-6所示。

表7-6 某市居民家庭洗衣机品牌分布

项目	品牌							合计
	A	B	C	D	E	F	G	
拥有量/台	665	369	230	444	406	261	775	3 150
比重/%	21.1	11.7	7.3	14.1	12.9	8.3	24.6	100.0
需求量/台	192	103	52	140	110	68	183	848
比重/%	22.6	12.1	6.2	16.5	13.0	8.0	21.6	100.0

2) 多变量平行分组数列

该数列是将两个以上有联系的调查项目按相同选项分组的结果并列在一起而编制的平行分组数列。常用于产品或服务满意度测评、被调查者态度测量等原始资料的加工开发，如表7-7所示。

表7-7 某市居民家庭中央空调满意度测评汇总表

测评项目	很满意	满意	较满意	不满意	很不满意	次数合计
制热效果	261	328	686	340	85	1 700
制冷效果	272	330	514	386	198	1 700
节能效果	272	330	514	386	198	1 700
噪声大小	115	230	680	365	310	1 700
产品价格	202	324	860	230	84	1 700
外观设计	212	396	726	285	81	1 700
配件质量	98	283	606	390	323	1 700
安装送货	120	286	698	324	272	1 700
售后服务	120	286	695	326	273	1 700

3. 交叉分组处理分析

交叉分组处理分析是对总体各单位或样本各单位采用两个或两个以上的标志或调查项目进行交叉分组的处理分析，所编制的数列一般表现为相关分组数列或复合分组数列。

1) 基本项目之间的交叉分组处理

该方法是利用反映被调查者基本情况的基本调查项目之间的关联性进行交叉分组处理，如表7-8所示。

表7-8 被调查者性别及文化程度分布

文化程度	性别		合计
	男	女	
小学及以下	4	6	10
初中	176	210	386
高中高职	321	297	618
专科	265	248	513
大学本科	177	226	403
硕士及以上	22	48	70
合计	965	1 035	2 000

2) 基本项目与主体项目之间的交叉分组处理

该方法是利用问卷中的基本项目与主体项目之间的关联性进行交叉分组处理，用以揭示不同性别、不同年龄、不同行业、不同职业、不同文化程度、不同居住区域、不同家庭人口的被调查者对所要研究的主体项目选项回答的差异性、相关性等深层次的问题，如表7-9所示。

表7-9 某地居民人均年收入与品牌需求交叉分组列表

人均年收入	品牌需求							合计
	A	B	C	D	E	F	G	
0.5万元以下	0	10	15	8	10	24	18	85
[0.5万元,1万元)	4	32	28	18	14	20	16	132
[1万元,2万元)	6	60	56	28	18	16	8	192
[2万元,3万元)	14	48	43	30	26	4	5	170
[3万元,4万元)	26	36	30	25	16	2	3	138
[4万元,5万元)	28	4	6	16	14	1	2	71
5万元以上	25	2	5	15	12	1	0	60
合计	103	192	183	140	110	68	52	848

3) 三变量交叉列表

如果双变量交叉列表对于某些信息不能准确分析，那么在实际工作中就需要加入第三个变量，成为三变量交叉列表，如表7-10所示。

表 7-10 某地居民对家电维修服务满意度测评汇总表

态度测评选项	男			女			合 计
	35岁以下	35岁以上	小 计	35岁以下	35岁以上	小 计	
很满意	135	116	251	124	40	164	415
较满意	126	48	174	141	95	236	410
一般	124	52	176	136	46	182	358
不满意	196	46	242	170	13	183	425
很不满意	180	12	192	195	5	200	392
合 计	761	274	1 035	766	199	965	2 000

4. 开放式问题处理分析

开放式问题的处理分析,即意见分类归纳法,其具体操作如下。

第一步,集中所有同一个开放式问题的全部文字性答案,通过阅读、思考和分析,把握被调查者的思想认识。

第二步,将被调查者的全部文字性答案,按照其思想认识的不同归纳为若干类型,并计算各种类型出现的频数,制成全部答案分布表。

第三步,对全部答案分布表中的答案进行挑选归并,确定可以接受的分组数。一般来说,应在符合调查项目的前提下,保留频数多的答案,然后把频数很少的答案尽可能归并到含义相近的组,应依据调查的目的和答案类型的多少而确定,一般来说应控制在 10 组之内。

第四步,为确定的分组选择正式的描述词汇或短语。不同组别的描述词汇或短语应体现质的差别,力求中肯、精炼、概括。

第五步,根据分类归纳的结果,制成正式的答案分布表。

(二) 图形分析

统计图是分析调查资料的一种重要而实用的方法,在实践中得到广泛应用,具有"一图抵千字"的表达效果,它是根据统计数字,用几何图形、事物形象和地图等绘制的各种图形,具有直观、形象、生动、具体等特点,令复杂的统计数字简单化、通俗化、形象化,使人一目了然,便于理解比较。

一般情况下,统计图经常配合统计表和市场调查报告一起使用。统计图的制作一般包括手工制作和计算机制作两种方式。常用的统计图包括条形图、圆形图、折线图、直方图、散点图和统计地图。

1. 条形图

条形图是用水平的条形来表示数据,用于表示绝对和相对数量、差异和改变。条形图由于是水平显示,因此可对更多的数据进行数据对比分析。条形图分为单式条形图和复式条形图两种,如图 7-2、图 7-3 所示。

单式条形图是用同类的直方长条来比较若干统计事项之间数量关系的一种图示方法,适用于统计事项仅按一种特征进行分类的情况;复式直条图由两个或多个直条组构

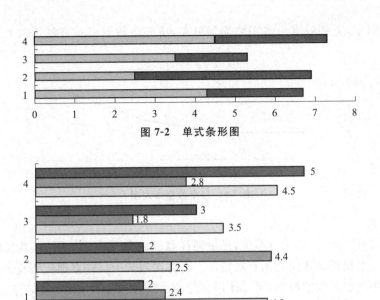

图 7-2　单式条形图

图 7-3　复式条形图

成,同组的直条间不留间隙,但每组直条排列的次序要前后一致。

2. 圆形图

圆形图即饼状图,是另一种常用的图形,适合于许多情形。圆形图是把一个圆饼分为多个组成部分,用各个部分占总和的百分比来显示总体的内部结构。在一般情况下,圆形图不超过七个分割部分。如果数据分为许多小的部分,可以考虑把最小的部分或最不重要的部分(通常小于5%)并入"其他"类,这主要是因为细小部分的标注很难读出,这些部分的标注只能放在圆之外。

饼状图有两种表现形式,一种是直接用平面圆进行分割;另一种是饼状圆形图,如图 7-4、图 7-5 所示。

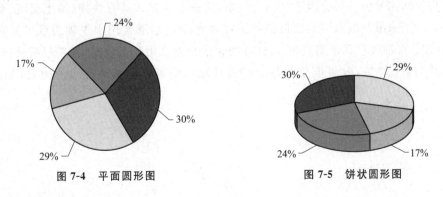

图 7-4　平面圆形图　　　　　图 7-5　饼状圆形图

3. 折线图

折线图或许是所有图形中最简单的一种,能很直观地反映某项数据的变化情况。排列在工作表的列或行中的数据都可以绘制到折线图中,折线图可以显示随时间(根据常用比例设置)而变化的连续数据,因此非常适用于显示在相等时间间隔下数据的趋势。在折线图中,类别数据沿水平轴均匀分布,所有值数据沿垂直轴均匀分布,如图 7-6 所示。

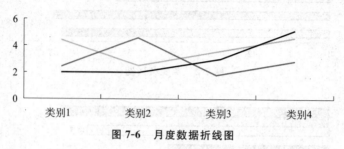

图 7-6　月度数据折线图

4. 直方图

直方图又称柱状图、质量分布图,是由同样宽度的条形构成的图形,其长度与代表的数值成正比。可用于单选问题的直观显示。直方图最长于反映多项比较复杂的关系。为比较一张图中几组不同的数据,可以使用群组直方图。群组的条形,就好像报告的提纲,把一般的话题分组,然后把信息分到特定的类别中,可以用来反映一段时间内、不同组内、但是相关的数据类型,如用于多选题,如图 7-7 所示。

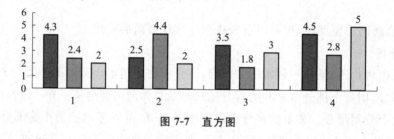

图 7-7　直方图

5. 散点图

当不知道两个因素之间的关系或两个因素之间关系在认识上比较模糊,又需要对其进行调查和确认时,可以通过散点图来确认二者之间的关系,散点图是用非数学的方式来辨认某现象的测量值与可能因素之间的关系,这种图示方式具有快捷、易于交流、易于理解的特点。用来绘制散点图的数据必须是成对的 (x,y),通常用水平轴表示可能有关系的因素 x,垂直轴表示现象测量值 y,推荐两轴的交点采用两个数据集(现象测量值集,原因因素集)的平均值,收集现象测量值时要排除其他可能影响该现象的因素,如图 7-8 所示。

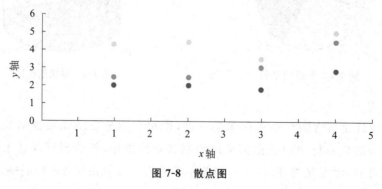

图 7-8　散点图

需要注意的是,在使用散点图调查两个因素之间的关系时,应尽可能固定对这两个因素有影响的其他因素,才能使通过散点图得到的结果比较准确。

6. 统计地图

1) 统计地图的概念

统计地图是运用统计数据反映制图对象数量特征的一种图形,可形象地反映、揭示统计项目和同一项目内不同统计标准间的同一性和差异性,以分析其在自然和社会经济现象中的分布特征。统计地图主要表现各种社会经济现象的特征、规模、水平、结构、地理分布、相互依存关系及其发展趋势。

2) 统计地图的编制方法

(1) 图形统计图法。以图形表示各制图单元内的统计数值。

(2) 分级统计图法。按行政区域或经济区域,以不同颜色或画符号表示现象相对指标的差异。

(3) 定位统计图表法。以统计图表形式在制图区域内表示某一点上特种现象的分布和变化。目前统计地图广泛应用于人口、工业、农业等各种社会经济部门。并采用计算机辅助制图方法。世界上不少国家首先发展了统计制图的软件系统,如 SYMAP 系统、GEOMAP 系统、CART 系统等,其功能一般包括统计资料的选取,以及统计数据的处理、分级以及图形输出等部分。

项目小结

调查资料的整理和分析属于市场信息处理的范畴。对市场调查与预测过程收集到的各种原始数据进行适当的整理,使其显示一定的含义,进而反映不同数据之间以及新数据与原始数据之间的联系,并通过分析得出某些结论。

因为通过市场调查实施阶段所获取的原始资料还只是粗糙的、表面的、零碎的材料,需要经过系统的处理,才能进行分析研究并得出科学的结论。所以,调查资料的处理是调查过程中必不可少的环节。在实践中,调查资料的处理技术主要包括调查资料的整理和调查资料的分析技术。

调查资料的整理主要讲述调查资料的整理步骤、调查资料的验收与编辑、调查资料的分组与编码,调查资料的分析主要讲述制表分析和制图分析两种方法。在本项目中,只针对一些基本的方法和原理做了描述和介绍,若要深入学习,还需要同学查找资料,进一步深入研究。

思考练习

一、选择题

1. 判断分析法是从事物的( )。

　　A. 量的方面进行预测　　　　　　B. 质的方面进行预测

C. 量的方面分析判断,进行预测　　　　D. 质的方面分析判断,进行预测
2. 时间序列数据会呈现出一种长期趋势,它的表现(　　)。
   A. 只能是上升趋势　　　　　　　　　B. 只能是下降趋势
   C. 只能是水平趋势　　　　　　　　　D. 可以是上升、下降或水平趋势
3. 在正式的市场调研中,收集、整理和分析与市场营销有关的资料和数据的方式,必须是系统的和(　　)。
   A. 详细的　　　B. 定量的　　　C. 集中的　　　D. 客观的
4. 市场调查就是收集、整理和分析与市场营销有关的资料和数据,其收集数据的程序必须系统,收集数据的态度必须是(　　)。
   A. 详尽的　　　B. 认真的　　　C. 客观的　　　D. 谨慎的
5. 社会科学用统计软件包特别适用于(　　)。
   A. 物理学　　　B. 心理学　　　C. 市场调研　　　D. 人口学
6. SPSS 是社会科学用统计软件包,特别适用于(　　)。
   A. 物理学　　　B. 心理学　　　C. 市场调研　　　D. 人口学
7. 时间序列数据会呈现出一种长期趋势,它的表现(　　)。
   A. 只能是上升趋势　　　　　　　　　B. 只能是下降趋势
   C. 只能是水平趋势　　　　　　　　　D. 可以是上升、下降或水平趋势
8. (　　)一般在缺乏历史资料或历史资料不全面,并且既要有质的分析,又要有量化分析时采用。
   A. 专家意见法　　B. 集合意见法　　C. 扩散指数法　　D. 领先指标法

二、简答题

1. 简述调查资料处理技术。
2. 简述调查资料整理的意义、内容和步骤。
3. 怎样对调查资料进行审核?它有哪些要求?
4. 怎样对调查资料进行分析?它有哪些常用的方法?
5. 为什么要使用图形来进行统计表示?

三、材料分析题

某保险公司对影响投保户开车事故率的因素进行调查,并对各种因素进行了横列表分析。如表 7-11 所示,可以看出有 59% 的投保户在开车过程中从未出现过事故,41% 的驾驶者至少经历过一次事故。

表 7-11　驾驶者的事故率

状　态	百分比/%
开车无事故	59
开车至少经历一次事故	41
样本数量	18 000

然后,加入性别因素,判断事故率在男女之间是否有差别,如表7-12所示。

表7-12　不同性别下的驾驶者事故率

状态	男	女
开车无事故/%	57	63
开车至少经历一次事故/%	43	37
样本数量	10 100	7 900

基于上表中的数据,可以发现男性的事故率高。此时引入第三个因素"驾驶里程",并提出问题:男性驾驶者事故率较高,是否与驾驶距离相关?如表7-13所示。

表7-13　不同驾驶里程下的事故率

状态	男		女	
驾驶里程/km	≤10 000	>10 000	≤10 000	>10 000
开车无事故/%	69	55	71	51
开车至少经历一次事故/%	31	45	29	49
样本数量	2 370	7 980	70	2 750

问题:

(1) 请对上述资料进行分析,阐述自己的观点。

(2) 请列出上述资料中运用到的分析方法。

(3) 上述分析方法的优缺点和适宜适用的情形。

四、实践训练

1. 活动内容

针对本院学生的上网情况展开调查。

2. 活动组织

(1) 学生分组:3～5人一组。

(2) 同学们结合运用适宜的调查方法收集资料。

(3) 对收集来的资料进行整理和分析,绘制表和图形并制作PPT,以小组为单位进行展示。

(4) 授课教师根据每组表现进行综合评价,并计入平时成绩。

学习心得

学 习 评 价

题目					
班级		姓名		学号	

学习成果检测报告

　　根据之前章节任务中获得的市场调查资料，展开整理和分析，注意整理方法、分析方法及应用软件的选择，成果以图表形式展示。

考核评价（按 10 分制）

教师评语：	态度分数	
	工作量分数	

考 评 规 则

（1）整理过程条理清晰，逻辑严谨；
（2）分析要有理有据；
（3）方法选择要得当。

撰写市场调查报告

项目八
Xiangmu 8

课程思政

- 锤炼诚信做人的品格、培养时代开拓精神、提升服务社会本领和培育团队合作能力。
- 提升有效服务社会的职业素养与就业竞争能力。

知识目标

- 理解市场调查报告撰写的含义及作用。
- 理解市场调查报告撰写的特点。

技能目标

- 掌握市场调查报告的结构和撰写步骤。
- 掌握市场调查报告撰写的方法和技巧。
- 能够运用市场调查口头报告的基本技巧。

关于大学生数码产品消费情况的调查报告

一、调查的背景与目的

（一）调查背景

随着科技的日益发展，数码产品正以越来越低廉的价格走进每一个人的生活。高校的学生作为尚无独立稳定的经济来源，同时消费心理与消费行为欠缺理性的特殊群体，对数码产品的消费情况无疑值得我们深入研究。

（二）调查目的

研究的目的是给大学生提供相关信息，指导其正确地购买及合理地使用数码产品，从而使数码产品对大学生起到积极的作用。

二、调查的对象与方法

(一)调查的对象

某高校某学院的部分学生。

(二)调查方法

采用了询问法的调查问卷,填写了70份调查问卷。

三、数据统计及调查分析

(一)大学生数码产品消费水平分析

通过调查可以看出大学生的经济来源主要是家庭支持及自己打工。对数码产品的消费金额并不低,但主要依靠家庭的支持。

据调查,28.52%的人有购买数码产品的需要,71.43%的没有,同时42.85%的人希望自己三个月后拥有一件数码产品,14.24%的人希望自己九个月后,22.86%的人为半年后,而20%的人则为一年后。近一年在数码产品上的花费,35.7%的人表示要在500元以下,25.71%是500~1 000元,11.43%是1 000~2 000元,14.29%的人认为是2 000~4 000元,只有4.29%的人的花费在5 000元以上。由此可以看出,他们的消费水平相对来说比较高,但同时也是比较理性的。

(二)大学生数码产品消费考虑因素分析

据调查,大学生在购买数码产品时,首要考虑的因素是质量和性能。这点可以看出大学生在选购数码产品时还是明智的,没有被琳琅满目的商品所迷惑。37.57%的人认为质量是要注重的,42.89%的人是比较看重性能的,10%和8.5%的人看中的仅仅是产品的价格和外观。一分价钱一分货,在购买时不能贪图便宜,质量好才是王道。多数大学生还是明白这个道理的,主要是害怕用了不好,需要维修或退货,给自己带来不必要的麻烦,同时也浪费自己的时间和精力,搞得自己心里难受。毕竟数码产品买来是要长期使用的,不可能一直换,好的质量和性能能保证使用寿命。

(三)对大学生数码产品消费产生影响的因素

随着数据通信的日益发展及完善,生活中的数码产品的推销和广告可谓铺天盖地,有通过电视广告的、有发放纸质传单的、有开新闻发布会的,五花八门,各出奇招。在激烈的竞争下,各大品牌数码产品的优势无疑成为消费者选择其产品的指明灯。34.29%的大学生认为日常的媒体广告影响了其购买欲望,20%的大学生认为现场产品的展示影响其选择,5.71%的人认为是销售人员的推荐,40%的人是经朋友介绍。

(四)大学生对数码产品不断更新换代的看法

社会不断发展,数码产品这类高科技产品不断更新换代,质量性能不断提升,配置也越来越高,同学们对此有不同看法。在本次调查中,14.24%认为产品质量需要改进,37.5%的人认为功能的实用性及耐用性是必须注重的,17.14%认为外观的时尚度需要改进,25.71%则认为操作便捷性是重要的,32.85%的人觉得售后服务尤为重要,由此可见,大家对于数码产品的消费还是比较理智的。

(五)大学生拥有的数码产品类型

此次调查发现,100%的大学生拥有手机,15.71%的大学生拥有台式计算机,54.29%的拥有笔记本电脑,97.14%的人拥有优盘,43.24%的人拥有数码相机,1.43%的大学生拥有数码摄像机。

四、调查总结

（一）从市场发展的角度分析

（1）传统的数码产品如计算机、数码相机已经进入普及阶段，价格不断下降，使更多消费者有能力购买产品，体验数码时代的乐趣。

（2）市场竞争将会越来越激烈，价格的透明化，渠道成本的增加，使产品利润空间越来越小。面对激烈的市场竞争，各种品牌的竞争压力也相当大，因此产品本身也应该有创新，只有创新才会有市场，才会吸引消费者的眼光。

（二）从产品角度分析

（1）产品功能的多元化，个性化将是今后发展的主流，特别是一种数码产品包含多种功能，涵盖多个领域。

（2）中低端产品仍然占据市场主流。

（资料来源：大学生数码产品市场调研报告. https://www.xfanwen.cn/art/626cec3c7dc3d.html. ）

问题：一份有效的调查报告由哪些部分构成？调查报告对企业经营管理的作用？

市场调查报告以市场调查和预测为基础，以资料的科学整理和分析为前提，它是市场调查预测的最终结果，是企业经营决策的重要依据。市场调查人员应该认识到一篇专业的市场调查报告的重要性，撰写市场调查报告需要掌握一定的方法和技巧。

任务一 认识市场调查报告

一、市场调查报告的含义

市场调查报告是市场调查人员对特定市场的某一方面的问题进行深入细致的研究之后，通过文字、图表等形式表达市场调查研究结果的书面报告。市场调查报告可以使委托方和决策方对所调查的市场现象和关注的问题有一个全面系统的认识，它是市场调查与预测的终点，也是企业开展下一轮市场研究的新起点。

一份高质量的市场调查报告，能够透过调查对象的现象看本质，能够使市场主体更加深入而系统地了解市场，掌握市场规律，分析市场的有关问题，制定正确的市场策略，编制科学有效的经营管理计划。相反，一份拙劣的调查报告会使好的调查资料黯然失色，甚至可能使整个调查研究工作前功尽弃。

二、市场调查报告的特点

市场调查报告是对某一类市场的全面情况或某一侧面、某一问题进行调查研究之后撰写出来的，针对市场情况进行调查、分析与研究，有着不同于其他类型报告的特点。

（一）针对性

针对性是指在报告的选题上的针对性和阅读受众的明确性。一是市场调查报告在选题上必须强调针对性，做到目的明确、有的放矢，围绕主题展开论述，这样才能发挥市场研究应有的作用。二是市场调查报告必须明确阅读受众。受众不同，其要求和所关心的问题的侧重点也不同。撰写调查报告必须考虑报告的阅读对象的水平、阅读环境和习惯，以便提高调查报告的使用效果。因此，如果有必要，可以对同一调查研究内容撰写几个不同组成部分的调查报告，满足不同读者的需要，或者干脆完全针对不同的读者分别撰写不同的调查研究报告。

针对性是市场调查报告的灵魂，必须明确要解决什么问题、问题的核心是什么、谁是受众等，针对性不强的市场调查报告必定是盲目的和毫无意义的。

拓展阅读

报告阅读者的特点

在准备市场调查报告时，必须考虑报告阅读者的背景和兴趣，及其期望得到的信息类型，用哪种术语以及深度来表述这些信息。

一般性报告的阅读者希望看到基本的资料且要求这些资料以不复杂的形式表达，其对研究方法和结果的技术性兴趣不大。技术性报告的阅读者懂得技术并且对该课题所涉及的技术方面感兴趣，对这类阅读者宜使用较多的技术语言并对主题进行深度处理。而当读者包含两类人时，则宜做成一个综合性报告。在这类报告中，将较多的技术资料放在附录里，而用总结形式反映研究的关键结果。结果的最重要部分常出现在报告的前一部分，随后通常是对研究报告进行描述的章节。

（二）专业性

市场调查与预测是一门实践性很强的应用管理科学，市场调查与预测的组织机构有隶属政府及行政机构的，有企业内设的，也有具备独立法人资格的专业机构。市场调查与预测对从业人员要求比较高，既要具备深厚的行业背景、专业知识，又要具备丰富的行业洞察力且深谙市场规律，对调查对象十分了解，同时还要具有较强的研究能力、捕捉信息能力、抗压能力。由此也决定了市场调查报告的专业性。随着中国对外开放的进一步扩大、市场经济的持续深入发展，未来专业化市场调查机构将有广阔的发展空间。

（三）创新性

市场调查报告应紧紧抓住行业发展前沿、市场的新动向、行业的新问题，揭示一些人们未知的通过调查研究得到的新发现，提出新观点，形成新结论。只有这样的市场调查报告才有使用的价值，才能达到指导企业进行市场经营活动的目的。市场调查报告中的总结和建议应具有建设性、创新性的观点和结论，高质量的市场调查报告能为企业科学决策提供依据，更好地指导企业的生产经营活动，同时也体现了调查机构的专业化水平。因此，市场调查报告的创新性是市场调查机构永恒的主旋律。

（四）时效性

信息的时效性越高，其价值就越高。企业适应市场、参与竞争，受托方就应该按照协议的排期及时将市场调查报告反馈给企业，以便企业迅速采取行动，决胜未来。当前市场竞争越来越激烈，企业在生产经营活动中必须掌握准确、及时、系统的信息，对市场变化迅速做出反应，并对未来状况加以预测，才能在竞争中取胜。因而，要顺应瞬息万变的市场形势，市场调查报告必须讲究时效性，做到及时反馈。只有及时到达使用者手中，使决策跟上市场形势的发展变化，才能发挥市场调查报告的作用。

◆ 思政小课堂

背景与情境：某企业要市场部调查分析国产乳制品在未来市场的销售趋势。因为时间紧、任务重，市场部三位工作人员象征性地对一些企业和用户进行了一些调查，准备凭借自己以往的工作经验完成此次任务。一天市场部的小王在网上浏览，发现某市一个和他们一样性质的企业刚好也进行了同样的调查分析活动。他把这一信息告诉了市场部张主任，张主任一看，说："好，那我们就省事多了。"事后三位工作人员就把网上查到的那一家企业的调研报告稍作修改就呈送给了总经理。

问题：市场部工作人员这样的做法妥当吗？谈谈你自己的看法。

分析提示：不同企业面对的市场及环境因素不同，未来发展变化趋势也就各不相同。因此，必须要认真客观地收集数据，严格按预定程序和方法进行市场调研，才能达到比较理想的目标。而工作人员不认真进行数据资料收集，凭借主观经验并且抄袭别人的调查报告内容，最后把调查报告呈送总经理。这样的调查报告会严重影响企业的经营决策。这从职业道德和营销伦理角度讲都是有严重问题的。在调查报告的撰写过程中，必须坚持认真、诚信、科学的工作理念，避免任何违反营销伦理、违反职业道德的行为倾向。

◆ 三、市场调查报告的作用

（一）市场调查报告是调查活动的产品，是调查过程的历史记录和总结

通过阅读调查报告，读者能够了解调查活动的整个过程。调查报告将体现很多方面的内容，举例如下。

(1) 具体做了哪些工作？完成了哪些任务？
(2) 工作与开始制定调查方案时的要求是否一致？
(3) 调查活动如何展开？调查经费是如何使用的？
(4) 研究人员的工作态度和专业水平如何？
(5) 调查结果如何？有何建议？

（二）市场调查报告是管理决策的重要依据

调查项目之所以得以确立，就是因为企业在管理决策过程中遇到了新问题，调查报告必须能够针对这些问题提供有价值的信息，从而指导企业更好地工作。通过调查得来的资料是零散的，而调查报告是这些零散资料的概括总结，便于用户阅读和理解，它能把死数字变成活情况，有利于用户掌握市场行情，为企业决策服务。一份好的调查报告，能对企业的市场活动起到有效的导向作用。

（三）市场调查报告是委托人评价调查活动的重要指标

用户对调查活动的了解绝大部分仅凭调查报告，如果调查活动前面的各个步骤都做得很好，而唯独没有认认真真地写调查报告，委托人拿到调查报告后，会如何来评价这次调查活动呢？

任务二 市场调查报告的一般格式与要求

一、市场调查报告的一般格式

市场调查报告的
一般格式
与要求

市场调查报告的格式不是一成不变的，因调查项目的需求、委托方的需求、调查者及其性质的不同，其具体结构、格式和风格、体例都有不同的要求。但是，正式的市场调查报告的格式一般包括封面、目录、摘要、正文和附件等部分。

（一）封面

市场调查报告的封面一般包括市场调查报告的标题、委托方、调查方的项目负责人、提交报告的日期等，如有保密要求也会在封面上标明。通常单独占用一张纸。

其中报告的题目部分，是用简明扼要的文字表达本次调查的调查对象和所要揭示的内容。标题必须准确揭示报告的主题思想，做到题文相符。

常见的标题形式主要有两种分类方式。

1. 按表述的形式不同分类

按表述的形式不同分类可以分为直叙式标题、表明观点式标题和提出问题式标题。

1) 直叙式标题

直叙式标题是反映调查意向或指出调查地点、调查项目的标题。例如《××市的环境污染状况调查》《大学生就业状况调查报告》等。这种标题的特点是简明、客观。

2) 表明观点式标题

表明观点式标题是直接阐明作者的观点、看法，或对事物做出判断、评价的标题。例如：《出口商品包装不容忽视》《保暖内衣悄然升温》《高档羊绒大衣在北京市场畅销》等标题。这种标题既表明了作者的态度,又揭示了主题,具有很强的吸引力。

3)提出问题式标题

提出问题式标题是以设问、反问等形式,突出问题的焦点和尖锐性,吸引读者阅读、思考。例如:《当前大学生就业路何在?》《北京市房地产二级市场为什么成交寥寥无几?》等。

2. 按其表现形式的不同分类

按其表现形式的不同分类可以分为单行标题和双行标题。

1)单行标题

单行标题是用一句话概括调查报告的主题或要回答的问题。一般是由调查对象及内容加上"调查报告"或"调查"组成,如《"中关村电子一条街"调查报告》《海尔洗衣机在国内外市场地位的调查》《关于上海市家用计算机销售情况的调查》等。

2)双行标题

双行标题由正题加副题组成。一般用正题概括调查报告的主题或要回答的问题,用副题标明调查对象及其内容,如《××牌产品为什么滞销——对××牌产品的销售情况的调查分析》《北京人的梦中家园——对北京居民住宅择向的调查报告》等。

(二)目录

市场调查报告的内容、页数较多,为了方便读者阅读,应当使用目录或索引列出报告所分的主要章节和附录,并注明页码。整个目录的篇幅不宜过长,以一页为宜。

通常只编写两个层次的目录。较短的报告也可以只编写第一层次的目录。报告的目录一般在题目之后另页列出。

如果报告含有很多的图或表,那么需要制作图表目录,目的是帮助读者很快找到对一些信息的形象解释,如图8-1所示。

(三)摘要

市场调查报告摘要是报告中较重要的部分,是整个调查报告的精华。摘要是对整个研究报告的概括性介绍,目的是让相关人员迅速了解研究报告的主要内容、主要的研究结论与建议。摘要由以下几个部分组成。

1. 调查目的

即为什么要开展调研,为什么公司要在这方面花费时间和金钱,想要通过调研得到些什么?

2. 调查对象和调查内容

如调查时间、地点、对象、范围、调查要点及要解答的问题等。

3. 调查研究的方法

如调查方法、问卷设计、数据处理方法、抽样的基本情况、研究方法的选择等。

4. 调查中的主要发现

概括陈述调查结果,如在某区域、某时间范围内,针对某调查人群进行的调查结果显示,存在某些现象。

5. 分析结论和建议

调查报告的摘要应该是对报告的正文的高度概括和浓缩。摘要内容主要应集中在对调查的发现和由此进行的预测和政策建议上,对调查结论的论证细节应避免涉及。

目录	
一、摘要 ……………………………………………………	1
二、引言 ……………………………………………………	2
1. 研究的背景和目的 ……………………………………	4
2. 研究的内容 ……………………………………………	6
三、研究方法 ………………………………………………	9
四、调查概况 ………………………………………………	11
五、调查结果 ………………………………………………	13
1. 消费者调查结果 ………………………………………	13
2. 零售商调查结果 ………………………………………	32
六、结论与建议 ……………………………………………	41
七、局限性 …………………………………………………	43
附件一 ……………………………………………………	45
附件二 ……………………………………………………	47

(a)

目录	
一、摘要 ……………………………………………………	1
二、调查背景 ………………………………………………	2
三、调查对象 ………………………………………………	3
四、调查方法 ………………………………………………	4
五、调查结果分析 …………………………………………	9
六、结论及建议 ……………………………………………	13
七、附录 ……………………………………………………	25

(b)

图 8-1　市场调查报告目录示例

小案例

安徽省白酒经营情况调查报告摘要

为了更好地了解近期安徽省白酒企业的生产经营情况，研究分析白酒企业在行业竞争中存在的优势和不足，帮助企业发现已经存在或潜在的问题，国家统计局安徽调查总队开展了一次针对安徽省主要白酒生产企业的典型调查，通过发放调查问卷，收集相关信息，并集中整理综合，形成安徽省白酒行业经营情况调研报告。

（四）正文

正文是市场调查报告的主要部分。正文部分必须准确阐明全部有关论据，包括问题的提出到引出的结论，论证的全部过程，分析研究问题的方法。此外，还应有可供市场活动的决策者进行独立思考的全部调查结果和必要的市场信息以及对这些情况和内容的分析、评论。正文应按照调查内容充分展开。调查报告的正文部分主要由以下几部分组成。

1. 引言

引言部分主要给出调查问题的背景,并对所调查问题的必要性进行简要的解释;事先利用二手资料对调查问题进行定性和定量的研究情况;指导本次调查研究的理论基础、基本假设及影响调查方案设计的因素等。

2. 调查方案设计

对调查中运用的调查方案进行详细的描述,包括调查采用的调查技术、组织形式、需要收集的二手资料和原始资料、调查表的设计或调查问卷的设计、调查资料质量控制措施、资料的整理方法等。本部分旨在说明调查中所用的调查方案是科学有效的。但是,为了保证易读性应尽量避免使用专业性技术语言描述。

3. 数据分析

本部分对调查及整理的数据分析方案进行描述,旨在说明所采用的数据分析方案是正确的。

4. 调查结果及其评价

这是正文中最主要的部分,也是占用篇幅最长的部分。提出的调查结果包括市场总体调查结果、市场分组细分的研究结果和关联性分析结果,内容应紧紧围绕调查内容和目标,按照一定的逻辑顺序进行安排。

对调查结果的评价主要是对本次调查的局限性进行一些必要的解释,如调查受到调查时间、经费预算、调查组织上的种种限制,调查结果可能存在一定的误差。对调查结果的评价应客观谨慎,否则会降低报告的使用价值。

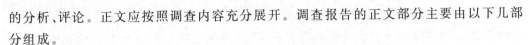 小案例

安徽省白酒经营情况调查报告调查结果部分

第三部分:安徽省白酒行业面临的主要问题

近年来,随着我国国民经济进入新一轮经济周期的上升期,安徽省白酒行业呈现出良好的发展态势。但必须清醒地看到,长期以来安徽省白酒产业积累的许多深层次问题尚未得到应有的重视和解决,主要有以下几个方面。

一、企业规模偏小,缺少行业竞争力,中低端白酒产品居多

目前安徽省内的白酒生产企业众多,存在市场竞争过度的情况,这种局面造成白酒产业过于分散,削弱了省内大型企业的竞争力,使得原本有限的财力、人力资源投入在省内市场竞争中,特别是与外省大型白酒企业相比,安徽省白酒行业缺少特大型龙头企业;同时主要白酒产品结构偏重于中低层次,省外市场开拓能力有待提高,影响力较大的白酒品牌稀缺以及产业政策缺位等问题,制约了安徽省白酒行业的全面、协调、可持续发展。

二、税负较高困扰安徽白酒企业的正常发展

在调研过程中,有企业认为自白酒消费税计税基础和税率调整以后,该公司销售税负

达到60％以上,远远高于川酒和黔酒的水平。在调查的9家企业中,反映税负过重的企业有7家,有的企业认为粮食白酒和薯类白酒的消费税分别从25％和15％的从价税率调到20％,使得薯类白酒税费偏高,对中、小企业发展不利。

三、白酒销售市场环境仍需改善

在调研中,企业一致认为,目前社会上假酒生产仍然屡禁不止,造成市场以假乱真现象严重,严重地破坏了公平的销售环境,希望政府加大打击力度,关闭淘汰生产劣质白酒小作坊,以维护正规企业的合法利益。

5. 结论及建议

调查者应当按照调查目的解释调查的统计分析结论,并从中总结出结论性的结果,并以此为基础向管理决策者提出如何利用已被证明为有效的措施,以及对解决现实问题具有科学性和可行性的政策方案和建议。

小案例

安徽省白酒经营情况调查报告的总结与建议

第四部分:提升安徽省白酒产业竞争力的政策建议

根据外省白酒企业的先进经验以及行业竞争力理论研究的成果,结合安徽省白酒行业现状的分析,立足实际,系统地提出增强安徽省白酒产业竞争力的对策。

一、整合优势企业资源,培育特大垄断型的白酒生产企业

竞争过度是当前我国白酒产业的重要特征,白酒企业向集团化、大型化发展是国内白酒工业发展的趋势,如川酒三家上市公司五粮液、泸州老窖、水井坊年总营业收入已超过200亿元,而贵州茅台一家公司年营业收入就已达到百亿元以上,国内白酒行业第二集团苏酒、鄂酒也正紧随其后,由地域性品牌向全国性品牌迈进。

综合当前国内白酒行业发展形势,安徽省白酒企业要实现可持续发展,必须提高企业战略规划的制定与实施能力以及企业规模扩张能力,实施大集团、优品牌的发展战略。通过实施企业间的兼并重组和优化组合,组建大型白酒集团,增强抗御市场风险能力,全面提升和增强企业的核心竞争力。

二、全面提升企业管理水平,有效降低成本提升利润

在对省内白酒企业的调查中发现,目前安徽省部分白酒企业仍受传统计划经济管理体制的影响,企业管理还停留在经验管理为主的传统管理模式,缺乏对现代企业管理的认识,缺少产品创新的意识和应对市场变化的能力,使得经营成本居高不下,经营利润率长期低于行业平均水平。从企业管理的方向来看,白酒企业首先要推行企业精细化管理模式,要对白酒生产管理实施精细、准确、快捷的规范与控制,才能有效控制生产成本;其次要建立完善分配和激励机制,处理好资本和劳动力在利润分配上的关系,要特别体现出知识和智力价值,建立较为公正、公平的激励机制,以激发和调动企业员工的积极性和创造性;最后要建立现代化的人力资源管理体制,把人力作为企业的第一资源,并直接参与企业战略的制定。

三、加大科技投入，提高企业科技创新能力

随着白酒行业的不断发展，白酒企业的竞争力不仅仅体现在品牌价值、资本规模等方面，创新能力已逐渐成为现代白酒企业竞争力的核心，提升科技创新能力对安徽省白酒企业已显得十分迫切。要加快大型白酒企业的技术创新体系建设，重视科技资源的优化配置，注重新产品开发和市场推广，通过引进、消化、吸收与自主开发相结合，促进企业技术创新能力的不断提高。

（五）附件

附件是指正文中包含不了或为了使正文简洁易懂必须放置于后便于查阅的有关技术性文件，是对正文的补充和更为详尽的说明。附件主要有问卷、调查表、数据汇总表；抽样方案设计、统计分析计算的细节；对一些技术问题的讨论；参考文献等。

二、市场调查报告的要求

（一）调查报告的内容应满足用户的需求

调查报告以满足用户的需要为宗旨，为用户的需要服务。如果用户需要的层次不同，可以撰写多种版本的报告。例如，一个包括详细技术数据的报告主要是为了满足专业技术人员的需要，而一个包含较少技术方面讨论、把重点集中在调查结果的运用上的报告是为了满足调查在商业上的应用。

（二）报告内容要完整

调查报告的撰写，首先，应围绕市场调查的主题及其分解的主题，编写详细的报告提纲；其次，按照提纲扩展成一个一个分列主题的报告；再次，对这些分列报告进行组合、扩充，加上必要的内容后成为市场调查报告的主体；然后，根据主题内容的需要，编写附录文件；最后，根据主题内容，写出市场调查报告的内容、摘要及目录。

写出报告的初稿后，应广泛征求各方意见并认真进行修改后方能最后定稿。

（三）报告的分析方法要将定量分析与定性分析相结合

在市场调查报告中，数据资料具有重要的作用。用准确的数据证明事实真相往往比长篇大论更具说服力。然而，调查报告不是流水账或数据的简单堆积，过多地堆砌数据会令人感到眼花缭乱，不得要领。因此，市场调查报告应以明确的观点统领数据资料，把定量分析与定性分析结合起来，这样才能透过数据本身的表面现象，把握市场现象的本质属性和发展变化规律。

（四）报告内容要客观、准确

撰写市场调查报告应具有科学的态度，调查报告应当客观地反映进行市场调查和分析的结果，准确地表达市场调查、整理和分析的方法和结论，不能有任何应付用户或管理

决策者的期望的倾向。报告中引用的资料要准确,调查分析的结果和语言表述应准确无误;调查报告中应根据项目开始所提出的问题,提供回答问题所必需的全部信息,特别是最重要的信息不能被遗漏;调查报告中的各种观点都应当从事实出发,总结或检验其正确性,而不应从个人的主观愿望出发,先入为主地做事先判断;报告的主体部分有关技术细节方面的讨论和介绍应避免或尽量少用专业术语,可以使用表格、图形和照片等简洁明快、新颖直观的表达方式增强表达效果;报告应简明扼要,内容有所取舍,围绕调查目标,突出重点。写作语言要简洁明快,直截了当,避免使用冗长的句子。调查前的理论模型设计或现行的工作假定,都应毫不例外地接受调查资料的检验。凡是与事实不符的观点,都应当坚决放弃;对暂时拿不定主意的,应如实在报告中写明,或作为附录文件加以讨论。

（五）报告外观要正规且专业化

报告的外观应与其内容具有同等重要的地位。一份干净整齐、组织良好的、有专业水准的调查报告更具吸引力,更能引起读者的兴趣。因此,最后呈交的报告应当用质地良好的纸张打印和装订,印刷格式、字体选择、空白位置应用等编辑方面的工作都应给予充分的重视。

任务三 市场调查报告的写作技巧

市场调查报告的写作技巧

市场调查报告的写作技巧主要包括表达、表格与图形运用、数据分析、建议等方面的技巧。

一、表达的技巧

表达技巧主要体现在叙述、说明、议论、语言运用等四个方面。

（一）叙述

市场调查报告的叙述,主要用于开头部分,叙述事情的来龙去脉,表明调查的目的和根据,调查的过程和结果。此外,在主体部分还要叙述调查得到结论的情况。

市场调查报告常用的叙述技巧有概括叙述、按时间顺序叙述、叙述主体的省略。

1. 概括叙述

概括叙述是将调查过程和情况概略地陈述,不需要对事件的细枝末节详加铺陈。这是一种"浓缩型"的快节奏叙述,要求文字简约,一带而过,给人以整体、全面的认识,以满足市场调查报告快速及时反映市场变化的需要。例如一篇题为《关于全市电暖器市场的调查》的市场调查报告,其引言部分写为:"××市北方调查策划事务所受××委托,于2×××年××月至××月在国内部分省市进行了一次电暖器市场调查。现将调查研究情况汇报如下。"用简要文字交代出了调查的主体身份,调查的时间、对象和范围等要素,并用一句过渡句开启下文,写得合乎规范。

2. 按时间顺序叙述

交代调查的目的、对象、经过、时间,往往用按时间顺序叙述的方法,次序井然,前后连贯。如开头部分叙述事情的前因后果,主体部分叙述市场的历史及现状,就体现为按时间顺序叙述。例如:一篇题为《××市居民家庭饮食消费状况调查报告》,其引言部分写为:"为了深入了解本市居民家庭在酒类及餐饮类场的消费情况,特进行此次调查。调查由本市某大学承担,调查时间是2×××年××月至××月,调查方式为问卷式访问调查,本次调查选取的样本总数是2 000户。各项调查工作结束后,该大学将调查内容予以总结,其调查报告如下。"

3. 叙述主体的省略

市场调查报告的叙述主体是写报告的单位,叙述中用"我们"第一人称。为行文简便,叙述主体一般在开头部分中出现后,在后面的各部分即可省略,并不会因此而令人误解。

(二) 说明

市场调查报告常用的说明技巧有数字说明、分类说明、对比说明、举例说明。

1. 数字说明

市场运作离不开数字,反映市场发展变化情况的市场调查报告,要运用大量数据,以增强调查报告的精确性和可信度。

2. 分类说明

市场调查中所获材料杂乱无章,根据主旨表达的需要,可将材料按一定标准分为几类,分别说明。例如,将调查来的基本情况,按问题性质归纳成几类,或按不同层次分为几类。每类前冠以小标题,按提要句的形式表述。

3. 对比说明

市场调查报告中有关情况、数字说明往往采用对比形式,以便全面深入地反映市场变化情况。对比要注意事物的可比性,在同标准的前提下,作切合实际的比较。

4. 举例说明

为说明市场发展变化情况,举出具体、典型的事例,这也是常用的方法。市场调查中,会遇到大量事例,应从中选取有代表性的例子。

(三) 议论

市场调查报告常用的议论技巧有归纳论证和局部论证。

1. 归纳论证

市场调查报告是在占有大量材料之后,进行分析研究,得出结论的论证过程。这一过程,主要运用议论方式,所得结论是从具体事实中归纳出来的。

2. 局部论证

市场调查报告不同于议论文,不可能形成全篇论证,只是在情况分析、对未来预测中

做局部论证。如对市场情况从几个方面分析,每一方面形成一个论证过程,用数据、案例等作为论据证明其结论,形成局部论证。

(四)语言运用

语言运用的技巧包括用词方面和句式方面的技巧。

1. 用词方面

市场调查报告中数词用得较多,因为市场调查离不开数字,很多问题要用数字说明。可以说,数词在市场调查报告中以其特有的优势,越来越显示出其重要作用。

市场调查报告中介词用得也很多,主要用于交代调查目的、对象、根据等方面,如用"为""对""根据""从""在"等介词。

此外,还多用专业术语,以反映市场发展变化,如"商品流通""经营机制""市场竞争"等词。为使语言表达准确,撰写者还需熟悉与市场有关的专业术语。

2. 句式方面

市场调查报告多用陈述句,陈述调查过程、调查到的市场情况,表示肯定或否定判断。祈使句多用在提议部分,表示某种期望,但提议并非皆用祈使句,也可用陈述句。

二、表格与图形运用技巧

(一)表格运用技巧

表格作为描述性统计方法,广泛应用于市场调查报告中,起到清楚、形象、直观和吸引人的作用。表格是报告中很生动的一部分,应当受到特别的重视。

制表一般应注意以下几点。

(1)表格的标题要简明、扼要,每张表都要有号码和标题。标题一般包含时间、地点、内容。有时也可酌情省略。

(2)项目的顺序可适当排列,一般应将最显著的放在前面。如果强调的是时间,则按时间排列;如果强调的是大小,就按大小排列。也可以是按其他的顺序排列。

(3)线条尽量少用,斜线、竖线、数之间的横线均可省去,以空白来分隔各项数据。

(4)注明各种数据的单位。只有一种单位的表格,可在标题中统一注明。

(5)层次不宜过多,变量较多时,可酌情列数表。

(6)分组要适当,不可过细,以免冗繁,而且小格中的频数太少也难以说明问题;也不可过粗,以免有掩盖差别的可能。

(7)小数点、个位数、十位数等应上下对齐,一般应有合计。

(8)给出必要的说明和标注。

(9)说明数据的来源,如果表中的数据是二手数据,一般应注明来源。

(二)图形运用技巧

图形也广泛应用于市场调查报告之中,以其形象、直观、富有美感和吸引人的作用受到了特别的重视。一般说来,只要有可能,应尽量用图形来表达报告的内容。市场调查中最常用的图形有直方图或条形图、饼状图、轮廓图或形象图、散点图、折线图等。

一般来说,一张精心设计的图形有可能抵得上或胜过上千个字的说明。要使统计图能够有效直观地表现尽可能多的信息,在设计和制作上一般应注意以下几点。

(1) 每张图都要有号码和标题,标题要简明扼要。

(2) 项目较多时最好按大小顺序排列,以使结果一目了然。

(3) 尽量避免使用附加的图标说明,应将图标的意义及所表示的数量尽可能标记在对应的位置上。

(4) 数据和作图用的笔墨的比例要恰当,避免太少或太多的标注、斜线、线、横线等,既要清楚又要简明。

(5) 度量单位的选择要适当,使得图形匀称,并使所有的差异都是可视的和可解释的。

(6) 作图时最好既使用颜色,又使用文字说明,以便在进行必要的黑白复印时仍能清晰如初。

(7) 颜色和纹理的选择不是随机的,要有一定的逻辑性。例如,真正重要的部分(如客户的品牌、忠诚的用户、产品的频繁使用者等)应该用更突出的颜色、更粗的线条或更大的符号等来表示。

(8) 图形的安排要符合人们的阅读习惯。例如,西方人阅读的图形应符合从左到右的顺序;阿拉伯人是从右到左;中国人和日本人可能更习惯从上到下,等等。

拓展阅读

各种图表的特性

柱形图和条形图是在商业中最常用的图表类型,图表为每个数据点显示一个从数值轴上的零点延伸到数据点的被填充的条。大多数人并不在意柱形图和条形图之间的区别。毕竟,它们基本上是相同的,只是伸展的方法不同。图形组件使用术语"柱"来描述沿屏幕的上下方向扩展的垂直列,使用术语"条"来描述横跨屏幕延伸的水平条。

饼状图在商业图表中也很常见,缺点是只能显示最低密度的有用信息,也是最低效的。但是,饼状图也简洁,非常易于理解,极具说服力。例如,当显示市场占有率的分类信息时,极大或极小的一块所带来的视觉效果确实是强有力的。饼状图最重要的独特之处,是图例显示类别值,而不是系列值。大部分图表在图例中显示各系列,但因为饼状图只显示一个系列,所以图例被用来显示对应各颜色饼"块"的类别的标记。

折线图和面积图属于较为简单的类型。折线图和面积图在显示那些类别具有实际意义的次序的数据时十分有用,例如一系列的日期或时间。对于在一系列的日期上标记销售量或在一系列小时上标记股票价格的情况,使用折线图来显示比使用柱形图来显示更有效。这是因为在图中的各数据点之间画上连线很容易说明上升和下降的趋势。

三、数据分析的技巧

(一)从多层面考虑问题

在进行数据的分析过程中,一定要尽量从各个层面来考虑问题,也就是透过现象看本质。从下例中可以看出,在分析数据时,对数据的层面考虑不同,得出的结论是有显著差异的。

例如:某汽车企业要对三种广告设计进行试验,以判定哪一种广告对提高汽车的销售量最有效。在不同时间里分别在不同 4 个城市进行了市场试验,结果如表 8-1 所示。

表 8-1 广告与销售量之间的关系   单位:辆

广告	与广告有关的销售量
A	2 431
B	2 064
C	1 976

表 8-1 的数据表明广告 A 是最有效的。但这种分析是否充分呢?如果从另一个角度看,把参加试验的四个城市分别列出来,如表 8-2 所示。

表 8-2 不同城市广告与销售量之间的关系   单位:辆

广告	城 市				总计
	1	2	3	4	
A	508	976	489	458	2 431
B	481	613	528	442	2 064
C	516	560	464	436	1 976

表 8-2 分析结果是三种广告的效果差不多,广告 A 的销售量增加是由于第 2 个城市的不正常的需求引起的。

(二)数据分析的三个层次

数据的分析应包括说明、推论和讨论三个层次。即说明样本的整体情况、推论到总体并对结论做因果性分析。

1. 说明

说明是根据调查所得统计结果来叙述事物的状况,事物的发展趋势以及变量之间的关系等。例如,各种收入家庭拥有家用消毒洗碗机的数量如表 8-3 所示。

根据表 8-3 可作如下说明:调查对象中有一半左右的家庭拥有消毒洗碗机(事实描述);随着家庭收入的增多,消毒洗碗机的拥有率也随之提高(趋势描述);家庭收入的高低对消毒洗碗机的购买有很大程度的影响(因果关系描述)。

表 8-3　拥有家用消毒洗碗机的家庭数量　　　　　　　　　　单位：户

是否有消毒洗碗机	家庭人均收入			总计
	5 000 元以下	5 000~10 000 元	10 000 元以上	
有	30	50	80	160
无	70	50	20	140
总计	100	100	100	300

2. 推论

大多数的市场调查所得数据结果都是关于部分调查对象（即样本）的资料，但研究的目的往往是要了解总体的情形，因此，研究者必须根据调查的数据结果来估计总体的情况，这就是推论。推论主要是考虑样本的代表性，代表性强，由样本推断总体的误差就小。

要进行推论时，以表 8-3 中的数据为例，得出结论：在置信度为 95%，最大允许误差不超过 3% 时，调查对象总体中，拥有彩色电视机的家庭占 50%~56%，得出这一结论犯错误的概率不超过 5%。

3. 讨论

讨论主要是对调查结果产生的原因加以分析，讨论可以根据理论原理或事实材料对所得的结论进行解释，也可以引用其他研究资料进行解释，还可以根据研究者经验或主观的设想来解释。

四、建议的技巧

调查报告的结论和建议部分说明调查获得了哪些重要结论，根据调查的结论建议应该采取什么措施。

结论的提出方式可用简洁而明晰的语言对调查前所提出的问题做出明确的答复，同时简要引用有关背景资料和调查结果加以解释和论证。

结论并不一定要单独列出来写，它与调查课题有关，如果调查课题小，结果简单，可以直接与调查结果合并成一部分来写。反之，就应分开来写。

建议是针对调查获得的结论提出可以采取哪些措施、方案或具体行动步骤。例如：媒体策略如何改变；广告主题应是什么；与竞争者抗衡的具体方法；价格、包装、促销策略等。需要指出的是：大多数建议应当是积极的，要说明采取哪些具体的措施或要处理哪些已经存在的问题。尽量用积极的、肯定的建议，少用否定的建议。肯定的建议如"加大广告投入""将广告理性诉求为重点变为感性诉求为主"等建议。否定建议如"应立即停止某一广告的刊播"，使用否定建议只叫人不做什么，并没有叫人做什么，所以应尽量避免使用。

五、撰写市场调查报告中容易出现的问题

撰写市场调查报告的过程中会遇到一些常见的错误。对此应牢记并在写作过程中尽

量避免。

(一) 过度追求篇幅长度

调查报告的价值需要以质量和简洁与有效的计算来度量,而非篇幅的长短。因此,在撰写报告时,应根据调查目的和调查报告内容的需要确定篇幅的长短。市场调查阶段积累的大量信息资料虽然弥足珍贵,但如果全部纳入调查报告中,必然会使调查报告的内容冗长繁杂,阅读者难以领略重点而产生反感。因此,调查报告篇幅的长短,内容的取舍、详略都应根据需要确定。

(二) 解释不充分

调查研究的目的在于利用丰富的信息资料说明市场现象所蕴含的特征、规律和趋势,但某些调研者在报告中只是简单地重复一些图表中的数字,而不进行任何解释性工作。然而这些信息资料所蕴含的市场特征规律,并非每个人都能领会,需要调查人员运用专业知识和科学的理论进行解释。一份高质量的调查报告,应充分利用统计图表、统计数据等各种形式的表现方法来说明和展示,让阅读者更容易接受和认同。

(三) 偏离目标或脱离现实

在报告中堆满与调研目标无关的资料,或者给出不切实际的建议也是报告写作中常见的问题之一。

市场调查研究是为了揭示事情的真相,在研究过程中要求实事求是,按照严格的程序进行科学的研究,克服个人偏见和主观影响。因此,作为市场调查研究结果的调查报告也必须真实、难确,要以实事求是的科学态度,准确而全面地总结和反映调查结果,这就要求市场调查报告所使用的信息资料必须符合客观实际,不能有任何虚假内容。同时,要注意信息资料的全面性,避免因结论和建议的片面性对决策者造成的误导。

(四) 过度使用定量技术

一些报告写作者会因"泡沫工作"而感到惭愧。所谓"泡沫工作",是指通过高技术手段和过度使用多样化的统计技术,一个非技术型营销经理往往会拒绝一篇不易理解的报告。因为在报告使用者心目中,过度使用统计资料常会引发对调查报告质量合理性的怀疑。

(五) 虚假的准确性

调查报告应当准确地给出项目的研究方法、调研结果的结论,不能有任何迎合用户或管理决策部门期望的倾向。在进行资料的解释时,除了注意解释的充分性,还需关注解释相对准确性。解释相对准确是指在进行数据的解释时尽量不要引起误导。例如:在一个相对小的样本中,把引用的统计数字保留到两位小数以上常会造成对准确性的错觉或虚假的准确性。有"68.47%的被调查者偏好我们的产品"这种陈述会让人觉得68%这个数据是合理的。读者会认为,调研者已经把数字保留到 0.47%,那么 68% 肯定是准确无误的了。

(六)重心偏向单一的调研数据

某些调研者把过多精力放在了单一统计数据上,并依此回答客户的决策问题。这种倾向在购买意向测试和产品定位中时常见到。测试的关键点在于购买意向,如果"确定会买"和"也许会买"的人加在一起达不到预想的标准,比如 75%,那么这种产品概念或测试产品就被放弃了。但在产品定位的问卷调查中可能包含着 50 个用以获取定位信息、市场细分资料和可预见的优劣势的问题。然而,所有这些问题都从属于购买意向。事实上,并不能根据某一个问题决定取舍,也不存在某一个预先确定好的一刀切的标准。过度依赖调研数据有时会错失良机,在某些情况下会导致营销错误的产品。

课堂讨论案例

大学生课外阅读情况的调查

"你在课外时间还会阅读吗?""你课外阅读的主要目的是什么?""你最喜欢阅读哪种类型的书籍?""你平时看一本书用多长时间?"……一组调查者对本校大学生的阅读情况进行了一次访问式调查,目的是了解当代大学生阅读状况:读什么书,读多少书和怎样读书的问题。

通过调查,关于"进行课外阅读吗"的四个选项,选"每天"占 7.81%,选"经常"占 40.10%,选"偶尔"占 48.96%,选"从不"占 3.12%,甚至"偶尔"比"经常"还多占近 10 个百分点,表明本校学生的课外阅读状况不容乐观。通过调查了解有部分学生的课外阅读主要是为了休闲。他们认为"平时专业课程的阅读量已经很大了,课外阅读当然选择内容较轻松的课外书籍,以缓解读书的压力"。这样的学生大约占 44.9%。还有部分同学的课外阅读是为了拓展知识面。这样的学生所占比例较少,只有 8%。大学生不青睐具有专业知识的书籍是否合理呢?不少招聘企业都感慨现在的大学生专业能力很薄弱,学以致用的能力较差。在学校期间不注重专业知识的积累和自身专业技能的训练,不阅读、不关注相关专业课外书籍,是造成这种现象的原因之一。在回答"课外阅读途径有哪些"时,该选项首选是"网络资源",占 55.21%,选"图书"占 18.23%,选"期刊"占 13.02%。选"报纸"占 8.33%,选"视听资料"占 5.21%。科学技术的进步为我们生活的方方面面提供了便利,以前大学生课外阅读的主要渠道是图书,但随着信息化时代的到来,网络资源、电子书阅读器等由于其便捷、信息量大成为大学生的新宠,并在一定程度上影响了传统的纸质阅读方式。

由此,调查者得出的结论是,目前大学生的阅读结构对大学生正确世界观、人生观的形成非常不利,急需加以正确引导。

问题:结合任务二和任务三的知识点分析本篇调查报告在结构内容、分析方法以及语言等方面,是否符合写作要求?如果不符合,请指出问题。

任务四　市场调查口头报告

市场调查口头报告是市场调查的主持人或报告撰写者以口头陈述的形式向委托方汇报调查方法、报告结果以及结论、建议的活动。

一、市场调查口头报告的作用

口头报告一般是在书面调查报告已经送达委托方阅读的基础上,进一步向委托方有重点、有针对性地进行陈述,以加深委托方对书面报告的理解、回答委托方提出的疑问、补充委托方需要的内容从而扩大市场调查活动的影响力和市场调查结果的应用力度。口头调查报告的作用有以下几点。

第一,能用较短的时间说明调查报告的核心内容。

第二,生动而富有感染力,容易给听众留下深刻的印象。

第三,能与听众直接交流,便于增强双方的沟通。

第四,具有一定的灵活性,一般可以根据具体情况对报告内容、时间做出必要的调整。

二、口头报告的准备

为了使口头报告更容易达到汇报者要求,需要进行以下三个方面的准备。

(一)准备演示提纲

有效口头报告的关键在于准备,应该按所写报告的格式准备草稿或详细的提纲。演示必须适合于特定的受众,因此需要确定受众的背景、兴趣、对项目的关切程度及其在多大程度上可能被报告所影响。

(二)可视化材料准备

为了使报告更生动灵活,富有吸引力,提高报告效果,在条件许可的情况下,应尽量调动现代技术设备作为辅助手段。除了现代化多媒体技术应用,也可以使用黑板或白板,它们在回答技术性问题时特别有用。翻转表是一个挂在图表架上的大的空白硬纸簿,它可以当作黑板或白板来用,事先将图示放置在每一页上,然后发言者在演示时翻阅每一页。

(三)准备最终报告

调查者如果在做口头汇报中省略了报告中的很多细节,作为补充,在口头报告结束时,应准备一些最终报告的复印件,以备需要者索取。

三、口头报告的演示过程

（一）重视目光交流和互动

在演示过程中保持与受众的目光交流是十分重要的。在演示中和演示后应给受众足够的机会提问。应该借助适当的故事、例子、体验和引语使演示变得有趣并可信。应该避免使用诸如"唔""你知道的""不错"之类的口头语。

（二）身体语言的充分把握

应该使用身体语言。描述性的手势有助于使语言传达更加清晰，强调性的手势可以用于强调所说的东西，建议性的手势是想法和情绪的标志，鼓励性的手势用于产生所期望的受众反应。

（三）结尾应得到领导的支持

发言者在发言过程中的音量、音调、音质、发音和语速应是不相同的，演示应该以一个强有力的结尾告终。为了强调演示的重要性，演示应该得到领导或委托方的高层管理者的支持。在演示之后，应该给领导或委托公司的相关人员足够的时间详细地审阅报告。

四、做市场调查口头报告应注意的问题

口头报告是否能够达到预期的目标取决于许多因素，主要有以下几点。

（一）按照书面报告的格式准备好详细的演讲提纲

采用口头报告方式并不意味着可以随心所欲、信口开河，它同样需要有一份经过精心准备的提纲，包括报告的基本框架和内容，并且其内容和风格要与听众相吻合。这就要求报告者首先要了解听众的情况，包括其专业技术水平如何，理解该项目的困难是什么，兴趣是什么等。

（二）采用通俗易懂的语言

口头报告要求语言简洁明了、通俗易懂，要有趣味性和说服力。如果汇报的问题较为复杂，可先做一个简要、概括的介绍，并运用声音、眼神和手势等的变化来加深听众的印象。

（三）采用清晰的图形表达

用计算机做出的图形可以加强口头陈述的效果，但要保证图形清晰易懂，一张图形上不要有太多的内容，以便听众有一个清晰的认识。

（四）做报告时要充满自信

口头报告时要尽量面对听众，不要低头或者背对听众。与听众保持目光接触，在可以

表现报告者自信的同时也有助于提高听众的喜爱与理解程度。

（五）把握回答问题的时机

在报告进行时最好不要回答问题，以免出现讲话的思路被打断、时间不够用等现象，应在报告结束后，对听众提出的问题进行回答，以便更清楚地表达报告者的思想。

（六）把握好报告的时间

应根据报告的内容和报告的对象来确定报告的时间。时间过短，往往不能表达清楚报告者的思想；时间过长，容易引起听众的不耐烦，使听众对报告产生抵制心理，所以要在适当的时间内完成报告。

项目小结

市场调查报告是市场调查人员对特定市场的某一方面的问题进行深入细致的研究之后，通过书面形式表达市场调查研究结果的书面报告，是市场调查活动的最终成果。一篇优秀的市场调查报告，能够透过调查对象的现象看本质，能够使市场主体更加深入而系统地了解市场，掌握和驾驭市场规律，分析市场的有关问题，制定正确的市场策略，编制科学有效的经营管理计划。

正式的市场调查报告的格式一般包括题目、目录、摘要、正文和附件等部分。调查报告的正文部分主要由引言、调查方案设计、数据分析、调查结果及其评价、结论及建议组成。

市场调查报告的写作技巧主要包括表达、表格和图形应用、数据分析、建议等方面的技巧。市场调查报告常用的叙述技巧有概括叙述、按时间顺序叙述、叙述主体的省略。市场调查报告常用的说明技巧有数字说明、分类说明、对比说明、举例说明。市场调查报告常用的议论技巧有归纳论证和局部论证。语言运用的技巧包括用词方面和句式方面的技巧。

市场调查口头报告是市场调查的主持人或报告撰写者以口头陈述的形式向委托方汇报调查方法、报告结果以及结论、建议的活动。为了使口头报告更容易达到汇报者要达到的目标，需要进行以下三个方面的准备：准备演示提纲；准备可视化材料；准备最终报告。

思考练习

一、选择题

1. 市场调查报告在选题上必须做到目的明确、有的放矢，围绕主题展开论述，以及必须明确阅读受众，这体现了调查报告（　　）的特征。

  A. 针对性   B. 专业性   C. 创新性   D. 时效性

2. 市场调研报告的主要研读者不包括（　　）。

  A. 总经理   B. 销售员   C. 总裁   D. 董事长

3. 调查报告的标题《出口商品包装不容忽视》属于(　　)标题。
   A. 直叙式　　　B. 表明观点式　　　C. 提出问题式　　　D. 陈述式
4. 市场调查报告要发挥其应有的作用，除了必须说明一切必要的细节、能发挥参考作用外，还必须(　　)。
   A. 能够证明调查研究结果的可信性　　B. 详细说明调查的具体过程
   C. 详细论证调查方法的科学性　　　　D. 能够证明调查结论的可行性
5. 以下不属于叙述技巧的是(　　)。
   A. 概括叙述　　　　　　　　　　　　B. 按时间顺序叙述
   C. 叙述主体的省略　　　　　　　　　D. 举例说明
6. 表达技巧主要体现在(　　)等方面。
   A. 叙述　　　B. 说明　　　C. 议论　　　D. 应用
7. 调查报告的格式一般包括(　　)等部分。
   A. 封面　　　B. 目录　　　C. 摘要　　　D. 正文和附件
8. 市场调查报告常用的议论技巧有(　　)。
   A. 归纳论证　B. 局部论证　C. 对比　　　D. 分类
9. 数据分析的三个层次包括(　　)。
   A. 说明　　　B. 推论　　　C. 讨论　　　D. 结论
10. 为了使口头报告更容易达到汇报者要达到的目标，需要进行以下(　　)方面的准备。
    A. 准备演示提纲　　　　　　　　　　B. 可视化材料准备
    C. 讨论大纲　　　　　　　　　　　　D. 准备最终报告推论

二、简答题

1. 市场调查报告的特点和作用。
2. 市场调查报告的主要格式。
3. 调查报告撰写中容易出现哪些问题？
4. 举例说明如何运用调查报告的叙述技巧。
5. 举例说明如何运用调查报告的数字说明技巧。
6. 口头报告的演示过程中应注意哪些问题？

三、材料分析题

影响消费者购买手机的因素调查
——以×市手机市场为例

（一）背景介绍

近年来，手机市场竞争日趋激烈，各个品牌面临着消费者购买决策的挑战。针对这一问题，本次调研旨在深入了解影响消费者购买决策的因素，并以×市为例进行具体研究。

（二）调研方法

本次调研采用问卷调查的方式，共有500名来自×市的消费者参与。问卷内容包括

个人信息、手机品牌偏好、购买决策因素,以及主观评价等。

(三)调研结果分析

1. 个人信息分析

从个人信息方面来看,调研结果显示大部分参与者年龄在25～35岁,具备一定的购买能力和消费决策权。另外,性别分布基本均衡,教育程度以本科及以上为主。

2. 手机品牌偏好

问卷调查显示,苹果、华为和小米是×市消费者最常选择的手机品牌。这三个品牌的知名度高、产品质量好、服务体验佳是吸引消费者的主要原因。

3. 购买决策因素

消费者购买决策的因素主要包括以下几个方面。

1)价格

超过70%的参与者在考虑购买手机时会优先考虑产品的价格。他们认为价格是决策的关键因素,过高的价格会使他们望而却步。此外,个别消费者认为价格较低可能意味着产品质量不高,因此价格也与产品质量有一定的关联。

2)品牌形象

品牌形象在消费者的购买决策中也扮演着重要的角色。超过60%的参与者表示会考虑品牌的声誉、口碑以及品牌的影响力。这些因素会影响到消费者对于品牌的信任和认可。

3)产品功能和性能

调研结果显示,产品功能和性能在消费者购买决策中也占有一定的比重。超过80%的参与者表示,他们会对手机的处理器性能、摄像头像素、续航时间等功能进行评估。

4)售后服务

超过50%的参与者表示售后服务在购买决策中也是一个重要的因素。他们认为好的售后服务能够为他们解决日常使用过程中的问题,并提供一定的安全保障。

4. 主观评价

根据调查结果,超过60%的参与者对目前手机市场的竞争感到满意,他们认为有更多的品牌和产品选择可以满足各种不同的需求。然而,也有一部分参与者表示对手机市场同质化现象感到担忧,希望能够有更多个性化的产品出现。

(四)结论与建议

根据以上调研结果,我们得出以下结论。

(1)价格、品牌形象、产品功能和性能以及售后服务是影响消费者购买决策的主要因素。

(2)消费者对于多样化的品牌和产品选择感到满意,但也希望市场能够提供更多个性化的产品。

基于以上结论,我们给出以下建议。

(1)企业应该灵活调整产品价格,满足不同消费层次的需求。

(2)品牌应该通过精心打造形象,提升消费者对于品牌的认可和信任度。

(3)企业在产品设计和开发中应该注重功能和性能的提升,追求更好的用户体验。

（4）售后服务应该加强，提供更方便、高效的解决方案。

（五）调研局限性

本次调研的局限性在于样本容量较小，且仅限于×市范围内进行。所以，调研结果仅能代表这一特定地区的消费者群体，不能推广到全国范围。

（六）改进建议

为了提高调研的准确性和全面性，以后可以采用更大样本的问卷调查，扩大调研范围，以得到更具代表性的调研结果。

以上是针对×市手机市场的调研报告，希望能够为手机品牌提供一定的参考和指导。同时也希望能够促进手机市场的健康竞争和消费者的满意度提升。

问题：

（1）现代企业制度下，企业越加重视决策依据的科学性，请你谈一谈一份高质量的市场调查报告的作用和意义。

（2）该调查报告使用了哪些写作技巧？

（3）分析该报告存在的问题并提出建议。

四、实践训练

1. 活动内容

针对本校大学生饮料消费情况进行市场调查，并撰写一份市场调查报告《××学院饮料消费情况调查报告》。要求按照市场调查报告的基本格式撰写，观点明确，资料充分，层次清晰，逻辑性强。

2. 活动组织

学生3～4人分为一组。每个学习小组通过集体讨论，分工合作，完成调查工作，进行资料收集、分析，形成报告书。课堂分组展示结果，每小组选一位代表课堂发言。教师讲评，最后提交书面报告。

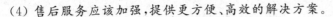
学习心得

学 习 评 价

题目					
班级		姓名		学号	

学习成果检测报告
根据调查要求,完成调查工作,并对数据整理分析,形式调查报告。分享设计成果并讨论实训中的收获和不足。

考核评价(按10分制)		
教师评语:	态度分数	
	工作量分数	

考 评 规 则
(1) 资料充分;   (2) 报告观点、层析清晰、逻辑性强;   (3) 格式规范。

运用市场预测法

项目九
Xiangmu 9

课程思政

- 培养探索规律、尊重规律的意识。
- 培养与时俱进、坚持解放思想和实事求是的精神。
- 透过现象看本质,强化实践能力和创新能力。

知识目标

- 了解定性预测法的应用条件。
- 掌握对比类推法、集合意见法、德尔菲法等定性预测方法。
- 了解定量预测法的概念。
- 掌握时间序列预测法、回归分析预测法。

技能目标

- 能够运用对比类推法进行市场预测。
- 能够用集合意见法进行市场预测。
- 能够用德尔菲法进行市场预测。
- 能够根据所掌握的市场资料情况运用恰当的时间序列预测方法。
- 能够运用回归分析方法进行市场预测。

市场预测的成功

某中小型电器生产企业的销售负责人把一个小组(约 10 人)安排到了一家农村小旅馆里,在以后的 3 天中,每人都采取措施避免外部的电话或其他干扰。第一天全部用来训练,通过各种训练,组内人员开始相互认识,他们相互之间的关系逐渐融洽,开始有人感到惊讶,但很快他们都进入了角色。第二天开始训练创造力。他们要解决的问题有两个:一个是发明一种带有新功能的电器;另一个是为这种新产品命名。

在两个问题的解决过程中,都用到了专家会议法。在为新产品命名这一问题的解决过程中,经过两个多小时的热烈讨论后,10名小组成员共为这种新电器取了300多个名字,主管暂时将这些名字保存起来。第三天一开始,主管便让大家根据记忆,默写出昨天大家提出的名字。在300多个名字中,大家记住了20多个,然后主管又在这20多个名字中筛选出了3个大家认为比较可行的名字,再以这些名字征求顾客意见,最终确定了一个。结果,新产品一上市,便因为其新颖的功能和朗朗上口、让人回味的名字,受到了顾客的热烈欢迎,迅速占领了大部分市场,在竞争中击败了对手。

问题:该公司成功的主要原因是什么?科学的市场预测在企业经营决策方面可以发挥什么样的作用?

任务一 运用定性预测法

一个企业要做出正确的经营决策,预测和分析起着重要的作用。企业所处经济环境动荡不定,新技术日新月异,市场需求变化多端,这就更要求企业不仅要着眼于现在,更应关注未来,通过预测和分析,了解对未来的经营活动与决策有重要意义的各种不确定因素和未知事件,将市场中的未知状态转变为科学预测的期望值状态,使企业在一定程度上规避市场风险,为决策提供可靠的依据。市场预测是指依据市场调查所获得的数据资料,在进行统计分析,掌握已知事物规律性的基础上,运用科学的方法和手段,去分析和推断事物的未来发展趋势,以符合逻辑的定性或定量方式表现出来的活动。市场预测是市场资料整理分析的进一步深化,其目的在于最大限度地减少不确定性对调查研究对象的影响,为科学决策提供依据。

定性预测法是依靠人们观察分析能力、经验判断能力和逻辑推理能力所进行的预测分析,它是预测者根据所了解的情况和实践积累的经验,对客观情况所做的主观判断,也可叫作调查研究预测法。定性预测法主要特点是利用直观的材料,依靠个人的经验的综合分析,对事物未来状况进行预测,在市场研究中被广泛使用,适用于对预测对象的数据资料(包括历史的和现实的)掌握不充分,或影响因素复杂,难以用数字描述,或对主要影响因素难以进行数量分析等情况。常用的定性预测方法主要有对比类推法、集合意见法和德尔菲法,下面分别讲述这几种预测方法的特点,预测步骤和适用情况。

一、对比类推法

许多事物的变化发展规律都带有某种相似性,尤其是同类事物之间。对比类推法是根据类推性原理,把预测对象同其他类似事物进行对比分析,从而估计和推断预测对象未来发展变化趋势的一种预测方法。对比类推法适用范围广,方法简便,论证性强。依据类比目标的不同,对比类推法可以分为产品类推法、地区类推法、行业类推法和局部总体类推法。

（一）产品类推法

在市场中，有些产品在功能、构造技术、材质等方面具有较大相似性，因而这些产品的市场发展可能呈现某种相似性。例如，彩色电视机与黑白电视机功能相似，因而可以从黑白电视机的发展规律来判断彩色电视机的发展趋势；市场上档次相近的化妆品在功能上、材质上有相似性，这些商品之间可能存在相似的发展规律。

（二）地区类推法

地区类推法是依据一个地区（或国家）曾经发生过的事件在另一个地区（或国家）进行类推。这种推算方法是把所要预测的产品同领先地区同类产品的发展过程或变动趋向相比较，找出某些类似的变化规律性，用来推测目标的未来变化趋向。例如，就服装而言，上海、广州、大连等地区的市场可以说是领先的，这些地区服装市场的发展情况可以作为推测其他地区服装市场发展的依据。

（三）行业类推法

行业类推法是根据领先的行业市场状况类推滞后的行业市场，多用于新产品开发预测，以相近行业的类似产品的发展变化情况，来推断新产品的发展方向和变化趋势。

（四）局部总体类推法

局部总体类推法是指以某一个企业的普查资料或某一个地区的抽样调查资料为基础，进行分析判断、预测和类推某一行业或整个市场的市场量。在市场预测中，由于主客观条件的限制，有时不可能或不必要进行全面普查，因此，运用局部普查资料或抽样调查资料，预测和类推全面或大范围的市场变化，就成为客观需要。

对比分析类推法一般适用于开拓新产品市场，预测潜在购买力和需求量，预测产品生命周期和销售变化规律，比较适合中长期的市场预测。

二、集合意见法

（一）集合意见法的含义

集合意见法是指企业内部经营管理人员、业务人员凭自己的经验判断，对市场未来需求趋势提出个人的预测意见，再集合大家的意见做出市场预测的方法。它是短期或近期的市场预测中常用的方法。企业经营管理人员和业务人员在日常工作中，积累了丰富的经验，掌握着大量的实际资料，非常熟悉市场需求的变化情况，对其意见进行充分调查并加以集中，可以对市场的未来情况做出预测。

（二）集合意见法的操作步骤

（1）预测组织者根据企业经营管理的要求，向参加预测的有关人员提出预测项目和

预测期限的要求,并尽可能提供有关背景资料。

(2) 预测有关人员根据预测要求及掌握的背景资料,凭个人经验和分析判断能力,提出各自的预测方案。在此过程中,预测人员应进行必要的定性分析和定量分析。定性分析主要是分析历史上生产销售资料、目前市场状态、产品适销对路的情况、商品资源、流通渠道的情况及变化、消费心理变化、顾客流动态势等。定量分析主要是确定未来市场需求的几种可能状态(如市场销路好或市场销路差的状态),估计各种可能状态出现的主观概率,以及每种可能状态下的具体销售值。

(3) 预测组织者计算有关人员预测方案的方案期望值。方案期望值等于各种可能状态主观概率与状态值乘积之和。

(4) 将参与预测的有关人员分类,如厂长(经理)类、管理职能科室类、业务人员类等,计算各类综合期望值。综合方法一般是采用平均数、加权平均数或中位数统计法。

(5) 确定最后的预测值。预测组织者将各类人员的综合期望值通过加权平均法等计算出最后的预测值。

思政小课堂

小张是某企业市场部的工作人员,在请专家进行下一年洗衣机销售趋势预测时,有位专家发表意见后,小张马上提出了自己的看法。还有一位专家发表意见后小张又马上质问专家,让专家难堪,并在整理汇总材料时,把自己认为不妥的建议和意见都剔除掉了。

问题:你认为小张的做法涉及职业道德问题吗? 谈谈你的看法。

分析提示:作为一名专业的市场预测人员,应该收集真实客观的数据资料,不能因为收集的数据资料不支持自己的观点就剔除它们或者批评它们。在收集资料过程中必须注意与被调查者沟通,保证他们自由发表意见和保护个人隐私,否则就是违背职业道德的行为。

(三) 集合意见法的特点

1. 集合意见法的优点

集合意见法集中了各方面人员的意见,集思广益,互相启发。能够发挥集体的智慧,使预测结果较为准确可靠,迅速及时地得到预测结果。

2. 集合意见法的缺点

容易受到主观因素的影响,一是一些被调查者受权威人士影响,不敢表达不同意见,二是一些被调查者易为大多数人的意见所左右,不敢畅所欲言。

课堂讨论案例

某机械制造企业为了预测明年的产品销售额,运用集合意见法进行预测。预测由总经理主持,选择内部 6 人参与预测,分别是销售副总、生产副总、销售部经理、市场部经理和 2 名销售代表。预测的具体步骤如下。

第一步,厂长提出预测目标,布置预测任务。

第二步,6名预测者根据预测要求分别提出各自的预测方案,如表9-1所示。

表9-1 集合意见法预测方案

预测人员	销售量估计值						个人预测值/台
	最高销售量/台	概率/%	最可能销售量/台	概率/%	最低销售量/台	概率/%	
销售副总	2 600	20	2 500	60	2 300	20	2 480
生产副总	2 550	25	2 450	50	2 250	25	2 425
销售部经理	2 700	30	2 500	50	2 400	20	2 540
市场部经理	2 610	20	2 300	65	2 100	15	2 332
销售代表1	2 750	20	2 600	50	2 450	30	2 585
销售代表2	2 360	25	2 210	45	2 100	30	2 215

第三步,预测值计算。

根据各预测人员对市场情况的熟悉程度及以往经验,分别给予不同权数。

第四步,给每一个预测人员结果一定的权重,计算各预测人员的综合期望值,并确定最终预测值。

对于表9-1中的权数,不同人员对于企业和所预测事项的了解程度不同,其预测意见的影响力也就不同,期望值的可信度也就有差别,所以需要给予不同的权重。具体数字由预测主持人主观确定。如销售副总比生产副总肯定更加了解销售情况,所以权重为:销售副总:3,生产副总:3,销售部经理:2,销售代表1:2,销售代表2:1,然后用加权平均法计算出最终预测结果。综合期望值为各预测人员的加权平均数:

$(2\ 480 \times 3 + 2\ 425 \times 3 + 2\ 540 \times 2 + 2\ 332 \times 2 + 2\ 585 \times 1) \div (3 + 3 + 2 + 2 + 1) \approx 2\ 458$(台)

所以最终预测值为2 458台。

问题:集合意见法应该如何实施才能确保市场预测的质量?

三、德尔菲法

德尔菲法又称专家意见预测法,是美国兰德公司(Rand Corporation)于20世纪40年代首创的适用于长期预测的定性预测方法,运用该法首先要组成一个专家小组,然后将预测问题以一系列的问卷向每一成员分别询问,各专家组成员在互不通气情况下就预测内容各自发表意见,并用通信方式回答问题;组织者依据专家们对前一个问卷的答复拟订下一个问卷,专家成员反复多次修改各自的意见,直到获得一个相对一致的预测值,最后由组织者综合确定市场预测结论。

(一)德尔菲法的实施步骤

1. 制作意见征询表

组织者根据要了解的问题,制作调查意见征询表,问题要简单明确,数量不宜太多,并

将预测问题的背景资料和专家进行分析判断所需要的参考资料随表提供。

2. 选择征询专家

根据预测内容选择业务精通、见多识广、熟悉市场情况,具有较强分析能力和预见能力的专家,人数不宜过多或过少,一般为 10～30 人为宜。

3. 多轮反复征询专家意见

第一轮,请专家做出初步判断。将征询表和背景材料寄给专家,请其在互不通气的情况下,对所咨询的问题做出自己的初次书面分析判断,并按规定期限寄回。

第二轮,请专家修改初次判断。组织者对专家们的初次判断进行汇总综合,并将汇总意见及新的预测要求资料寄回给专家,要求专家在了解全局情况下提出自己的见解,可以保留也可以修改自己的意见,修改意见时充分陈述理由,并在规定时间内反馈给组织者。

第三轮,用同样的方法对第二轮判断进行汇总综合,并将汇总意见和专家要求新增加的材料寄回给专家,供专家比较自己与别人的不同意见做下一轮的判断,如此反复修改多次,直到各专家对自己的判断意见比较固定,不再修改时为止。

反复征询的轮次不能一概而论,需视调查内容的复杂程度和专家意见的离散程度而定,在一般情形下,经过 3～5 次的征询就可以使判断意见趋于稳定。

4. 确定预测值

在专家小组的判断意见比较稳定的基础上,将最后一轮的判断值运用统计方法加以归纳处理,得出代表专家意见的预测值和离散程度,然后由组织者对预测结果做出分析评价,确定预测结论。对预测结果(包括反复征询阶段)进行统计处理的方法有:中位数法、上下四分位数法、算术平均数法和主观概率法等。一般情况下,专家意见经过 3～5 次的反馈之后,预测结果的概率分布接近正态分布,即可进行统计处理。

(二)德尔菲法的特点

德尔菲法仍是一种集体讨论判断法,但它同集合意见法相比,又具有不同的特点,能够克服集合意见法的不足之处。德尔菲法的特点主要如下。

1. 匿名性

参加预测的专家小组成员采取"背靠背"形式,在每一轮征询中,被征询专家不会因迷信或慑于权威而不敢充分发表意见,也不需要为顾全面子而固执己见,能够创造一种平等、自由的气氛,有助于专家独立思考、充分发表意见。

2. 反馈性

在德尔菲法整个预测过程中,多次向专家反馈汇总意见,能够帮助专家修正考虑欠周全的判断,有助于提高预测结论的全面性和可靠性。

3. 统计性

最终预测结果通过运用适当的统计方法对最后一轮专家意见进行综合量化处理得到,从而提高了预测的科学性和准确性。

因此,德尔菲法是市场定性预测中最重要、最有效的一种方法,应用十分广泛,可用于预测商品供求关系变化、市场需求、产品的成本价格、商品销售、市场占有率、商品生命周期等。尤其是当预测中缺少必要的历史数据,应用其他方法有困难时,采用德尔菲法预测能得到较好的效果。

(三) 成功运用德尔菲法应注意的问题

要做好一次成功的德尔菲法研究，过程相当不容易，运用时应注意以下问题。

(1) 要有一位组织能力强、熟悉市场情况、掌握一定的统计处理方法、有较强的汇总归纳能力的组织者，对整个预测过程进行策划，编制调查问卷，反复征询中能够准确总结归纳、汇总处理各专家意见并及时反馈给专家。

(2) 科学地设计意见征询表。意见征询表是专家判断、分析、回答问题的主要依据，也是进行德尔菲法预测的主要手段。调查表的设计首先要说明预测的目的和任务，设计要简化，问题提法要规范、科学、准确，必要时要附上文字说明，并留有足够的空白以便专家阐明意见，要将应答要求、应答时间和寄回地点等事项说明清楚。

(3) 科学地选择专家。专家的选择是否合适，直接关系到预测的成败。专家的选择面要广一些、层次分布要多一些，可以是学者、企业内部各层次的管理者或工作在一线的富有经验的、熟悉情况、精通业务的业务员或营销员，人数一般不少于 10 人，经验表明以 15～30 人为宜。

任务二　运用定量预测法

一、定量预测法的含义与特点

定量预测法是根据市场调查得到的比较完备的历史和现状资料，运用统计方法和数学模型，对资料进行分析、处理，找出预测目标的发展变化特点及其与其他因素的规律性联系，从而推算出未来发展变化情况的预测方法。由于定量预测和统计资料、统计方法有密切关系，所以也称为统计预测。

定量预测法有两个明显的特点：一是依靠实际观察数据，重视数据的作用和定量分析；二是建立数学模型作为定量预测的工具。定量预测法的优点是重视数据和数学模型的作用，预测结果受主观因素的影响较小。在一定条件下能对预测对象的未来发展的程度及各种影响因素之间的关系做出定量的推断，并计算出预测误差和置信区间，有利于保证预测的客观性和科学性。不足之处在于市场现象中的一些不可量化的影响因素，如社会文化、政治、法律等因素尚不能用数学模型表达出来。另外，定量预测法对数据资料的要求较高，如果资料少或情况发生突变，定量预测法就难以有效应用。

二、定量预测法的类型

定量预测法基本上可分为两类。一类是时间序列预测法，是以一个指标本身的历史数据的变化趋势，去寻找市场的演变规律，作为预测的依据，即把未来作为过去历史的延

伸。另一类是回归分析预测法,它从一个指标与其他指标的历史和现实变化的相互关系中,探索它们之间的规律性联系,作为预测未来的依据。

(一)时间序列预测法

时间序列是指某种经济现象的观测值按时间先后顺序排列而形成的一列数列。时间序列预测法是指运用数学统计方法,找出时间数列发展变化的规律性,并将时间外推或延伸,以预测经济现象未来可能达到的水平。这种方法是将影响预测目标的一切因素都由"时间"综合起来加以描述,考虑影响预测目标的因素只是时间,所以分析的关键是寻求预测目标随时间变化的规律。

时间序列反映的是某一类经济现象随时间发展变化的特点,这种变化是由众多因素共同作用的结果,不同因素影响不同,形成的结果相应也不同。我们把时间序列按影响因素作用的效果分为长期趋势变动、季节变动、循环变动、不规则变动四类。不同类型的时间序列适用不同的预测方法。

第一,长期趋势变动。长期趋势变动是指某种经济现象的时间序列在一个比较长的时期内,由于受到稳定性因素影响,观测值沿着一个方向变化,呈现逐渐上升或逐渐下降趋势,也可以表现为只围绕某一常数值而无明显增减变化的水平趋势。如人口的出生率高于死亡率引起人口总量有上升趋势,近10年我国经济持续增长等,都表现为长期趋势。

第二,季节变动。季节变动是指时间序列受到季节性因素影响而发生的在一定时间间隔重复出现的周期性变动,通常以一年为周期。如由于气候条件、风俗习惯、节假日等原因,引起某些商品的生产和消费在每年相同时段出现旺销和淡销的规律性变动。

第三,循环变动。循环变动是指经济现象以若干年为周期的涨落起伏相间的变动。循环变动不同于长期趋势变动,它所表现的不是单一方向(上升或下降)的持续运动,而是涨落相间的波浪式发展变化,循环变动也不同于季节变动,季节变动一般以一年、一季或一月等为一个周期,其变动情况一般可以预见,而循环变动没有固定的循环周期,一般在数年以上,各周期长短和幅度的规律性较难把握。

第四,不规则变动。不规则变动是指经济现象由于突发事件或偶然因素影响使时间数列呈现非周期性、非趋势性的随机变动。如由突发的自然灾害、意外事故或重大政治事件所引起的剧烈变动,也包括大量随机因素干扰造成的起伏波动,这种波动无法预知,因此不规则变动的经济现象未来发展情况是无法预测的。

一个时间序列是上述一种或几种变动成分的混合,因此在运用时间序列进行分析预测时,应首先分析时间序列的变动特点符合哪种情况,不同的变动类型适用不同的数学模型;属于几种变动混合的,还要将影响因素进行分解,建立合成的数学模型才能进行预测。

分析时间序列变动特点的方法可使用比较简单的散点图法,散点图是将时间序列历史数据与对应的时间编制成表,然后在直角坐标系中进行描点,一组数据用一个点表示,这样得到的图形就是时间序列的散点图。根据散点图的不同趋势确定其趋势变动的类型。

下面着重介绍长期趋势变动和季节变动时间序列的预测方法,循环变动和不规则变动时间序列需要经过比较复杂的因素分解和统计处理,适用的预测模型比较复杂,在此不要求掌握。

1. 算术平均法

算术平均法是以一定时期内时间序列各期数值的平均数作为预测依据，以此来推算趋势预测值。该法适用于直线型变化趋势的时间序列，是预测中最简单的一种方法，又分为简单算术平均法和加权算术平均法。

1) 简单算术平均法

简单算术平均法就是将一定观测期内预测目标的时间序列的各项求和，取其平均值，并将其作为下期预测值。用公式表示为

$$\bar{x} = \frac{x_1 + x_2 + \cdots + x_n}{n} = \frac{\sum x}{n} \tag{9-1}$$

式中：$\bar{x}$ 为序时平均数，即预测值；$x_1, x_2, \cdots, x_n$ 为预测目标观测期内的实际值；n 为时间序列的项数。

 小案例

某公司 2020 年 1 月至 6 月的销售额资料如表 9-2 所示。

表 9-2　某公司 2020 年 1 月至 6 月的销售额

月份	1	2	3	4	5	6
销售额/万元	32	29	34	28	33	32

试预测 7 月的销售额。

解：以 6 个月的销售额的简单算术平均数作为预测值，则 7 月销售预测值为

$$\bar{x} = \frac{\sum x}{n} = \frac{32 + 29 + 34 + 28 + 33 + 32}{6} \approx 31.3 (万元)$$

简单算术平均法简单易行，适合比较稳定情况下的商品需求和生产预测，但这种平均数法不能充分反映出序列的季节变化，一般适用于对预测值精度要求不高的短期预测，如果时间序列有特别大或特别小的不均衡数据时，用简单算术平均数代替预测值，其代表性会受到影响。为体现出时间序列各数据对平均数的不同影响，常使用加权算术平均法。

2) 加权算术平均法

在时间序列预测中，各期的统计数据对预测值的重要性是不同的，近期的统计数据与远期的统计数据相比，包含有更多的变化趋势信息，由于简单算术平均数只能反映一般的平均状态，不能体现出重点数据的作用，加权算术平均法就是通过对不同数据按其重要性乘以不同的权数，将这些乘数相加求和除以权数之和，求得加权平均数，以此来作为预测趋势值，其计算公式为

$$\bar{x} = \frac{x_1 f_1 + x_2 f_2 + \cdots + x_n f_n}{f_1 + f_2 + \cdots + f_n} = \frac{\sum xf}{\sum f} \tag{9-2}$$

式中：$\bar{x}$ 为加权平均数，即预测值；$x_1, x_2, \cdots, x_n$ 为预测目标观测期内的实际值；$f_1, f_2, \cdots, f_n$ 为各期实际值的权数。

使用加权算术平均法预测的关键是权数的确定,而权数的确定是凭借预测者个人经验来主观判断。一般来说,必须体现出影响力大的观测值权数亦大这一原则,在时间序列中离预测期越近的数据对预测值的影响就越大,应取较大的权数;离预测期远的数据对预测值的影响较小,应取较小的数。当时间序列变动幅度较大时,为体现出各数据之间较大的差异,可以由远及近取等比数列作为权数,当时间序列数据变动幅度较小,数据之间的差异不大,可以由远及近取等差数列作为权数。

小案例

以上例资料,采用加权算术平均法预测7月的销售额。

解:各月销售额数据变动不大,因而取等差数列为权数,即1月至6月销售额权数依次取1,2,3,4,5,6时,7月的销售额预测值为

$$\bar{x} = \frac{\sum xf}{\sum f} = \frac{32\times1+29\times2+34\times3+28\times4+33\times5+32\times6}{1+2+3+4+5+6} \approx 31.48(万元)$$

2. 移动平均法

移动平均法是将时间序列的数据由远及近按一定的跨越期进行平均的一种预测方法,随着观测期的"逐期推移",观测期内的数据也随之向前移动,每移动一期,就去掉最前面一期的数据,新增原来观测期之后的数据,保证跨越期不变,然后逐个求出其算术平均值,并将离预测期最近的一个平均数作为预测值。

移动平均法是在算术平均法的基础上发展起来的预测方法,二者虽然都是以观测期内数据的平均数作为预测值,但二者存在很大的差别,算术平均法将时间序列的总变动混合在一起,只反映了预测目标在观测期内的平均变化水平,而移动平均法在预测时,随着观测期的增加,用于计算预测值平均的期数也增加,但事实上,当新增一个数据时,远离预测期的第一个数据的作用已不大,可以不考虑,但从移动平均所得的数列来看,它修匀了原时间序列,消除了时间序列历史数据随时间变化引起的不规则变动的影响,揭示了预测目标的长期变动趋势规律。因此,移动平均法常用于修匀无明显趋势的时间序列。

移动平均法有一次移动平均法和二次移动平均法,一次移动平均法只计算一次移动平均数,并将离预测期最近的移动平均数作为预测值。一次移动平均法又可分为简单移动平均法和加权移动平均法。二次移动平均法是在一次移动平均法的基础上,再计算一次移动平均数,并在一次移动平均值和二次移动平均值之间建立数学模型,确定预测值。

一般来说,一次移动平均法适用于预测目标的长期趋势基本为平稳状态情况,如果目标发展趋势存在较大波动,一次移动平均之后时间序列的长期变动趋势还不明显,这时仅以一次移动平均数作为预测值就会产生预测偏差和滞后,为了解决这个问题,就要在一次移动平均数列基础上再做二次移动平均。

下面仅对一次移动平均做简单介绍。

1) 简单移动平均法

简单移动平均法是指对一定跨越期的数据,使用简单算术平均法计算平均数,并将其作为下一期预测值。计算公式为

$$M_t = \frac{x_t + x_{t-1} + x_{t-2} + \cdots + x_{t-n+1}}{n} \tag{9-3}$$

式中：M_t 为第 t 期到 $t-n+1$ 期的平均数，也是第 $t+1$ 期的预测值；$x_t, x_{t-1}, x_{t-2}, \cdots, x_{t-n+1}$ 为第 t 期到第 $t-n+1$ 期实际观测值；n 为期数。

第 $t+1$ 期的预测值 $\hat{y}_{t+1} = M_t$。

小案例

某市 2013—2022 年人均粮食需求量如表 9-3 所示，预测 2023 年人均粮食需求量。

表 9-3　移动平均值计算表

年份	粮食需求量/千克	3 期移动平均数 $M_t(n=3)$	5 期移动平均数 $M_t(n=5)$
2013	206	—	—
2014	214	—	—
2015	208	209.33	—
2016	220	214.00	—
2017	230	219.33	215.60
2018	212	220.67	216.80
2019	202	214.67	214.40
2020	210	208.00	214.80
2021	218	210.00	214.40
2022	206	211.33	209.60

分别以 3 年和 5 年的跨越期计算移动平均数，所得移动平均数见表 9-3。

表 9-3 中 3 期移动平均数列中

第一个移动平均数 $M_3 = \dfrac{206 + 214 + 208}{3} \approx 209.33$

第二个移动平均数 $M_4 = \dfrac{214 + 208 + 220}{3} = 214.00$

……

5 期移动平均数列中

第一个移动平均数 $M_5 = \dfrac{206 + 214 + 208 + 220 + 230}{5} = 215.60$

第二个移动平均数 $M_6 = \dfrac{214 + 208 + 220 + 230 + 212}{5} = 216.80$

……

所以，当 $n=3$ 时，2013 年预测值为 211.33 千克。
当 $n=5$ 时，2013 年预测值为 209.6 千克。

应取哪个值需要对不同跨越期移动平均得到的预测值进行误差分析，选取误差较小者，一般通过计算标准误差进行分析。标准误差即各预测值与实际值离差平方和的平均数的平方根，计算公式为

$$\sigma = \sqrt{\frac{\sum (x_i - \hat{y}_i)^2}{f}} \tag{9-4}$$

式中：x_i 为第 i 期的实际值；$\hat{y}_i$ 为第 i 期的预测值；f 为预测值的个数（不包括最后一个预测值）。

跨越期 $n=3$ 所得预测值的标准差 $\sigma = 11.40$。

跨越期 $n=5$ 所得预测值的标准差 $\sigma = 8.15$。

跨越期 $n=5$ 时移动平均所得的预测值标准差较小，所以预测值为 209.6 千克。

上例数据可以看出，移动平均值的波动幅度比实际观测值小，移动平均数数列的长期趋势比原时间序列明显，所以移动平均法在一定程度上揭示了原时间序列的发展趋势，这种作用取决于平均数跨越期 n 值的选择，一般地，n 取较小值，被平均的项数少，所得的移动平均数个数多，可以更好地观察分析数列的变化趋势，但修匀作用小；n 取较大值，情况刚好相反。实际观测值波动较大时，n 取值大一些，可以更好地消除随机干扰，实际观测值波动较小时，n 取值小些，可以增加灵敏度。所以 n 值的选择，要根据预测对象的特点和市场变化的具体情况来确定。

2）加权移动平均法

加权移动平均法是对跨越期内不同重要程度的数据乘以不同的权数，将这些乘积之和除以各权数之和，求得加权移动平均数，并以此来预测下一期数据。计算公式为

$$M_t = \frac{x_t w_1 + x_{t-1} w_2 + x_{t-2} w_3 \cdots + x_{t-n+1} w_n}{w_1 + w_2 + \cdots + w_n} \tag{9-5}$$

式中：M_t 为第 t 期到 $t-n+1$ 期的加权平均数，也是第 $t+1$ 期的预测值；$x_t, x_{t-1}, x_{t-2}, \cdots, x_{t-n+1}$ 为第 t 期到第 $t-n+1$ 期实际观测值；$w_1, w_2, \cdots, w_n$ 为跨越期内各数据对应的权数。

小案例

利用上例数据，取跨越期 $n=5$，由远及近权数分别为 1，2，3，4，5，运用加权移动平均法预测 2023 年人均粮食需求量如表 9-4 所示。

表 9-4 加权移动平均数计算表

年份	粮食需求量/千克	5 期加权移动平均数 $M_t (n=5)$
2013	206	—
2014	214	—
2015	208	—
2016	220	—
2017	230	219.20
2018	212	218.00
2019	202	213.07
2020	210	211.60
2021	218	212.67
2022	206	209.87

第 3 列加权移动平均数列中

第一个移动平均数 $M_5 = \dfrac{206 \times 1 + 214 \times 2 + 208 \times 3 + 220 \times 4 + 230 \times 5}{1+2+3+4+5} = 219.20$

第二个移动平均数 $M_6 = \dfrac{214 \times 1 + 208 \times 2 + 220 \times 3 + 230 \times 4 + 212 \times 5}{1+2+3+4+5} = 218.00$

……

最后一个移动平均数 $= \dfrac{212 \times 1 + 202 \times 2 + 210 \times 3 + 218 \times 4 + 206 \times 5}{1+2+3+4+5} \approx 209.87$

2013 年人均粮食需求量的预测值取最后一个加权移动平均数 209.87 千克。

3. 指数平滑法

进行时间序列预测时，移动平均法比算术平均法所得的预测结果的精度更高。但移动平均法存在缺点：一是必须储存近 n 期的数据才可计算一个移动平均预测值；二是预测值实际上只与最近的 n 期实际值有关，而对 $t-n$ 期以前的数据完全不予考虑。为了弥补这些不足，就产生了指数平滑法。

指数平滑法是一种特殊的加权移动平均法，其加权的特点是对离预测期近的历史数据给予较大的权数，对离预测期远的历史数据给予较小的权数，权数由近到远按指数规律递减。它的预测效果比移动平均法好，应用面也广。

指数平滑法按时间序列被平滑的次数，分为一次指数平滑法、二次指数平滑法和高次指数平滑法。重点介绍一次指数平滑法。

1) 一次指数平滑法的预测模型

已知时间序列为 $x_1, x_2, \cdots, x_n$，n 为时间序列总期数，一次指数平滑的基本公式为

$$S_t^{(1)} = \alpha x_t + (1-\alpha) S_{t-1}^{(1)} \quad (t = 1, 2, 3, \cdots, n)$$

$$\hat{Y}_{t+1} = S_t^{(1)} \tag{9-6}$$

式中：$S_t^{(1)}$ 为第 t 期的平滑值，上标(1)表示一次指数平滑；$S_{t-1}^{(1)}$ 为第 $t-1$ 期的平滑值；α 为平滑系数，取值在 0～1；$\hat{Y}_{t+1}$ 为第 $t+1$ 期的预测值。

式(9-6)表明：在一次指数平滑法中，本期的平滑值等于本期的实际值与上一期平滑值的加权和，最近一期的平滑值即为下一期的预测值。

2) 指数平滑法初始值的确定

运用指数平滑法，需事先估计出初始值。初始值是指最早的一个预测值，即 $S_0^{(1)}$，它们不能用公式求得，只能加以估计。一般初始值的估计可以从时间序列的项数来考虑：当时间序列的观察期 n 大于 15 时，初始值对预测结果的影响很小，可以方便地以第一期观测值作为初始值；当观察期 n 小于 15，初始值对预测结果影响较大，可以取最初几期的观测值的平均数作为初始值，通常取前 3 个观测值的平均值作为初始值。

3) 平滑系数 α 的选择

应用指数平滑法进行预测时，平滑系数 α 的选择是非常重要的，α 选择得当与否直接影响到预测结果。α 越大，近期数据的权数越大，说明预测越依赖于近期信息；α 越小，远期数据的权数越大，则表示预测更依赖于历史信息。α 的大小也体现了修正幅度的大小，α 越大，修正幅度越大；反之，α 越小，修正幅度越小。

从理论上讲，α 可取 0~1 的任意值，但在具体选择使用时，应遵循以下原则。

(1) 当时间序列呈稳定的水平趋势时，α 应取较小值，如 0.1~0.3。

(2) 当时间序列波动较大，长期趋势变化的幅度较大时，α 应取中间值，如 0.3~0.5。

(3) 当时间序列具有明显的上升或下降趋势时，α 应取较大值，如 0.6~0.8。

在实际运用中，可取若干个 α 值进行试算比较，选择预测误差最小的 α 值。

4. 季节指数法

在市场经济中，一些商品状况由于受到自然气候、生产条件、风俗习惯等因素的影响，在每一年中市场现象受生产条件、生活条件、生活习惯等因素的影响，经常会出现随季节的变动而呈现周期性变化的情况，这称为季节变动。一些商品的销售，如电风扇、冷饮、服装等往往受季节影响而出现销售淡季和旺季交替的季节性变动规律。掌握季节变动规律，就可以利用其对季节性商品进行市场需求量的预测。因此，对市场经济现象进行市场预测，采用季节指数法是很有效的。

季节指数法是指通过描述时间序列的季节性变动规律，并以此为依据预测未来市场商品的供应量、需求量及价格变动趋势的方法。在运用季节指数法进行预测时，根据是否考虑预测对象的长期趋势，可以将季节指数法分为不考虑长期趋势的季节指数法（直接平均季节指数法）和考虑长期趋势的季节指数法（移动平均季节指数法）。只介绍直接平均季节指数法。

直接平均季节指数法的预测步骤如下。

第一步，列出历年（至少 3 年）各月或各季度的统计资料。

第二步，求出各年同月或同季度的平均数（用 A_t 表示）。

第三步，求出历年所有月份或季度的总平均值（用 B 表示）。

第四步，计算同月或同季度的季节指数 $S_t = \dfrac{A_t}{B}$，如果各年同月或同季度的季节指数之和不等于 4(400%) 或 12(1 200%)，则要用调整系数进行调整，即调整后的季节指数为 $\bar{S}_t = S_t k$。

第五步，将没有考虑季节影响的预测值 t 乘以相应的季节指数，就能得到未来年度内各月和各季度包含季节变动的预测值（用 t 表示）。

5. 趋势外推法

趋势外推法又称趋势延伸法，是将时间序列揭示出的变动趋势延伸到未来，用数学模型对其进行描述，并通过这一模型预测市场现象未来可能达到水平的一种预测方法。趋势外推法可分为直线趋势外推法和曲线趋势外推法两种。

其中，直线趋势外推法是根据预测目标时间序列具有直线型变动趋势的特征，将其拟合成一条直线，通过建立直线预测模型进行预测的方法。它是趋势预测法中的基本方法，也是预测实践中最常用的方法。直线趋势公式为

$$\hat{X}_t = a + bt \tag{9-7}$$

式中：$\hat{X}_t$ 为第 t 期的预测值；t 为时间变量；a 为截距；b 为直线的斜率。

要建立直线趋势方程，关键是确定直线趋势方程中参数 a 和 b 的值。而确定参数 a、b，常用的方法是最小二乘法。使用最小二乘法的目的是使时间序列中实际观察值与直线

趋势方程各数值平均值的离差平方和最小，即 $\sum (X_t - \hat{X}_t)^2$ 最小，若能找到这样的直线，它就是时间序列中实际观察值代表性最强的直线。计算参数 a、b 的公式为

$$\begin{cases} a = \dfrac{\sum X - b \sum t}{n} \\ b = \dfrac{n \sum tX - \sum t \sum X}{n \sum t^2 - (\sum t)^2} \end{cases} \quad (9\text{-}8)$$

（二）回归分析预测法

市场的发展变化是由多种因素决定的，许多经济现象除了受时间因素影响外，还可能受很多因素的影响。这些因素之间存在着相互影响、相互依存的因果关系，例如，人们的收入水平提高了，市场就会繁荣；广告的投入增加了，产品的销售量就会增加，功能近似的新产品的出现，会使相应商品销售量下降等。回归分析就是描述一种变量的变化对另一种变量的影响程度，寻找经济现象中的因果关系的一种研究方法。

回归分析预测，就是通过对预测对象和影响因素的统计分析，找出它们之间的变化规律，将变化规律用数学模型表示出来，并利用数学模型对未来进行测算。回归分析预测法有很多种类型，按自变量个数分有一元回归预测和多元回归预测；按自变量和因变量之间是否存在直线关系，分为线性回归预测和非线性回归预测，线性回归预测变量之间的关系表现为直线型，非线性回归预测变量之间的关系主要表现为曲线型。

1. 回归分析预测法步骤

1）确定预测目标和影响因素

通常情况下，预测目标必定是因变量，研究者可根据预测的目的确定。确定自变量要使用多种定性和定量分析方法对影响预测目标的因素进行分析，预测者既要对历史资料和现实调查资料进行分析，又要根据自己的理论水平、专业知识和实践经验进行科学性的分析，必要时还要运用假设技术，先进行假设再进行检验，以确定主要的影响因素。

2）进行相关分析

相关分析是对变量间的相关关系进行的分析和研究，过程包括两个方面：一是变量间有没有相关关系；二是相关关系的密切程度。相关关系是指变量间的不完全决定的依存关系，即一个变量虽然受到另一个变量的影响，但并不由这个变量完全决定。换言之，当自变量取确定值 x，因变量的对应值 y 并不确定。变量间的这种关系称为相关关系，它是回归分析的前提。相关关系的密切程度通常用相关系数来反映，相关系数的计算公式为

$$r = \dfrac{\sum (x - \bar{x})(y - \bar{y})}{\sqrt{\sum (x - \bar{x})^2 \sum (y - \bar{y})^2}} \text{ 或 } r = \dfrac{n \sum xy - \sum x \sum y}{\sqrt{n \sum x^2 - (\sum x)^2} \cdot \sqrt{n \sum y^2 - (\sum y)^2}}$$

(9-9)

式中：r 为相关系数；x 为自变量的值；$\bar{x}$ 为自变量的平均数；y 为因变量的值；$\bar{y}$ 为因变量的平均数。

相关系数 $-1 \leqslant r \leqslant 1$，即 $|r| \leqslant 1$。r 的值反映了变量 x 与 y 相关程度和方向：当变量

x 与 y 呈线性关系时，$|r|$ 越接近于 1，表明两者线性相关程度越高；$|r|$ 越接近于 0，表明变量间的线性相关程度越低；$r>0$，表明为正相关，$r<0$，表明为负相关；当变量 x 与 y 呈较强的非线性相关时，相关系数 $|r|$ 或趋近于 0，或许很大，并不确定。

3）建立回归预测模型

建立回归预测模型即建立回归方程，依据变量间的相关关系，用恰当的数学表达式表示。线性回归方程的一般表达式为

$$y = a + b_1x_1 + b_2x_2 + \cdots + b_nx_n \tag{9-10}$$

当线性回归只有一个自变量与一个因变量，称为一元线性回归或直线回归，回归方程为

$$y = a + bx \tag{9-11}$$

其他形式的线性回归称为多元线性回归。当变量间呈现非线性关系时，则需根据曲线的性状建立相应的非线性回归方程。如指数曲线回归方程、双曲线回归方程、抛物线回归方程等。方程的参数通常使用最小二乘法计算求得，然后代回方程用于预测。

4）回归预测模型的检验

建立回归方程的目的是在于预测，将方程用于预测之前需要检验回归方程的拟合优度和回归参数的显著性，只有通过了有关检验，才可用于经济预测。常用的检验方法有相关系数检验、F 检验、t 检验等。

5）进行预测

运用通过了检验的回归方程，将已知的自变量 x 代入方程并计算，即可得到所需要的预测值。预测通常有两种情况，一是点预测，就是所求的预测值为一个数值；另一种是区间预测，所求的预测值有一个数值范围，并可通过正态分布原理测算出其估计标准差，求得预测值的置信区间。

2. 一元线性回归法

当影响市场变化的众多因素中有一个最基本并起到决定性作用的因素，且自变量与因变量的分布呈现线性趋势，可以运用一元线性回归法进行预测。预测模型为

$$y = a + bx \tag{9-12}$$

式中：y 为因变量；x 为自变量；a、b 为方程待定参数，b 又称为回归参数，表示当 x 每增加一个单位时，y 平均增加的数量。两者可用最小二乘法确定。

本项目首先介绍了定性预测方法，如果资料缺乏，或数据变化较大时，适宜采用定性预测法。在定性预测中，对于预测范围较窄、预测目标明确的微观问题，常使用简单易行的对比类推和集合意见法；对于预测范围较宽或预测期较长的问题，可采用效果明显的德尔菲法。不管何种形式的定性预测，其精度一般都不高，所以对于预测精度要求较高时，通常考虑定量预测法。时间序列分析法解释了影响时间序列总变动的各类因素：长期趋势变动、季节变动、循环变动和不规则变动。不同变动特点适用不同的预测方法。对于有明显趋势变动的时间序列，可以使用移动平均法、指数平滑法、趋势外推法等多种方法进

行预测。时间序列分析只考虑预测目标随时间变化所呈现的变动趋势。如果要研究预测目标与影响因素之间的变化关系,则要使用因果分析法。因果分析法的主要预测模型就是回归分析预测法,本项目着重介绍了一元线性回归预测法和二元线性回归预测法。

思考练习

一、选择题

1. 参加预测的专家小组成员采取"背靠背"形式,在每一轮征询中,被征询专家不会因迷信或慑于权威而不敢充分发表意见,也不需要为顾全面子而固执己见,能够创造一种平等、自由的气氛,有助于专家独立思考、充分发表意见。德尔菲法的这种特性称为(   )。
   A. 反馈性　　　B. 统计性　　　C. 匿名性　　　D. 独立性

2. 集合意见法最明显的优点是(   )。
   A. 节省时间　　B. 成本低　　　C. 集思广益　　D. 应用广泛

3. 下列对于定性预测法的优点说法不正确的是(   )。
   A. 定性预测通常比定量预测法操作简单,且操作成本低
   B. 可以了解到消费者的动机及感觉
   C. 是定量预测的前提
   D. 预测的准确性高

4. 加权平均法的关键是(   )。
   A. 确定权数　　　　　　　　　B. 观察期的长短
   C. 各期资料的差异度　　　　　D. 销售发展的总趋势

5. 运用观察值的对数和最小二乘法求得趋势方程的方法叫(   )。
   A. 对数趋势法　B. 曲线趋势法　C. 直线趋势法　D. 季节指数法

6. 时间序列分析法的特点之一是(   )。
   A. 时间序列数据存在着规律性　　　B. 时间序列数据存在不规律性
   C. 时间序列数据存在着一定的趋势　D. 时间序列数据不存在一定的趋势

7. 运用时间序列法进行预测的前提是(   )。
   A. 时间序列资料
   B. 预测对象和影响因素的时间序列资料
   C. 准确的时间序列资料
   D. 准确完整的时间序列资料

8. 下列描述错误的是(   )。
   A. 时间序列分析法只适合于近期、中期的预测
   B. 几何平均法适用预测目标发展过程一贯上升或下降,且逐期环比速度大体接近的情况
   C. 几何平均法适用于预测目标发展过程一贯上升或下降,且逐期环比速度相差很大的情况

D. 加权平均法较真实地反映了时间序列的规律

9. 下列方法不是以平均数为基础的是（　　）。

　　A. 简易平均法　　B. 移动平均法　　C. 加权平均法　　D. 指教平滑法

10. 下列方法适用于预测目标时间序列呈现直线增（减）变化，且逐期增（减）量不等的是（　　）。

　　A. 一次移动平均法简单形式　　　　B. 一次移动平均变动趋势的移动形式
　　C. 二次曲线法　　　　　　　　　　D. 三次曲线法

11. 下列描述正确的是（　　）。

　　A. 跨越期越多，修匀程度越好，即反映越灵敏
　　B. 为了避免和减少滞后偏差，移动平均数所摆放位置应在跨越期的最后一个位置上
　　C. 加权平均法用于二次移动平均法时，对历史数据的定权应注意二次使用权数
　　D. 指数平滑法实际上是加权移动平均法

12. 下列关于趋势延伸法描述有误的是（　　）。

　　A. 趋势延伸法又称趋势外推法，是一种常用的预测方法
　　B. 直接趋势延伸模型参数 a 和 b 的最佳拟合值，用最小二乘法计算
　　C. 对时间编号可采用最简单形式，$\sum t = 0$ 编写方法
　　D. 直线趋势延伸法与平滑技术的适用条件不同

二、简答题

1. 市场调查中常用的定性调查方法有哪些？
2. 简述集合意见法的优缺点。
3. 简述德尔菲法的特点和预测程序。
4. 什么是时间序列预测法？影响时间序列的因素有哪些？
5. 移动平均预测法是怎样进行的？如何正确选择跨越期数？
6. 什么是指数平滑预测法？它有何特点？
7. 如何运用直线趋势外推法进行预测？
8. 季节指数预测法适用于什么样的时间序列？它是怎样进行的？
9. 简述一元线性回归预测法的步骤。
10. 某百货商店为了预测下年度销售额，召集有关人员开会，试用集合意见法（加权平均）产生综合预测值，相关资料如表9-6所示。

表9-6　百货商店销售额资料

参加人员	最高状态		一般状态		最低状态		权数
	销售额	概率	销售额	概率	销售额	概率	
经理	1 600	0.6	—	—	1 350	0.4	3
副经理	1 450	0.3	1 320	0.5	1 210	0.2	2.5
业务科长	1 540	0.2	1 430	0.6	1 360	0.2	1

续表

参加人员	最高状态		一般状态		最低状态		权数
	销售额	概率	销售额	概率	销售额	概率	
计划科长	1 660	0.2	1 490	0.6	1 370	0.2	1
财务科长	1 320	0.3	1 250	0.5	1 170	0.2	2.5

三、实践训练

(一) 定量预测法运用

要求与提示:掌握定量预测法的实际运用,正确使用预测模型和公式。

1. 某公司 2022 年 1—12 月的销售量资料如表 9-7 所示,试用加权算术平均法预测 2023 年销售量(权数从 1 月到 12 月分别为 2～13)。

表 9-7 销售量资料

月份	销售量/万斤
1	1 462
2	1 526
3	1 557
4	1 621
5	1 682
6	1 643
7	1 659
8	1 696
9	1 702
10	1 683
11	1 721
12	1 745

2. 某家电企业过去 6 年的彩电销售量如表 9-8 所示。

表 9-8 彩电销售量

年份	2017	2018	2019	2020	2021	2022
销售量/万台	15.79	16.37	17.23	17.73	21.59	17.17

要求:

(1) 试用一次指数平滑法分别以 $\alpha=0.4$ 和 $\alpha=0.8$,预测 2023 年彩电的销售量(取 $S_1^{(1)}=$第一期销售量$=15.79$,计算过程以及结果均保留 2 位小数)。

(2) 计算 $\alpha=0.4$ 和 $\alpha=0.8$ 时的均方误差,并比较 α 的大小对预测结果的影响(计算过程以及结果均保留 2 位小数)。

3. 某家用电器生产企业 2015—2022 年洗衣机的销售资料如表 9-9 所示,根据资料用趋势外推法预测 2023 年、2024 年洗衣机的销售量。

表 9-9　洗衣机的销售资料

年份	2015	2016	2017	2018	2019	2020	2021	2022
销售量/万台	49	58	70	81	90	102	112	121

4. 某食品批发公司发现,随着成年人口数量的增加,啤酒销售量也在相应增加,统计资料如表 9-10 所示。若成年人口数量与啤酒销售量两者之间存在较密切的线性相关关系,请根据新增成年人口数,用一元线性回归方程预测法来预测未来一年啤酒的销售量。估计下一年新增成年人口 57 万人。

表 9-10　啤酒销售量

年份	2013	2014	2015	2016	2017	2018	2019	2020	2021	2022
新增成年人口/万人	25	28	34	38	47	62	45	56	54	55
啤酒销售量/万箱	28	31	50	53	61	70	60	66	63	65

(二)运用德尔菲法预测学生就业情况

1. 活动内容

通过实训理解德尔菲法的特点,掌握该法的预测步骤,会运用德尔菲法进行预测。

对你所学专业的就业情况进行分析、讨论,预测明年毕业生的就业率和首份工资水平。

2. 活动组织

(1)将全班同学分成若干小组,小组成员充当专家,教师或指定一名学生充当组织者。

(2)组织者预先收集本校本专业的就业历史背景资料和近年的参考资料,编制预测问卷。

(3)将问卷和历史背景资料发给各小组,各小组独立提出初始预测值和预测理由。

(4)组织者以代号记录和公布初始预测值和理由。

(5)下发第二轮预测问卷并补充近年的参考资料,各小组修改预测值并陈述理由(交由组织者公布)。

(6)如此反复征询几次,注意近年的参考资料陆续在各次征询中补充,直到各小组预测值相对集中。

(7)组织者运用一定的统计方法整理出综合预测值。

学习心得

学 习 评 价

题目					
班级		姓名		学号	

学习成果检测报告
总结归纳定性预测法和定量预测法的特点、预测步骤和成功运用的条件。做出市场预测方法的思维导图并上台汇报任务完成情况。

考核评价（按10分制）		
教师评语：	态度分数	
	工作量分数	
考 评 规 则		
(1) 条理清晰； (2) 逻辑性强； (3) 合理归纳。		

项目九 运用市场预测法

参 考 文 献

[1] 李捷．毛泽东著作辞典[M]．杭州：浙江人民出版社，2011．
[2] 覃常员．市场调查与预测[M]．大连：大连理工大学出版社，2020．
[3] 黄慧化,陈学忠．市场调查实务——项目教程[M]．北京：电子工业出版社，2017．
[4] 张西华．市场调研与数据分析[M]．杭州：浙江大学出版社，2019．
[5] 顾佳峰．大数据时代的调查师[M]．北京：人民邮电出版社，2018．
[6] 陈松,惠青．市场调查与预测[M]．长沙：湖南师范大学出版社，2020．
[7] 潘连柏,杨沛,吴小娟．市场调查与预测[M]．北京：人民邮电出版社，2021．
[8] 黎娟,石林,杨阳．市场调查与分析[M]．北京：人民邮电出版社，2021．

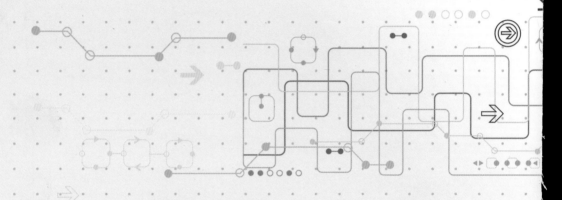

教学服务

清华大学出版社
官方微信号

ISBN 978-7-302-65022-5

定价：49.00元